POWER OF THE CHAMPION III

NANHAI CODE TO TRANSCEND CYCLES

冠军力量 3

穿越周期的南海密码

林焕辉　叶洁纯／主编

南方日报出版社
NANFANG DAILY PRESS
中国·广州

图书在版编目（CIP）数据

冠军力量. 3, 穿越周期的南海密码 / 林焕辉, 叶洁纯主编. -- 广州 : 南方日报出版社, 2022.12
ISBN 978-7-5491-2640-8

Ⅰ. ①冠… Ⅱ. ①林… ②叶… Ⅲ. ①民营经济—经济发展—成就—南海区 Ⅳ. ①F127.654

中国版本图书馆 CIP 数据核字(2022)第 241125 号

GUANJUN LILIANG
冠军力量 3 ：穿越周期的南海密码

主　　编：林焕辉　叶洁纯
出版发行：南方日报出版社
地　　址：广州市广州大道中 289 号
出 版 人：周山丹
出版统筹：刘志一
责任编辑：严文玮
装帧设计：肖晓文
责任技编：王　兰
责任校对：熊丽思
经　　销：全国新华书店
印　　刷：广东信源文化科技有限公司
开　　本：787mm×1092mm　1/16
印　　张：18.5
字　　数：318 千字
版　　次：2022 年 12 月第 1 版
印　　次：2022 年 12 月第 1 次印刷
定　　价：78.00 元

投稿热线：（020）87360640　　读者热线：（020）87363865

发现印装质量问题，影响阅读，请与承印厂联系调换。

本书编委会

序

致敬冠军　点亮南海

○叶洁纯

在充满不确定性的时代，有一股确定性的力量一直在佛山南海坚守着，并不断向上生长、壮大着。它的名字叫“隐形冠军”。

2022年9月20日，在“活力新南海　冠军再担当”2022年南海制造业全国隐形冠军企业大会上，南海隐形冠军集群完成新一轮的扩容：新一批39家南海隐形冠军企业首次集体亮相，南海区也一如既往，以最高规格礼遇新冠军。

源源不断涌现的隐形冠军企业，是南海制造业长青的基业所在。因为一个好的生态，必然不断推陈出新；一座充满活力的城市，必定不断冒出新的冠军。

佛山南海作为全国最早培育隐形冠军的县域城市，从2017年首发“冠军寻访”行动起，持续开展对隐形冠军企业的挖掘和培育已有6年之久。截至目前，南海已培育出三批合计140多家隐形冠军企业。

放眼全国，能像南海这样器重冠军企业的城市并不多，而能像南海这样孕育出如此多冠军企业的城市就更少了。

6年之间，隐形冠军与城市南海也在互相“点亮”。南海的有为，让冠军走到聚光灯下；冠军的韧性，让南海走向英雄榜。特别是在当下充满变化的世界里，御风前行的冠军集群，让南海得以在新的竞争规则下，成为新的城市骄傲。

穿越周期的冠军力量

这几年，充满变化的市场环境让人们产生了一种刻板印象：仿佛地方政府只有亮出全新的思路，才能引领一座城市看见全新的风景。

然而，越是这种时候，越需要找到“不变”。这往往才是引领区域经济穿越周期的力量所在。

正如在深入研究了多家长盛不衰的公司后，写出《基业长青》一书的詹姆斯·柯林斯所言：“和许多人的一般常识相悖的是，面对不断变化的世界，首先应该问的不是我们应该怎样去变化，而是我们自身代表的是什么，我们为什么存在，这应该是永远不变的，而除此之外的任何东西都可以随机而变。”

在变化中分离出不变，这是一座城市长久繁荣的密码。因为聪明的城市往往擅长找到变化的东西，顺势而为，但真正智慧的城市，却善于把握本质，找到不变的东西，并以长期主义，等待价值的发现与回归。

对南海来说，这样的智慧就体现在持续孕育隐形冠军集群之中。

“隐形冠军”的概念最早诞生于德国。20 世纪 80 年代，为解答德国经济总量不大、但出口量却高居世界第一的问题，该国经济学家赫尔曼·西蒙进行了研究。他发现，正是一批不为人知的、在细分领域占据绝对市场地位的隐形冠军企业，撑起了德国出口世界第一的强国地位。

西蒙撰写的专著《隐形冠军》面世后，隐形冠军的概念也受到了中国众多城市的追捧。多个城市都开展过隐形冠军的培育计划，但像佛山南海这样既行动早、又坚持久的寥寥无几。南海在培育隐形冠军上有着“行动最早，坚持最久”的两个“最”。

这两个“最”的背后，是南海清醒地认识到隐形冠军之于南海的重要性。这主要体现在两点上：

其一，隐形冠军是南海的特色。相比其他城市，南海在培育隐形冠军上一直坚持的是“挖掘”与“寻访”，从不用“评选”。因为隐形冠军是南海的地方特色，绝非横空出世，南海是顺势而为、主动发现，而绝非靠“评”来产生冠军。

其二，隐形冠军是南海的特长。南海是一个盛产中小企业的工业大区，大企业本身相对较少。而隐形冠军本身就是一群能力极强的中小企业，重视隐形冠军，体现了南海争取把长板做到最长的竞争策略。大吨位的猛虎型企业可以造就城市的领先地位，成群结队的狼群型中小企业同样能做到。

南海发展到今天，要实现新的跃迁，就要破解从“大”到“强”的问题，而破题的要义就在隐形冠军。在“一尺宽”的市场打出“万米深”力度的隐形冠军，大多是产业链上的明珠，规模不一定大，但技术一定很强。在南海推动新一轮转型升级的过程中，只有提升冠军集群的厚度，才能积蓄出高质量发展的势能。

可以说，南海在推动制造业基业长青上，不是创建可以长青的基业，而是找到了值得长青的基业——隐形冠军。

化中年危机为中年生机

隐形冠军集群在南海有着举足轻重的地位。

目前南海的市场主体已超过50万户。其中，仅第一、二批南海隐形冠军企业2021年的总营收就占南海区同期生产总值的27.73%。

可以说，隐形冠军集群就是南海制造业头部企业的最大集合。解剖南海的隐形冠军集群，人们得以看到南海制造业最大的家底：

一是制造业门类齐全，“三十六行，行行出冠军”。儿童健康鞋销量全国第一、人体工学电脑椅家具市场占有率全国第一、风幕机市场占有率全国第一、纯牌汽车地毯市场占有率全国第一、卫生纸造纸机市场占有率全国第一……从传统鞋袜到工业母机，可以说，有制造业的地方，就有南海隐形冠军的身影。

特别是在装备制造业领域。大国有重器，冠军有担当。以第三批南海隐形冠军企业为例，新增的39隐形冠军企业分布在9大产业，其中超三分之一的隐形冠军来自于机械设备制造业。他们就像一支南海的装备界“特种兵”，上天下地又入海，锻造重器领全球。

二是一大批专心专注的企业家，推动制造业从“博大”走向“精深”。西蒙在研究德国隐形冠军现象时曾提出，长时间专注细分市场，聚焦主业是众多隐形冠军企业得以实现突围的重要原因之一。

唯有专心专注，方能专业专精，在南海同样如此。成就市场地位的背后，离不开一大批掌舵冠军企业的优秀企业家。数据显示，在第一、二批南海隐形冠军企业中，有超过86.87%的隐形冠军从事细分市场的年限超过10年，接近50%的企业从事细分市场年限超过20年，更有超过13%的企业深耕主业超30年。

三是将创新作为不变的法则，化中年危机为中年生机。改革开放至今四十余年，某种程度上看，南海制造业也步入了“中年危机”，遇到包括年轻人不愿入厂、疫情以来原材料等要素成本持续上涨等问题。

在南海，一群隐形冠军企业生动诠释了奋楫者先、创新考强的故事。在传统的鞋类行业，足迹鞋业把一双儿童健康鞋的科技含金量提升到最高，通过牵手复旦大学运动医学研究所等相关医学研究机构，建立起有益于国人足脊健康的大数据库。用创新改写一双传统的儿童鞋，足迹鞋业卖的不只是鞋，还是一套足脊健康的解决方案，这也造就了如今享誉全国的“江博士”。

隐形冠军集群诠释了南海制造的底色，更展现了南海制造的底气。

诠释“两高四新”新内涵

随着新一批隐形冠军企业的亮相，进一步壮大的南海隐形冠军集群发挥着新的作用。

2022 年以来，国际政治经济大气候复杂多变，国内经济又受到需求收缩、供给冲击、预期转弱的“三重压力”影响。在这样的环境下，包括华为、万科、美的在内，不少大企业都把如何活下去作为接下来的发展纲领。

岁寒知松柏。南海在这样的形势下仍然跑赢大盘。数据显示，2022 年上半年南海实现地区生产总值 1633.17 亿元，同比增长 3.8%，增速高于全国、全省、全市整体增速，在佛山市辖区中位列第二。

第三批南海隐形冠军企业无疑是南海实现“稳增长”的重要支撑。德同环保 2022 年上半年的销售额同比增长超过 70%；启新模具 2022 年前八个月的产值就超过了上年全年；中鹏新能逆势扩产，再建新厂房……

一个个增长数字的背后，展现了南海制造业正在发生的改变——

锻造数字化战斗力，成为南海头部企业共同的追求。大批南海隐形冠军企业把开展数字化转型作为企业的“一把手工程”，通过向数字化要生产力的方式，做强企业的比较优势。从 2010 年开始探索数字化生产，伽蓝洁具在十余年的求索后，推动产品的生产产量提高 175%，节约厂房面积 50%，节省人力成本 23%。这让该企业在产能过剩的行业中，销量仍然位居全卫定制浴室柜产品全国前三。

主动拥抱新风口，为南海传统制造业打开新的天地。行业好，并不代表企业能够“躺赢”；行业冷，也不代表企业就一定“躺下”。在南海，一大批企业乘势而上，踩准时代的节拍，成就新冠军。

同样是家具行业，位于南海九江的科智美瞄准人体工学椅，踩准跨境电商的风口，凭着一张办公椅成为国内销售冠军。中鹏科技等则通过切入新能源的赛道，拓宽产品应用场景，得以在疫情下实现“爆单”。

“两高四新”产业，诞生了数量最多的南海新冠军企业。相较于第一、二批南海隐形冠军企业中传统制造业唱主角的特点，在第三批39家南海隐形冠军企业中，超过一半的企业来自“两高四新”产业。原点智能、冠能电力、思豪科技、汇博等一大批“两高四新”冠军企业的涌现，彰显南海制造业的进一步高端化。

在变化中发现机会，在挑战中寻找出口，这是冠军之道，更是南海之道。

检阅南海新动能

关于隐形冠军的一切，在南海都是一件大事。9月20日的南海制造业全国隐形冠军企业大会上，南海不仅举行高规格的授牌仪式，还首次在千灯湖播放隐形冠军主题的灯光秀，以此礼遇新一批南海隐形冠军企业。

这是一种致敬。9月27日是佛山首个企业家日，在这个特殊的日子来临之际，南海以致敬冠军的方式，致敬企业家。

这是一种检阅。从2017年开始，两年一度的隐形冠军寻访行动，像是一场对南海制造业的“检阅”。人们期盼在发现隐形冠军新面孔的过程中，发现南海的新动能。

这更是一次播种。只有在产业中播种，一座城市才不会荒芜。隐形冠军发展到今天，已经成为了打造活力新南海、支撑佛山“515”发展战略、应对国内“三重压力”的领头羊的代名词了。重视隐形冠军，也释放着支持企业成为隐形冠军的重要信号。

对未来最大的慷慨，是把一切献给现在。正如莎士比亚所说的，“让我们泰然自若，与自己的时代狭路相逢”！

目录

二 创新突围 国货崛起

三　扬帆出海　逐鹿全球

四　工业重器　匠心铸造

第二章 榜样力量

第三章 权威视点

第一章　新锐力量

- 智造标杆　加“数”前行
- 创新突围　国货崛起
- 扬帆出海　逐鹿全球
- 工业重器　匠心铸造

一

智造标杆　加“数”前行

冠能电力：用机器人为电线穿上防护服

借助专用“上线带”，机器人稳步爬升并精准固定在10余米高的电力导线上。随后，在地面工作人员的遥控下，机器人为导线均匀地喷涂一层绝缘材料，一改过去需要人工带电作业的传统模式。这便是广东冠能电力科技发展有限公司（下称“冠能电力”）研制的电力裸导线涂覆机器人。

冠能电力坐落于南海桂城，是一家专业从事电力系统新材料及智能作业机器人研制和技术服务的高新技术企业。针对传统电力运维需要人员登高、带电作业等痛点，该公司开发了一系列带电作业机器人，并在南方电网、国家电网等得到推广应用。其中，电力裸导线涂覆机器人在相关市场占有率稳居全国前三，其技术被中国电力企业联合会鉴定为“国际领先水平”。

无需停电为线路快速“穿新衣”

“有人在池塘边钓鱼，误将鱼竿搭上电线造成人员伤亡……”过去，类似的用电安全事故时有发生。

由于历史原因，过去中低压线路大部分采用架空裸导线形式，高压带电体直接裸露在外，导致配电网“房电”“树电”矛盾突出，由中低压配电网触电造成的伤亡事件时有发生。因此，近年来各地供电部门从供电可靠性与涉电公共安全的角度出发，纷纷推进裸导线绝缘化改造。

然而，推进裸导线绝缘化改造并非易事。过去，供电部门大多采用更换导线的方式，也就是将裸导线更换为绝缘导线。但这种方式不仅施工周期长，而且需要停电作业，难免会影响用户的正常用电。

2017年，某地电力部门打算对有隐患的10千伏供电裸线进行绝缘化处理，并提出希望能研制一款机器人代替人工作业。

“这是一个难得的机遇。”得到这一消息，冠能电力董事长张万青马上组织团队着手研发，经过8个月的努力，终于研发出配网线路机器人自动涂覆绝缘材料技术，并推出第一款机器人。

配网线路机器人自动涂覆绝缘材料技术可实现自主上线并带电涂覆绝缘材料，对裸导线进行绝缘化处理，有效防范树障、小动物触碰、外力短路等隐患。

“这项技术是在不断迭代升级中日趋成熟的。”冠能电力总裁魏远航介绍，第一代电力裸导线涂覆机器人需由人工将机器架设到导线上，而且需要停电作业。经过技术升级，第二代机器人可以实现带电作业。到了第三代，机器人已无需人工登塔或者登高车作业，可直接通过绝缘带“爬”上导线，然后在带电情况下为裸导线均匀打印一层绝缘材料。如今，第四代机器人已配备了姿态自动调整系统，安装有陀螺仪、距离传感器、摄像头等感应设备，变得更为智能。

“利用这款机器人仅需20分钟便可完成约60米的三相线路涂覆作业，在保障供电可靠性的前提下，大大降低了作业人员劳动强度。”魏远航说，目前该款产品已在南方电网、国家电网、蒙西电网得到推广应用，服务近百个供电局，业务覆盖28个省级行政区。

瞄准痛点让机器人替人登高

电力裸导线涂覆机器人仅是冠能电力众多带电作业机器人中的一款。魏远航说，当前机器人在电网中的应用主要有两个方向：一个是依靠机器人与人工智能技术发现电力设备缺陷，如巡检机器人；另一个则是依靠机器人处理电力设备缺陷故障，如作业机器人。

“如果巡检机器人代替的是作业人员的‘眼’，那么我们的作业机器人主要是代替人的‘手’与‘脚’。”他说，电网公司在设备巡检方面已有许多先进手段，当下的需求更多是在带电作业方面，“他们希望用机器人代替人工开展需要登高、带电作业等的危险性较大的检修作业，从本质上提升作业安全水平”。

由于带电作业机器人行业属于新兴行业，在产品开发迭代过程中，冠能电力面临一系列技术难题亟待攻克。

“自主升降平台就是典型案例，这个平台完全是我们自主研发完成的。”冠能电力研发总监黄志建介绍，一开始，研发人员想借鉴无人机的原理，为电力裸导线涂覆机器人装上平衡器与四个电机，但如何让机器人在运行中保持平衡并精准上线是一大挑战。而且，考虑到产品的使用体验，机器人既要重量轻，又要具备多重功能，如何找到“轻”与“重”的平衡点，同样是摆在研发人员面前的“拦路虎”。

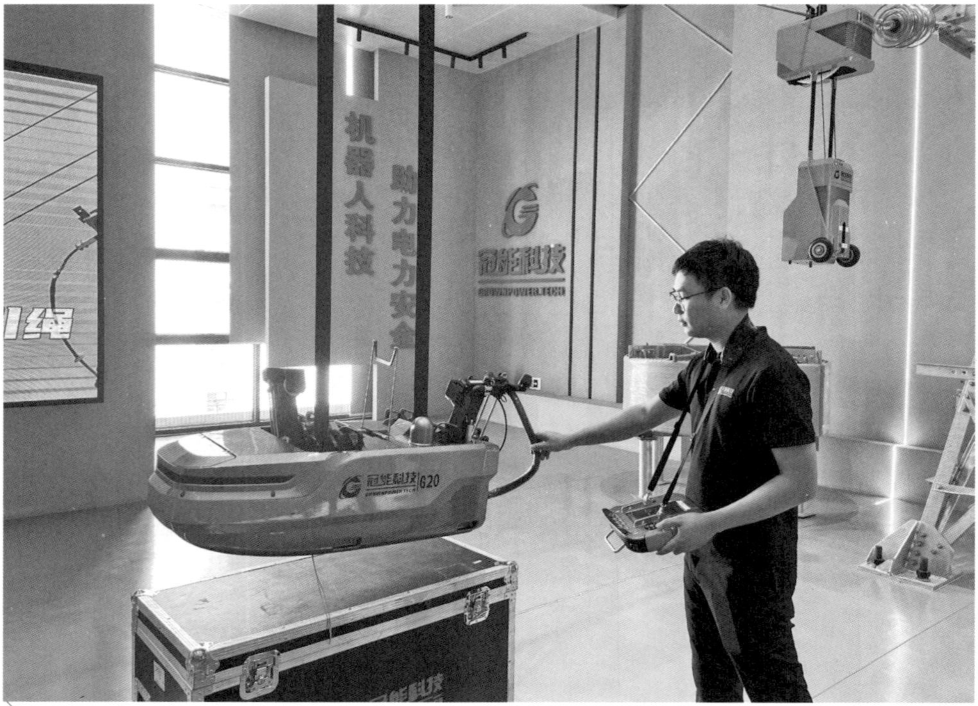

冠能电力工作人员正在调试设备

为攻克这一系列难题，冠能电力的研发团队一边摸索，一边研发，从搭载设备、使用材料等多个角度反复试验论证，经历了无数次失败后，他们逐步将“自主升降”技术设备研制成熟，最终完成“从零到一”的突破。

然而，自主升降平台只是机器人研发过程中的众多挑战之一。机器人在导线上的运行与涂覆速度，直接影响到绝缘层的涂覆效果。“为了摸索机器人的最佳喷涂速度区间，我们在实验室里反复试验，耗费了约一吨的绝缘材料。”黄志建说。

正是在一次次攻克难题的过程中，冠能电力不断筑牢了自身技术的“护城河”。魏远航介绍，目前公司拥有发明专利超 30 件，还有 20 件专利正在申请。

就在 2022 年 3 月，继架空裸导线绝缘涂覆机器人后，冠能电力的新产品“变电站（换流站）高压交直流支柱绝缘子智能运维机器人”也被中国电力企业联合会评定为国际领先水平。“这无疑是对冠能电力技术创新能力的又一次有力认证。”魏远航说。

坚持创新筑造技术“护城河”

正如产品的迭代更新，冠能电力在16年发展历程中，也经历了多次关键性的业务转型。

早在2006年公司成立之初，冠能电力主要为中国电信的小灵通基站服务，为了基站用电可靠性，推出了“小灵通基站用电保护神”，并深受市场欢迎。然而，随着电信行业的升级换代，小灵通逐步退出市场，冠能电力也面临第一次转型。

2010年，在一次新闻报道中，张万青看到变电站内干式空心电抗器损坏事件时有发生。这类损坏事件不但造成了直接的经济损失，也给下游用户带来间接损失或者生活工作的不便。这让他意识到，研究干式空心电抗器运行中出现故障的原因并提出解决措施，意义巨大，也蕴藏着广阔的市场。

因此，2011年下半年，冠能电力着手研发电力设施防污闪处理的工艺和设备，并通过电抗器项目进入电网安全措施研发和应用领域。目前，冠能电力在南方电网实施防污闪处理的设施设备数量，超过了需求量的半数。

不仅如此，随着国家发改委、工信部等陆续出台政策支持智能电网建设，大量电网巡检机器人应运而生，巡检技术也日渐成熟和完善。冠能电力意识到，电网对以作业机器人替代人工作业有着更强烈的需求。

因此，该公司于2017年正式进军电力机器人领域，将自身研发的智能设备用于配电输电网的多种作业和检测，增强电网运维安全、涉电公共安全，并定义企业使命为“机器人科技助力电力安全”。

回顾冠能电力的每一次成功转型，一方面是源于其对市场需求的敏锐捕捉，但更重要的是其坚持技术创新，最终赢得市场。“创新是我们的基因，也是我们的竞争力。”魏远航透露，凭借领先的产品技术与性能，这两年公司业绩稳步上升，2022年营业收入有望更上一层楼。未来，冠能电力将加大技术研发创新，瞄准电网作业智能化领域，开发出更多电力机器人产品。

● 观察眼

创新源于对行业的深刻理解

“只有走创新之路，企业才能有下一步发展。”每每谈及冠能电力快速发展的秘诀，该公司负责人都会不约而同地归因于“创新”二字。这并非虚言。

从小灵通基站用电保护神到电力裸导线涂覆机器人，16年来冠能电力的一次次转型，都离不开创新产品的强力支撑。

然而，这种创新不是盲目的。这种创新来源于哪里？源于对市场、对客户的把握。企业必须成为解决市场、行业需求和问题的专家。正如魏远航在采访中提到的，冠能电力与一线电力从业人员保持着交流互动，能摸准一线人员的痛点，尤其是摸清了电力行业各个作业环节中哪些是安全性能较低且仍依靠人工作业的。这些环节往往就是下一个潜在市场的突破口。

当然，摸清客户的痛点还远远不够。考虑到市场竞争，企业还需对同行的发展态势作出清晰判断，并根据自身实力找到市场竞争程度与行业痛点需求的结合点。这个点，也许就是企业下一步创新的发力点。

当然，企业对于行业的深刻理解，无法在短时间内形成。企业需要经年累月地在某一领域的深耕细作，才能逐步练就这种学习力与判断力，并最终转化为企业的核心竞争力。

伽蓝洁具：首创“全卫定制” 迈向第一品牌

走进佛山市伽蓝洁具有限公司（下称“伽蓝洁具”）的生产车间，只见在板材上料后，自动化生产线就开始有序工作，在经过开料、全自动通过式扫码钻孔、铣型、自动封边辊边、打磨、喷涂、组装、包装等工序后，这些产品将被运往全国乃至全球各地的家庭组装成个性化的卫浴空间。

成立于2004年的伽蓝洁具，是一家主要从事全卫定制浴室柜产品的研发、生产和销售的企业。历经18年的发展，目前伽蓝洁具已经成为全卫定制（浴室柜）行业的知名企业，其产品销售量在国内市场占有率位居前三名。

从2011年开始，伽蓝洁具主动拥抱数字化转型，先后在软件、云主机、云专线、数控设备等领域投入超2000万元用于数字化转型，并取得了爆发式增长。2019年至2021年，伽蓝洁具连续三年业绩复合增长率达到30%以上。面向未来，伽蓝洁具正朝着“创全卫定制的第一品牌”的愿景，全力迈进。

从单品牌转向全品类竞争

与一般市面上PVC材质浴室柜不同的是，伽蓝洁具从创业之初就瞄准了实木浴室柜这一赛道。在创始人张爱民看来，实木浴室柜是卫浴行业相对忽视的板块，而消费者对于实木材质有天然的喜爱。凭借着实木浴室柜既美观又实用的性能，伽蓝洁具的产品很快受到市场热捧。

然而，实木浴室柜定制最大的一个难点在于如何做到防潮。“其实木头是不怕潮湿的，是怕干燥会裂。”伽蓝洁具总经理吴立说，伽蓝洁具的木材都有七层油漆，比市面上一般的实木卫浴多做了至少四层油漆，而且做了完善的防水处理，可以经受2000小时防水测试。

"我们可以做到抽屉里放水养金鱼。"吴立说，木材防水环保，而且所有原材料每批次都经过自己的实验室检测，每季度都会送第三方检测，确保每一件产品都达到国家环保标准。如今，伽蓝洁具已经在业内享有"中国实木浴室柜第一品牌"的美誉。

在聚焦实木浴室柜的同时，如何更精准占领优势市场？"目前伽蓝洁具只聚焦于卫浴行业。"吴立说，在此之前公司也做过全屋整木定制，然而在2017年，伽蓝洁具经历了发展的停滞期。彼时，卫浴行业的竞争，已经从单品竞争转向为全品类竞争，单一品类的成长空间非常有限。结合在浴室柜定制领域的优势，伽蓝洁具在整个卫浴行业率先提出"全卫定制"概念。同年，伽蓝洁具"整体定制卫浴产品"荣获广东省名牌产品称号。

然而，"全卫定制"这一概念当时在行业中并不多见，而销售实践中要做到"全卫定制"，必然要提升营销理念，并使用专用的设计软件。

"有些经销商抗拒使用设计软件，经过多番沟通，最终全国经销商体系都采用了设计软件，实际情况显示有设计软件成单效果更明显。"吴立说，在这个过程中，伽蓝洁具还遇到其他各种问题，比如说刚开始使用的前端3D接单软件无法与后端生产软件打通，生产效率低下，后来做了多次对比选型，切换成其他软件品牌才解决了问题。"在这期间，对几百家经销商重新进行操作培训和考核，对他们进行品牌认知、软件使用等培训，同时对设计师集中培训7—10天。"吴立说，虽然付出了不小代价，但是转型后，从前端的店面销售到后端工厂生产可以一键打通。

如今，伽蓝洁具已经创立"心海伽蓝""雅颂""凯庭""简艺"四大卫浴品牌，拥有佛山九江卫浴生产基地、清远伽蓝生产基地、佛山南海狮山淋浴房生产基地，在全国拥有800多家门店，并与红星美凯龙、居然之家等国内知名家居品牌成为战略合作伙伴，产品被广泛应用于保利、龙湖、碧桂园、时代、合景、龙光、招商蛇口、香江、敏捷等知名地产的各类大型高端项目。

打通七大软件　产值提升70%

聚焦全卫定制，数字化智能化改造显然必不可少。对于伽蓝洁具而言，数字化设计的核心思想是实木定制家具部件模块化、产品参数化、减少产品内部多样化。

走进伽蓝洁具的生产车间，在木工定制产品看板上能清晰地看到来自全国各地的客户相应的货品、计划完工时间、工序名称等订单信息，在车间储存看板上能实

伽蓝洁具数字化生产车间

时看到各零部件的分拣信息。

但在此之前，伽蓝洁具面临着实木定制行业工艺复杂、交付周期长、成本高、品质不稳定等问题。

“我们从 2017 年开始投入自动化改造，对其中一条生产线测试了一年，把七大软件全线打通。”吴立说，当时整个浴室柜行业发展还很好，利润也高，很多同行觉得没有必要进行数字化改造，但是伽蓝洁具认为，接下来劳动力成本肯定会越来越高，数字化、智能化是“必答题”而非“选择题”。

事实上，早在 2010 年，伽蓝洁具就开始探索数字化生产转型，开始使用信息化软件平台。在此基础上，伽蓝洁具以定制产品参数化建模理念为支撑，构建起了基于门店前端和设计后端的数字化设计平台体系，在前后端软件系统中，对家具零部件进行优化统一并建立零部件对接模型库，通过模型的对接打通了前端店面与后端工厂的生产环节，实现了信息的传递，达成了缩短产品设计生产周期、提高生产效率、降低企业成本的目标。

“从 2021 年年底开始，行业很多企业来公司参观，都想推进数字化智能化改造。”吴立说，传统的浴室柜企业想要升级设备，更换系统是很快的，但是最难的是软件之间的打通以及真正投入生产，这对于企业来说，还是很费力的。

如今，客户只需要在应用程序下单，伽蓝洁具即可根据订单精准运算出浴室柜各零部件工艺流程、加工信息数据，用智能化数控生产设备通过识别零部件信息数据，完成电子锯优化开料、全自动通过式扫码钻孔、铣型、自动封边辊边、打磨、喷涂、组装、包装、仓储等工序。

数字化、智能化带来的提质降本增效的效果逐渐显现，一组数据对比尤为明显，在经过系列数字化改造后，伽蓝洁具全卫定制产值提升70%、定制产品交期提升45%、板材成本节约30%、涂装材料成本节约33%、减少6道工序、减员52人、厂房面积减少50%、售后费用下降41%、数控设备工伤率为“0”……

打造国内高端全卫定制标杆

伽蓝洁具的数字化改造不仅仅是在生产领域上，包括办公软件、定制化生产软件程序等营销领域同样进行着数字革命。

“之前伽蓝洁具总部接收订单普遍使用传真机，经常会出现差错，后来又采用QQ，但效率不高的问题始终困扰着企业。”吴立说，从2018年开始，伽蓝洁具采用了CRM（客户关系管理）系统，实现订单流程数字化，用户确定设计方案，终端店面通过系统提交订单，定制技术部审核下单，然后生产设备自动化排产。而仓储也实行电子化管理，相比以前仓管员满仓库找产品，现在仓储管理效率高很多。

2021年12月，伽蓝洁具正式上线数夫SCM（供应链管理）系统，这意味着，大宗物料及外购品由伽蓝洁具总部集采，供应体系内的供应商自动匹配，大大减少了中间环节。

“我们目前已探索出具有自身特色的数字化智能化模式。”吴立说，伽蓝洁具拥有专利权90件、商标73件、软件著作权9件，并在全球设有三大设计中心，包括瑞士和国内的知名设计机构、佛山研发中心。与此同时，伽蓝洁具被评为国家高新技术企业、佛山市数字化智能化示范车间、佛山市“专精特新”企业等。

在全卫定制的目标和数字化、智能化的加“数”推动下，伽蓝洁具正迎来爆发式增长。“目前很多的订单都是在线下成交，卫浴定制的占比在去年已经超过了50%，并且每年都有很大幅度的增长。”吴立说，2021年伽蓝全卫定制产品销售额超1.5亿元，业绩增长将近40%。不仅如此，伽蓝洁具自2019年至2021年，连续三年业绩复合增长率达到30%以上。

面向未来，伽蓝洁具正在“创全卫定制的第一品牌”的愿景下，初步形成国内实木浴室柜领域的独角兽。吴立表示，结合卫浴定制行业成长空间及企业已经打下的智能制造领先成长性根基来看，未来五年，伽蓝洁具将朝着每年复合增长率25%的目标发展，计划到2026年全卫定制产品突破5亿元规模，从而成为国内高端全卫定制领域的领导者。

观察眼

未雨绸缪方能行稳致远

在10多年发展历程中，伽蓝洁具可谓一直另辟蹊径。在行业都以PVC材质和玻璃材质为产品主要材质的时候，伽蓝洁具就研发实木浴室柜；当浴室柜作为单品的效益开始增长乏力的时候，伽蓝洁具提出全卫定制；在行业不得不开始进行数字化、智能化改造的时候，伽蓝洁具已经成为行业数字化先锋。

伽蓝洁具的发展并非一帆风顺，也曾经历股东退出、发展停滞、成本居高不下等困境。面对每一次转型危机，伽蓝洁具都化危为机，把挑战转化成为新的机遇。比如，伽蓝洁具10年来坚持数字化、智能化转型，才能在提出全卫定制的时候，实现生产系统、办公系统等方面的支撑。如今的伽蓝洁具在全卫定制领域和实木浴室柜领域已经是佼佼者，在数字化、智能化的推动下，伽蓝洁具将再度迎来新的爆发。

方向陶瓷：让瓷砖成为净化空气的好帮手

每天，经过14道严格的品质管理流程，数十万平方米空气净化砖从广东方向陶瓷有限公司（下称“方向陶瓷”）发出，奔赴全国大大小小的建设工程和家装现场。

空气净化砖是方向陶瓷的拳头产品，市场占有率位居全国前三。装修过程中，各类装饰材料所散发的有害气体，常常使得室内污染物浓度超标，而相比普通瓷砖，空气净化砖可以产生带负电荷的空气负离子，有效降解空气中的有害物质。凭借对消费者健康需求的把握，方向陶瓷实现了营收、利润的双增长。

主攻功能性瓷砖的背后，是方向陶瓷的差异化战略。在方向陶瓷董事、总经理刘丽燕看来，陶瓷行业已进入存量竞争时代，只有不断深挖产品附加值，筑牢品牌“护城河”，才能在红海市场中脱颖而出。

创新研发费用逐年增长

新装修的室内空气质量不佳，是人们工作生活中的一大痛点。方向陶瓷品质管理部经理梅晓红介绍，装修中应用的各种乳胶漆及涂料、人造板材、复合家具、人造沙发座椅等，几乎都会释放有害气体，而现在城市居住、办公环境密闭性高，使得室内空气污染物浓度超标成为普遍现象。

空气净化砖的原理在于，在瓷砖的生产过程中添加天然矿物原料，这些原料能激发空气电离，产生负离子，而负离子可有效降解空气中的有害物质，形成纯净空气，达到杀菌、祛除异味、净化空气的效果。

要实现这一点并不容易。“每一项创新都需要经过千锤百炼。”梅晓红说，方向陶瓷根据空气净化砖释放出来的负离子的浓度调整负离子粉的配比，力求负离子释放量达到最佳水平。

掺杂水合包裹的生产工艺也是一项技术难点。据了解，这项工艺是将功能材料做先期水合包裹。材料本身粒径较细，高温烧结温度较低，与常用陶瓷化工原材料配合调制而成的面釉结合后使得面釉在高温下过烧，造成产品表面出现不同程度的针孔。“针对此现象，我们通过实验对材料的加入量及配方进行合理调整，添加烧结温度较高的纳米氧化铝来提升烧结温度，降低高温下釉料黏度，坯体排气更顺畅，从而有效解决了面釉的针孔缺陷。”梅晓红说。

数据显示，方向陶瓷研发经费投入从2019年的892.8万元增长至1603.2万元，研发费用占比保持在3%以上，且占比逐年增加。公司以引进、消化、吸收、开发先进技术为目标，与科达洁能、华南理工大学广州学院建立产学研合作基地，组织科研项目30项。

截至2022年7月，方向陶瓷有专利20件，其中发明专利2件，实用新型专利18件，获批注册商标69件。公司主打产品可丽雅空气净化砖上榜工信部“绿色设计产品”名单，达到《可诱生空气负离子陶瓷砖》（T/CBCSA 14—2020）标准测评二级水平。

全流程质检淘汰不良品

一切功能特性建立在产品品质稳定的基础之上。在梅晓红看来，产品质量是企业发展的坚强后盾。

方向陶瓷将品质要求前移至产品标准，通过制定高于国家标准的企业标准，推动其主要产品在吸水率、耐磨性、耐污染性等指标上，均优于国内同行业水平，达到国际先进水平。

据悉，公司生产的空气净化砖执行国家标准《陶瓷砖》（GB/T 4100—2015），检测显示各项指标均优于国家标准，并长期保持质量稳定，与国外同类产品对比分析表明，达到国外先进标准要求，获得“采用国际标准产品标志证书”。空气净化砖企业内控标准经过标准的先进性评价，优于国家标准。

以标准为宗，方向陶瓷注重激发个体员工在品控工作中的能动性，让全厂千余名员工都成为产品质量的“守门人”。

在方向陶瓷，一片瓷砖生产出来后，从分级分色到包装再到入仓，共要经历十余道质检工序，才能正式出厂。方向陶瓷把提升产品质量水平升格为全过程质量管理的品质理念，建立起三级质量监控机制，由生产员工、车间检验员、专职检验员层层检查，并且每年把产品送到第三方机构接受专业检测。

每天正式开启工作前，方向陶瓷14个车间班组都会在生产现场召开班前会，总结前一天生产中发生的问题并进行确认，引导员工优化工作流程。不仅如此，每周、每月企业也会定期召开总结会，讨论问题的改进方法，并制定新计划。

这是方向陶瓷员工质量管理培训的一部分——目前，方向陶瓷正在企业全面推广卓越绩效管理，为每个岗位制定作业指导书，详细标注了工作中的易错点及注意事项。每名新员工都需要先学习岗位作业指导书，再接受初级质检考核、班长考核、总监考核。

在全过程质量管理中，方向陶瓷的QC小组（质量控制小组）发挥着重要作用。通过持续开展QC小组工作并形成成果，参加各级成果展示，目前方向陶瓷已获得2020年南海区政府质量奖一线班组奖和2021年佛山市质量成果大赛一等奖。

方向陶瓷实施全流程质检，淘汰不良品

差异化战略打开新市场

包括可丽雅空气净化砖在内，方向陶瓷旗下的品牌终端销售网络覆盖中国各大中小城市，经销商、专卖店超过3000家，每年服务超过10万户家庭，同时产品远销美国、德国、法国、巴西、新加坡等10余个国家。

中国是当今世界最大的瓷砖生产国，瓷砖产量占全球总产量的60%，行业产能过剩，增量竞争市场已转变为存量竞争市场，产品同质化和价格竞争加剧，不利于行业健康发展。自疫情发生以来，多重因素加速了陶瓷行业的重新“洗牌”，能源成本、原料价格持续攀升抬升了陶企生产成本，许多企业面临盈利大考。

“要在激烈的市场竞争中突围，必须在产品设计、性能上不断创新，挖掘更多附加值，让消费者‘所见即所得’。”刘丽燕说。

立足空气净化砖的优势，实施差异化战略是方向陶瓷的“战法”之一。

在刘丽燕看来，方向陶瓷要在消费者心中建立起与竞争对手与众不同的品牌认知，继续专注于空气净化瓷砖品类，坚持创新驱动，强化顾客价值创造，打造产品、服务和品牌的综合竞争优势，力争用5年时间，实现三四线城市瓷砖第一品牌的市场地位，到2023年销售收入达到8亿元。

为实现该目标，在研发创新方面，方向陶瓷将保障研发投入呈逐年递增之势，每年的新产品开发数量不低于15个，创新绩效管理与激励体系，提升绩效评价与激励机制对员工思维的牵引力。

在市场开拓方面，方向陶瓷大举切入定制家居赛道，逐步形成“方向建陶”“方向家居”两大业务板块：建陶板块以十二大陶瓷品牌为基础，产品以瓷砖、岩板、卫浴等泛家居配套为主；家居板块产品以岩板、板材、定制家居为主。通过渠道专业化、人才专业化、产品专业化的经营思路进一步精耕细作，占领细分市场。

观察眼

竞争的核心是人无我有、人有我优

“人无我有、人有我优”的不可替代优势，是企业的核心竞争力。对于专注细分领域的“专精特新”企业来说尤其如此。

方向陶瓷是国内较早一批生产空气净化砖的企业之一，企业坚定扩大领先优势，在创新过程中克服开发周期长、投入大的阻力，抓住了消费升级的风口。疫情使得人们越来越关注居家生活的健康属性，具备空气净化功能的瓷砖凭借差异化优势打开了更广阔的市场。

早期，以空气净化砖为代表的功能性瓷砖是热门产品，众多陶瓷企业抱着试一试、“争噱头”的心态参与竞争。但彼时功能性瓷砖技术尚处于萌芽时期，市场小众，面市后曾一度面临质疑：客户不相信负离子瓷砖所产生的效果，而企业也没有办法让客户感知到负离子的存在。在这个过程中，不断有企业进入后又退出功能性瓷砖市场，成为匆匆过客。但是，方向陶瓷不计成本地大批量购入检测设备，借助仪器让净化效果转换成实实在在的数据，让消费者可以直观了解到负离子的功效。一路坚持至今，方向陶瓷是当今少有的坚持把空气净化砖做到极致的企业。

从追逐风口到创造风口，方向陶瓷凭借长期以来的研发韧劲，在行业内做到了“六个第一”，即第一批广东省及佛山市“专精特新”企业、第一批佛山标准产品企业、第一批绿色建筑选用产品证明商标企业、第一批推出空气净化砖企业、第一批佛山陶瓷原产地签注备案企业、第一批广东省重点商标保护名录企业。

恋晴：
“晾”出新产品 升级新赛道

落地式、支架式、外飘式、手摇式、电动式、智能晾衣机……近十年来，晾衣架从手摇操作开始，从五金件向家电、智能家电快速升级。

自动升降、烘干杀菌、LED照明、语音控制、遇阻反弹……在南海丹灶，广东恋晴智能家居有限公司（下称“恋晴”）紧跟消费升级浪潮，通过自主创新推动智能晾衣机产品快速迭代，赢得消费者青睐。

凭借拳头产品的强势表现，该公司2019—2021年销售额连续翻倍增长，市场份额在细分领域保持领先。来自测评机构盖得排行的2022年晾衣架品牌推荐榜单上，恋晴在综合榜排行第五，在制造实力榜名列第三。

靠创新保持产品升级

2022年以来，恋晴的智能晾衣机经过自主开发突破，新增了声控操作、遇阻自动上升等功能，至少完成了三次产品升级。

这些升级都和物联网技术有关。例如，使用者不仅可通过遥控器或墙壁控制器操作，还能下达语音指令，让晾衣机上升或者下降、改变LED灯光强弱等。遇阻自动上升功能则从“遇阻即停”升级而来，让晾衣机在下降过程中，遇到人为轻托或障碍时瞬时停止，并反弹上升10厘米，进一步保证晾衣机的使用安全。

“包括遇阻自动上升在内，到目前为止，不少新功能都是恋晴产品独有。”恋晴总经理廖启明介绍，在智能晾衣机这一细分领域，功能快速升级、产品快速迭代是最鲜明的发展趋势。恋晴在竞争中跑在前头，靠的也是快速自主创新，不断推出新功能和新产品。

恋晴通过自主创新推动产品快速迭代，赢得消费者肯定

一个“快”字，是智能晾衣机市场发展的关键词。据 CSHIA（中国智能家居产业联盟）Research 发布的《2022 智能晾衣机生态发展白皮书》，智能晾衣机产业经过近五年的高速发展，初具百亿级市场规模。随着终端用户的消费认知逐年提升，B 端（Business，企业用户）采购额不断加大，线上线下销售渠道共同发力，预估未来成熟阶段市场规模将实现千亿级规模。

恋晴正式创办于 2015 年，但该公司董事长、廖启明的父亲廖善赞在 20 世纪 80 年代就开始做小五金生意。2002 年，廖善赞的企业推出“恋晴”品牌升降晾衣架系列产品，切入这一细分领域。“到 2005 年，我们就颇具前瞻性地推出了第一台电动晾衣机。”廖启明说。

自“恋晴”品牌晾衣机推出市场以来，智能晾衣机行业发生深度变革，产品升级经历了自动化、单品智能化阶段，迈入了全屋智能探索期，已实现自动升降、烘干杀菌、阳台照明、语音控制、场景联动、遇阻即停、空气净化等集成功能。

产品迭代周期短，意味着研发投入大。恋晴走的正是一条技术创新道路，在洞察用户需求、解决用户痛点的过程中，不断推动产品更新迭代。目前，该公司研发投入占营业收入的 3%，主要产品累计获得授权专利超过 20 件。

借“审厂”倒逼品质跃升

“好质量、好产品是最好的广告。”谈及自家拳头产品的核心竞争力，廖启明还提到，“每一台恋晴智能晾衣机，都向消费者承诺整机质保三年、电机质保20年。”

要说恋晴的质量优势，不得不提企业三年前的“审厂”经历。2019年，恋晴调整经营策略，决定在深耕自有品牌产品的同时，争取与美的、欧派等家电和家装一线厂商合作，拓展贴牌订单业务。

以恋晴当时的品控、精益化管理水平，要通过“审厂”并不容易。恋晴研发部经理刘小冬记得，为了强化质量管理，公司大手笔添置了一批检测仪器，把产品检测从第三方机构抽检改为百分百自检，还通过固定车间关键工位的人员等举措，有效提高了产品质量的稳定性。从客户公牛公司反馈的数据来看，恋晴产品的售后率从千分之五降至千分之二点五以内。

产品具体功能的稳定性也得严格符合相关要求。例如，恋晴在推出智能晾衣机新品之前，用超出行业标准近一倍的条件进行负重测试。“具体来说，就是把负重物的重量从35公斤提高到60公斤，再进行3万次以上的上升下降操作。”刘小冬说，“每一款产品都只有通过考验，才能推出市场。”

功夫不负有心人。恋晴在接到美的“审厂”要求的三个月后，通过重重考验，成为美的一级供应商。如今，与恋晴合作的贴牌厂商还包括欧派集团、佛山照明、志邦家居、公牛电器等。从订单结构看，恋晴自主品牌和贴牌产品分别占比六成和四成。

廖启明坦言，回过头看，通过此番结构调整，恋晴主要有两方面收获：一是大牌厂商的“审厂”标准倒逼企业快速提高了内部管理水平和产品品质；二是大牌厂商还带动了人们对智能晾衣机的消费。如今，可观的贴牌订单量让恋晴更好地扛住了新冠肺炎疫情冲击，营业收入保持逆势快速增长。

抓机遇抢分市场“蛋糕”

对于智能晾衣机行业来说，智能家居的快速普及将带来近千亿元规模的新商机，也将继续加剧企业之间的竞争。

据艾瑞咨询发布的《2021年智能晾晒行业发展趋势研究》，品牌集中度方面，智能晾晒行业市场较为分散，品牌之间竞争激烈。在行业排名前十的头部品牌之中，品牌市场份额除了位列第一的“好太太”占比38.5%，其他大多在15%以下。

在廖启明看来，随着智能家居的强势发展，技术门槛增高，靠低价生存的品牌将被消费升级加速淘汰。“恋晴自起步以来，一直坚持做中高端产品，这些创新实力和市场基础将是我们的竞争优势。”廖启明说。

该企业面临的挑战则在于，和其他家电、家居类消费品相比，智能晾衣机的销售受消费意识和决策的影响大，即便是直播电商，对产品销量的带动力也有限。CSHIA Research发布的《2022智能晾衣机生态发展白皮书》提到，智能晾衣机的渗透率不足7%，尚未达到爆发阶段，2022年依旧定位在消费普及初级阶段。

企业继续深耕细分领域的挑战不小，但廖启明认为，智能晾衣机市场发展速度和产品认知度将持续提升。显而易见的一点是，与外国人使用烘干机替代晾晒不同，中国消费者偏爱衣物上的“阳光味道”。“加上大家居时代和智能化产品时代的到来，这个蛋糕将越来越大。”廖启明说。

对于恋晴的未来发展，廖启明定下了一个“五年计划”，即继续主打高端智能、高性价比路线，坚持研发新产品，用人性化设计提升产品附加值，巩固行业领先优势。

“概括来说，就是产品争一流，服务争最优，管理争创新、技术争先进，企业争信誉，在行业三强的地位上进一步突破跃升，成为晾晒行业数一数二的品牌。”廖启明说。

观察眼

不断创新才能保持领先

管理学家、美国哈佛商学院教授克莱顿·克里斯坦森在《创新者的窘境》一书中，将创新分为两种：一种是颠覆性创新，即以“破坏性”技术为市场带来与以往截然不同的价值主张；一种是连续性创新，即基于用户需求升级，持续积极投入新技术研发。

从市场发展空间来看，智能晾衣机是新兴的细分领域，在消费升级浪潮下，产品功能快速更新迭代。这一方面给众多新玩家快速崛起提供了机遇，一方面对领先品牌持久发展提出了挑战。对于置身其中的市场主体来说，创新是立于不败之地的关键。

从恋晴的发展经历看，在这么一个快速成长、竞争激烈的细分行业中，领先者也必须不断创新和前进，不断推进技术升级，才能稳固竞争壁垒和优势，拉开与后面追赶者的差距。

可以肯定的还有，消费者体验就是企业创新的方向。智能晾衣机的创新升级，让人们的晾晒方式从手摇到电动、从电动到智能。随着智能晾衣机产品功能的迭代，恋晴不断造就新的功能体验，降低新用户使用门槛。

用廖启明的话来说，就是“把消费者呼声作为第一信号，把消费者需求作为第一选择，把消费者满意作为第一标准”。如此看来，恋晴确实大有可为。

广东诺米：搅动五金江湖 加“数”车间革命

在广东诺米家居智能科技有限公司（下称“广东诺米”）生产基地内，机器人在一条条流水线上忙碌不停。随着线路的转动，一套套精美的橱柜五金件走下生产线，被打包进入智能仓库，即将运往全球市场。

广东诺米创办于2003年，从橱柜里的五金配件起家，跋涉19年，成功在全屋定制五金“江湖”上闯出了一片天地。如今，它与全球数百家橱衣柜品牌达成战略合作，是欧派家居、志邦家居等行业龙头的重要合作伙伴，产品畅销全球50多个国家和地区。

广东诺米在2021年首创了“全屋五金生态链”理念，联通家居五金六大重要板块，自主组织研发、组建产能，提升品质优势，打造高端品牌。来自中国五金制品协会家居五金专业委员会的数据显示，2019—2021年，广东诺米的“橱柜功能五金”产品在全国市场的占有率连年递增，从18%上升到了20%，排名稳居全国前三。

敢于在冬天投资

广东诺米所提出的“全屋五金生态链”理念，指的是以同风格、同颜色、同品质、同品牌的“四同”理念，为全屋定制客户提供一站式五金解决方案，产品涵盖橱柜收纳五金、衣柜收纳五金、精工水槽、基础五金、智能照明、铝材高定应用共六大领域。在过去，五金定制市场泾渭分明，不同产品的工艺技术有差异，产线大不相同，没有一家品牌企业会贸然打通六大板块的产品。下游家居定制企业要实现这一点，一般要找3家以上的工厂才能配全近似的风格、颜色。作为“搅局者”，广东诺米要破解的难题不少。

首先要解决的是资金和技术人才的投入问题。疫情下，外部环境的不确定性增加，向外收购企业和产线是一条捷径。但广东诺米却挑战了一条更难的路——“在冬天投资”，自己组建产能、组织研发。

抓住房地产行业低迷、全屋定制行业加速洗牌的窗口期，这家企业加大了投资力度，新增了不同品类的生产线。近年，广东诺米在原有的橱柜功能五金、衣柜收纳五金、精工水槽、基础五金事业部之外，还广泛吸纳行业内的技术和管理人才，新组建了智能照明、铝材高定应用事业部，实现了跨行业、跨品类的打通。

厨房内，从橱柜收纳的拉篮，到基础五金的骑马抽，再到智能照明的内嵌灯条，从上到下、从外到内，所有可见的五金都可做到同一风格和颜色；卧室中，从大件的网衣篮、置物架、旋转鞋架，到西裤架、挂衣架、收纳盒等小品，虽品类繁多，但依然是同一色系、同一风格。这是广东诺米的展厅场景，目前已“复制”到了越来越多的全屋定制服务商门店。

广东诺米国内渠道营销总监罗伟说，在家居定制行业，“颜色和风格的统一和简单”是呼声逐渐高涨的显性诉求。随着全屋定制行业的洗牌加速，原来相对分散的五金定制市场在集中，供应端上的批发商也在整合，这为实现上述诉求提供了基础。广东诺米看似在搅局，但其实是在顺势而为。

打造创新代差

实现“全五金同色”的困难还存在于产品研发、生产过程中。橱柜五金品类繁多，材质也不尽相同，有铝合金、碳钢、塑料等。要让跨材质的各种结构件在风格、颜色上近似甚至完全一致，考验的不仅仅是喷涂工艺，还有研发、制造、安装几大环节的全链路打通。

“我们用持续不断的众多微小创新来实现这一点。”罗伟说，其所在企业重视内部创新，尤其看重对“精益生产”这一理念的运用。目前，精益管理已经成为内部重点工具，持续推动产品质量提升，六大体系产品先后通过英国皇冠ISO9001质量管理认证、瑞士SGS质量检测认证、德国TüV认证。

以板式拉篮为例。广东诺米是行业中首个用铝合金板式结构来生产拉篮的企业。那是一种因实用性强而被消费者昵称为“大怪物”的产品，由铝合金板材+多个可联动的功能五金结构件组成。“在过去，做拉篮的就只能做拉篮，没法自己做功能五金结构件的配合研发和生产，但我们打破了这一点。”罗伟说，在广东诺米，类似的突破性创新还有很多。

推动其持续开展突破性创新的原因，与行业内白热化的市场竞争有关。橱柜五金行业的“厮杀”非常激烈，许多小型企业以快速仿制为竞争手段。“在我们眼里，为了跑赢市场，我们的产品研发必须要快一年以上。”罗伟说，朝着这一目标，广东诺米不断强化研发技术积累、精益化生产管理，重视对渠道大数据的分析和研判，并已取得初步成效。

“拿拉斐尔衣柜五金系列举例，我们不同功能属性的五金配件同色率已达95%以上，充分满足高品质客户对定制空间细节整体性的高要求。”罗伟说，今年上半年，全国家居行业整体萎缩，但广东诺米仍然实现了两位数的业绩逆势增长。

瞄准“智造”工厂

走入广东诺米的智能仓库，偌大的空间内不见人影，只有AGV搬运机器人正在高大的货架间穿梭忙碌。罗伟说，这是广东诺米智能化生产基地的一部分，2021年启建，2022年3月投入使用，可全天候作业，支持1.3万套产品同时出库，大大提升了仓库的使用效率。

广东诺米的智能生产车间一角

在数智化上的加码，是这家企业探索“全屋五金同色”、打通六大板块产品的重要保障。资料显示，目前该企业已建成面积超8万平方米的智能化生产基地，基地内引进了工业4.0智能化数控生产系统，构建起了智能化生产车间、智能仓库。通过与精益生产管理工具的结合，其库存周转天数比改造前缩短了30%，半成品及原材料存货、成品存货准确率也大幅提升。

练好内功的同时，广东诺米加大了在渠道的深耕力度，将变革优势持续放大。

目前，其销售渠道主要由国内经销渠道、大客户战略合作、对外出口、新零售电商四个板块组成。罗伟说，2022年上半年，广东诺米的销售增长主要来源是国内经销商渠道。目前，广东诺米的经销网络已经遍布全国30多个省（区、市），拥有100多家经销商，未来将全面开拓国内市场，经销网点实现倍增，与国内知名的头部定制品牌的合作也将进一步加深。

广东诺米2021年启动了一个“终端唤醒行动”，面向“客户”和“客户的客户”来推广自身的优质产品。按照规划，广东诺米将通过品牌升级，带动现有经销商制度优化升级，围绕招商育商市场运营核心，保持建材市场消费占有率，同时，加大工程客户、橱柜/衣柜厂的渠道开拓力度，令产品更直接与终端消费者接触。

“我们希望提升他们对广东诺米的价值认同，向他们传递一个价值观：好的生活应该匹配好产品，他们值得用上能带来更强幸福感的高阶五金产品。”罗伟说，对广东诺米而言，过去只要把制造做好然后输出就可以了，但随着产品同质化竞争的加剧，品牌的塑造和输出也变得无比重要，这也是广东诺米下一步的重点动作。

观察眼

打造客户链　实现新突围

在佛山的泛家居产业丛林中，相比家电、家具等终端消费品企业，五金企业常常会感叹离消费者太远。这固然受到其中间产品的属性影响，但也与五金行业习惯盯着客户而非用户的思维定式有关。

企业不能只有供应链的概念，还要有客户链的概念。这是经济学家、北京大学国家发展研究院教授周其仁的观点。他认为，即便是主营业务面对企业端的公司，也要把产品形象延伸到用户圈层里去。产品质量是通过用户体现出来的，用户不直接面对企业，中间要经过客户链传导。

对于橱柜功能五金行业来说，它的客户链应该是厂家—经销商—导购员—消费者。在信息传播“漏斗效应”下，这样的企业如何能有效地连接上用户，将自己的品牌形象、产品信息等植入客户链？

广东诺米的答案是数字化。它以行动“唤醒”终端，面向“客户”和“客户的客户”来推广自身的优质产品。同时，它加强对渠道大数据的分析和研判，收集分析客户链全流程中沉淀的数据，通过数字技术获取用户画像，进而加快研发创新。

如今看来，这一做法已取得一定成效。广东诺米在疫情带来的不确定中实现了突围，也实现了新的发展。

创兴精密：
打铁二十年　炼成“小巨人”

“我是‘铁娘子’，专业打铁二十年。”高楚慧每次登台介绍企业，都以这样一句独具特色的个人介绍开场。作为新三板上市企业广东创兴精密制造股份有限公司（下称“创兴精密”）总经理，高楚慧始终喜欢形容自己是“打铁的”。

深耕钣金领域20年，创兴精密“打铁”打出了名堂。2002年，创兴精密从一家10余人的钣金工厂起步，到如今，企业已经成长为跨行业非标钣金细分领域的龙头企业。2022年8月公布的全国第四批专精特新“小巨人”企业公示名单，创兴精密位列其中。

近年来，创兴精密“打铁”还打进了新赛道。通过大力推进数字化智能化改造，创兴精密实现了质效双提升，打破了困扰企业多年的增长瓶颈。与此同时，创兴精密还成为经验输出者，吸引大量访客前来参观交流。企业正逐步从卖产品向卖数字化解决方案转型。

打破瓶颈
向数字化转型要增长

钣金是针对金属板材的一种综合加工工艺，广泛应用于高端设备金属组件、电子电器、通信、汽车工业、医疗器械等领域。

创兴精密专攻的是高端装备类钣金加工，这称得上是钣金领域中难度最大的一条赛道，是典型的离散型生产，订单具有小批量、多批次、多品种的特点。同时，创兴精密服务客户跨度很广，从陶瓷机械到数控机床，产品差异非常大。

“高端装备跟一般产品不一样，价高量少，有时候就卖一台，所以我们有时候收到订单就是一台高端装备的钣金加工。”高楚慧说。

而且，创兴精密服务的多是各个行业的龙头企业，包括施耐德、哈斯机床、富士康、科达制造等。这些客户的要求也极为苛刻。以施耐德为例，企业要求创兴精密要在收到订单后的36小时内交货。更有甚者，一个50万元的订单里，竟然包含500多个钣金加工组件。

近年来，随着行业竞争加剧，下游客户对效率和交货周期的要求也越来越高。这给创兴精密带来的挑战是，企业人力、物料成本和库存量居高不下，为保证订单交期和质量，材料要长期多备两成。

让高楚慧下定决心要作出改变的是企业遇到了增长瓶颈。“一年下来做得很辛苦、很努力，但是只能做5000万元左右的销售额，卡在这个瓶颈上好几年，怎么也上不去。”

为了突破这个瓶颈，高楚慧下定决心大力推动数字化智能化改造。

实际上，早在2012年，创兴精密就以降本增效为目的，开始“上系统”。但这一次转型并没有取得想要的效果，外购的软件系统并不匹配企业的生产需求，同时也存在“信息孤岛”的现象，最终企业陷入“系统上了，效益没上”的窘境。

高楚慧也认识到由于行业具有离散型生产的特殊性，而创兴精密本身以定制为主，很多现有的机器人机械手都发挥不了原有优势。这意味着，要真正实现数字化智能化生产，创兴精密必须进行大量的自主开发。

自主探索
“智慧工厂”产值提升100%

由于市面上还没有非标定制钣金加工行业的专用软件系统，2015年创兴精密就正式组建团队，从源代码底层搭建开始，自主开发“ERP（企业资源管理计划）+PDM（产品数据管理）+MES（制造执行系统）”三位一体复合式信息流系统，打通了从销售、产品研发、生产、采购到仓存、财务等业务的全流程。

这套适用型的系统见效很快。堵点被打通后，“信息孤岛”不再，物流、信息流在智能设备之间、生产线之间、人与设备之间无缝对接，实现全流程高效流动。

在创兴精密车间入口处，一个玻璃房尤为引人注目。房间内，一个中控大屏上不断滚动更新订单进度信息，跟单员可以及时发现并处理堵点，保障订单按期按质交付。在车间内，工人们在设备旁的屏幕上轻轻一点，就能翻看所有图纸信息，过去堆放在设备上的一沓沓厚重的图纸早已消失不见。

创兴精密生产车间

效益提升也是显而易见的。根据测算，“智慧工厂”的落地让创兴精密工厂土地使用率提升50%，员工由230人精简到130人，产值提升100%。以前光是板材存储就需要3000多平方米土地，现在立体仓库直接建在了车间中央，与产线机台直接对接，用地面积仅为220平方米，仓库面积减少了将近90%。

此外，订单准交率从63%提高到87%，不合理的接单和虚增送货量也得到了控制。各个工位的员工在生产现场接收通过系统传送的订单，在电脑上解读，实现了无纸化加工，每月节约了3吨以上的用纸量。

“以前产值做不起来，我觉得是人不够、机台不够，有几年我拼命买机台，但是后来发现原来是数据不通、网络不通，所以导致我收到的信息都是错的。”高楚慧说。

数字化战斗力的提升，也让创兴精密成功打破增长瓶颈，营收连年递增。2021年，创兴精密营收提升至1.03亿元，同比增长51.41%，净利润同比增长155.26%。

高楚慧说，2021年年底盘点的时候，库存加在一起不到800万元，这是前所未有的事情。“现在产能5000万元，但我看到了3个亿的目标，因为我还有很多机台没动，还可以释放很多产能。”

强强联合
面向中小企业输出经验

在默默探索了两年多以后，2021 年的一个契机，让创兴精密的转型案例从“养在深闺”变得广为人知。

2021 年 10 月，创兴精密受邀参加首届南海区泛家居产业推介会。一开始高楚慧很发愁，泛家居产业跟钣金行业有很大关联，但是作为钣金加工企业，没有什么具体产品可以展出的。最后她想到了展出数字化转型的案例。

“我们摊位很小，很多人走过都没发现。后来我想，既然来了就要争取让更多人看到，我主动申请了新品发布的机会。”当天，高楚慧在台上向观众介绍：“我们来自传统制造业，但这次要推介的新品不传统。接下来，我们将为其他传统企业转型升级提供整套产品和解决方案。”

这次发布获得了大量关注，由创兴精密孵化的工业互联网业务公司——佛山企帅数字科技有限公司（下称“企帅科技”）也开始走进大众视野。就像美云智数是美的数字化转型经验输出的载体，企帅科技也定位于成为创兴精密转型经验输出的载体。

成立至今不到三年，企帅科技已成为创兴精密的新增长点。该公司为一家铝型材厂设计安装智能仓储系统，将其仓库面积从 7800 多平方米压减至 1800 多平方米，员工人数从 21 人缩减至 5 人，极大地降本提效。

而创兴精密的数字化智能化转型仍在不断前行。在改造过程中，企业发现当前网络已经无法满足需求，为了解决这一难题，创兴精密开始寻求外界合作，而此时佛山电信也正在寻找中小企业数字化改造服务对象，双方一拍即合。

最终，佛山电信依托华为工业 PON 全光网络底座，结合企帅科技的云化 MES 平台、智能仓储系统，将创兴精密工厂项目打造为“中小工厂全光网络项目”标杆。

创兴精密智慧工厂也成为佛山电信打造的国内第一家 F5G 全光工厂。经过改造，创兴精密车间里每一块运料托盘都会加装蓝牙卡，以便于物流机器人精准抓取、配送，实现物流全程实时可视化跟踪。

2022 年 9 月，由中国信息通信研究院联合上海市经济和信息化委员会、上海市通信管理局主办的首届“光华杯”千兆光网应用创新大赛全国总决赛落幕，由佛山电信、华为、企帅科技联合申报的“探索基于工业 PON 的中小企业数字化转型创新应用”项目，在 3000 多个项目中突围而出，获得全国一等奖。

观察眼

数字化转型要做好“两个一”

在数字化、智能化浪潮席卷制造业之际，创兴精密这样一家营收刚刚突破 1 亿元的企业，能够成为标杆样本实属不易，它的案例对于南海乃至佛山众多中小企业转型具有重要的参考意义。

高楚慧认为，中小企业数字化转型最难的地方之一是老板不懂数字化，以为买了一个系统就能解决所有问题，“很多人停留在‘我买了系统了，就是已经做了数字化转型了’，实际上没有打通数据、打通网络、打通物流，就等于没转”。

回顾创兴精密的转型历程，其成功最重要的是做好了“两个一”：把数字化转型作为一把手工程，深入一线推进数字化。两者还要紧密结合，一把手要深入一线去推进数字化。

而高楚慧是真正做到这两点的。在整个改造过程中，她不仅把控目标和关键要点，也深入一线去了解改造的真实需求和真正成效。在带领笔者走车间的过程中，高楚慧对每个工位的改造都一清二楚。

“企业老板对转型的决心、魄力和执行力缺一不可。”企帅科技总经理高显明如是评价。

汇博：国家重点“小巨人” 打造陶卫“智造”样板

陶瓷卫浴修坯车间，机器人正在有条不紊地工作：先用10牛顿的力度，打磨马桶涂胶线；1分20秒后，换大一码的百洁布抛光轮，以5牛顿的力度打磨马桶内盆，32秒后，这一工序完成；机械臂再次更换抛光轮，调整力度，打磨马桶外层大表面，这一工序耗时约3分钟；之后，一个光滑的马桶坯体下线，由AGV（自动引导运输车）小车运往喷釉车间。

这个曾经依靠人力、严重损害工人健康的工序，在科技的力量下发生翻天覆地的变化。陶瓷卫浴产品的非标造型，使其难以像瓷砖一样实现批量自动化生产。同时，因为高温、高湿、高粉尘的工作环境，陶瓷卫浴行业职业病频发，招工困难。曾经的陶瓷卫浴行业，是“机器换人”最为急迫的行业之一，同时，也是“机器换人”最困难的行业之一。

从困难的行业入手，广东汇博机器人技术有限公司（下称“汇博”）技术团队扎根企业一线实地研发，以踏实的技术力量攻克了一项项行业性技术难题，在业内建成全国首家陶瓷卫浴智能化工厂，以自动化设备作业取代部分高危、高强度的人工工作，人均产能提升3倍。

在样板力量的加持之下，中国陶瓷卫浴行业加速“智造”变革。作为开拓者的汇博，也乘势而上，成为陶瓷卫浴“智造”设备的领头羊。

从难的行业做起

汇博的陶瓷卫浴行业“第一战”，发生在箭牌卫浴。

陶瓷卫浴行业，是公认的“机器换人”需求最迫切、同时也难度最大的行业之一。一方面，高温、高湿、高粉尘的工作环境，让招人日益困难。尤其是修坯、喷釉两个产生大量粉尘及颗粒物的环节，对人体危害较大，急需“机器换人”。

另一方面，与规格相对固定、标准化生产的瓷砖不同，生产各种非标造型卫浴产品，从粉料混合开始，到成型、打磨、施釉、烧成、分拣、包装入库等，60余道工序环环相扣、紧密互联，要让机器人实现全工艺覆盖，并且同时满足让文化素质普遍不高的一线从业人员快速上手、性能稳定、可24小时生产、价格合理等条件，难度可想而知。

这是一个有难度，也有大需求的市场。2013年，刚刚成立的汇博，一头扎了进去。

首先需要攻克的，就是修坯打磨和施釉环节。面对不规则曲面的马桶、洗手盆，人工可以灵活调整角度、力度，更换打磨器具，但机器人依靠程序驱动，怎么解决？从主动恒力控制装置设计到机器人修坯轨迹生成，再到机器人修坯抛磨精确力控技术……汇博技术团队通过一轮又一轮的测算、实验、调整，攻克一个又一个技术难题，实现打磨环节的机器人全自动作业。

除此之外，喷釉环节的拖动示教系统、未烧制的易碎泥坯的搬运系统……汇博技术团队在大半年的时间内，攻克了难以计数的生产难题，并成功把价格降了下来。以打磨机器人为例，进口的价格大约为20万元一台，汇博自主研发的价格可以控制在10万元左右。而当时，打磨工艺的工人月薪在8000元到1万元之间，还面临经常性缺人的问题。汇博的机器人一年即可收回投资成本，产品性能与稳定性媲美进口品牌，这笔账算下来，才真正让陶瓷卫浴企业有了批量上线智能生产设备的决心，也打开了汇博的市场之路。

建成全国首家陶瓷卫浴智能化工厂

如果说，汇博机器人是在箭牌卫浴完成了起步，那么2015年与东鹏集团江门基地的合作，则真正打响了汇博机器人的名号。在这个项目中，汇博共开发应用自动化高压成型线10条，六轴工业机器人约60台，AGV自动导轨车约55台，研制了整厂自动化输送设备和相应的检测设备，并采用了以MES为核心的信息化管控系统，可对卫浴工厂进行产品数据统计、设备状态监控和诊断，各环节实现了自动化衔接、数字化控制。

项目建成后，该基地陶瓷卫浴生产中劳动强度大、风险高的工艺环节基本上被自动化设备所取代。同等产能下，产线所需人员数量从原来的1000人降至300人，人均产能提升3倍。

2016 年，该项目被列入工信部智能制造综合标准化与新模式应用项目，并通过专家验收，东鹏集团江门基地成为真正意义上的全国首家陶瓷卫浴智能化工厂。

“有了样板示范，从 2016 年至今，潮州、山东、河北、河南的陶瓷卫浴行业大量上马智能制造设备。目前在这一行业，汇博已累计服务 230 多家客户，超过 2700 台机器人投入应用。”汇博副总经理叶贵芳说。

在陶瓷卫浴行业“智造”转型升级的潮流中，作为开拓者的汇博不断根据客户需求与实际调整、优化、迭代产品与技术。截至目前，汇博通过自主研发或院校转让获得智能机器人领域有效发明专利 25 件、实用新型专利 98 件、软件著作权 23 件；先后参与制订 4 项国家标准，主导制订 3 项产业联盟标准与 1 项团队标准；并成功获评首批国家级专精特新“小巨人”企业和重点“小巨人”企业。

过硬的技术引领下，汇博实现产品与服务的持续升级，市场占有率一路攀升。根据中国机械工业联合会机器人分会统计，按项目金额计算，2018 年至 2020 年，汇博生产的陶瓷洁具机器人自动化喷釉生产线在国内行业市场占有率达到 70% 以上。

作业中的汇博机器人

做更多细分领域的核心供应商

事实上，自2018年成为陶瓷卫浴行业机器人的市场占有率第一后，汇博从2019年开始拓展其在其他行业的应用，如家居行业的智能喷漆系统、五金行业的自动抛磨系统、模具行业的自动焊接系统及码垛行业的自动上下料搬运系统等，并可为客户研发定制自动生产线。

从“最苦最累”的陶瓷卫浴行业，进入环境限制没有那么多的五金、模具等行业，汇博机器人如鱼得水，很快打开了市场。“我们大部分的客户都是细分行业的龙头上市公司或者拟上市公司。”叶贵芳说，下一阶段，汇博将聚焦精细化管理，对设备工作情况进行深度分析、分段成本统计，找到设备和管理上的缺陷和漏洞，优化管理，降低成本。

以汇博起家的陶瓷卫浴行业为例，目前该行业在成型、修坯、喷釉、输送、搬运等环节都有较为成熟的自动化及机器人解决方案，条码系统、ERP、MES等信息化系统已投用。但这些设备和系统使用效率如何？是否都是必须投入的？维护频率和成本是否合理？诸多细节，还有继续追问与提升的空间。

“未来我们的战略目标，是立足国家制造业细分领域，深耕客户核心需求，成为多个细分领域的核心产品服务提供商。”叶贵芳说，与东鹏集团合作建设的全国首家陶瓷卫浴智能化工厂，对陶瓷卫浴行业的智造转型升级带动作用成效显著。未来，汇博将打造不同领域的示范型智能工厂案例，并通过引入5G、工业互联等先进技术，探索增值服务模式，增加盈利点；之后，再借助“样板示范”的力量，在细分领域内推广、复制，敲开更多客户的大门。

与此同时，汇博连接总公司江苏汇博机器人技术股份有限公司的教育资源，通过自有资源的人才培养体系，为客户提供人才定向培养与输出服务。“如陶瓷卫浴行业，我们已经通过这种模式，为其输送智能制造专业人才超过300人。”叶贵芳说。

观察眼

挑难的事情做　就是构建“护城河”

经济学家、北京大学国家发展研究院教授周其仁有一个观点：做事情要挑难的做，难的事情容易做成。为什么？因为容易的事情，大家一起做，很快杀成“红海”。而难的事情，一旦做成，企业就有了自己的“护城河”，竞争者轻易攻不下来。

汇博，就是这么一家挑难的事情做的企业。它的起步，是在“最苦最累”的陶瓷卫浴行业。这个行业的特点，就是工作环境高温、高湿、高粉尘，以及产品的非标造型。由此带来的困难，一言难尽：高粉尘对电路、轴承等机器零部件的侵蚀，可能导致机器人系统短路、轨迹变形等；非标造型要求对打磨、施釉等环节的机器人运动轨迹不断“上新”；未烧制的泥坯易碎，对搬运系统的平衡性和稳定性提出极高的要求……

但汇博攻克了一个又一个的难关，把这个难做的事情做成了，也由此推动了整个陶瓷卫浴行业的智造转型升级。汇博机器人自身，也伴随着陶瓷卫浴行业的转型升级，成为这一行业智能装备的头号供应商，打响了名号，打开了市场。立足陶瓷卫浴，拓展五金、家具、模具等行业市场，汇博机器人做得风生水起，客户大多为所进军行业的龙头上市企业或拟上市企业。掌握了好客户与技术“护城河”的汇博，未来的发展，或许也值得更多的期待。

艾乐博股份：为锅具龙头企业配套自动化“助手”

只需将材料放进机械设备中，经过分片、涂油、拉伸、切边、卷边、抛光、喷涂等40多个系列工序，每分钟将有6至8个成品锅完工下线。这是佛山市艾乐博机器人股份有限公司（下称“艾乐博股份”）的拳头产品——锅具全自动化生产线。

“我们是一家自动化生产线应用解决服务商，让生产线实现‘傻瓜式’操作，客户购买后只需‘坐等’出货即可。”艾乐博股份董事长农百乐说。如今，通过为锅具自动化生产线提供辅机，企业已为美的、苏泊尔、双立人等国内外超200家锅具龙头生产企业开发出800多条全自动化生产线，餐锅炊具自动化五金生产线市场占有率全国前三。

从“小作坊”到专注研发和生产的锅具自动化生产线，从非标自动化到逐步定义行业自动生产标准，艾乐博股份以智能化精益生产引领行业发展，不断提升生产效率和产品性能，走出了传统离散生产制造业转型升级的智能化之路。

一台机器可柔性生产多类型产品

艾乐博股份成立于2012年，从过去几人的“小作坊”，到如今餐锅炊具自动化五金生产线市场占有率位居全国前三，它的故事要从一台名叫“自动拉伸机械手”的设备说起。

这台设备是整条锅具自动化生产线的第一步，即将金属材料放入设备后，由机器来根据相关设定需求，完成锅具的圆片分料、涂油润滑、拉伸变形、生产制造等工艺环节。

“过去，行业内上述生产环节主要由人工完成，艾乐博股份在2012年成功研发自动拉伸机械手，首先实现了机器替代人工的第一步，其还能通过一台设备实现不同型号产品的柔性生产，让操作更便捷。”农百乐说。

艾乐博股份在 2012 年成功研发自动拉伸机械手

要实现“傻瓜式”的智能化生产并非易事。以自动拉伸机械手的涂油环节为例，由于涂油能在金属拉伸变形过程中有效发挥降温、润滑、保护等作用，因此该步骤也是完成后续锅具拉伸制造的必经环节。但是，不同锅具产品所对应的涂油薄厚有所区别，对滚轮的转速、材质也有不同的要求。为突破这一难题，艾乐博股份经过多次调试，最终做到了对应不同的材质选用不同材质的滚轮，并按要求设置两组滚轮的速度差，以实现最佳的涂油状态，为后续生产的开展奠定基础。

本想着辛苦研发的设备能适用于多个场景，但 2014 年产品初次进入长三角，就因冬天温度较低，出现了润滑油凝固而无法进行后续操作的窘况。“那段时间，企业安排同事驻扎在上海大半年，通过系统攻关，在原有设备上增设了一个具备保温及搅拌功能、方便添加润滑油的油箱，最终让润滑油保持在一个良好的状态，使机器高效运转，从而获得了长三角客户的认可。”农百乐说。

除了在涂油环节不断创新以外，艾乐博股份还在多种不同材质、不同厚度的圆片分料，材料厚度识别，设备自动适配锅体大小等多方面进行多项“从零到一”的创新。仅自动拉伸机械手这项设备，就已经过了 80 多个版本的更新迭代。

随后，艾乐博股份不断加大自主创新的力度，逐步推进后续抛光、砂光等环节机器代人生产，在行业内推出完整锅具自动化生产线，成为美的、苏泊尔、九阳、飞利浦、双立人等锅具行业企业的生产线供应商，并推动锅具自动化生产线走出国门，出口至越南、印度、埃及等国家。

为客户提供全套设备解决方案

在起步之初，除了在锅具自动化生产线逐步崭露头角，2013 年艾乐博股份还涉足烟草、鞋业、印刷业、五金自动化等多方面。

但就像硬币的两面，在内功未练好的情况下快速扩张，也会分散企业的有效资源。2014 年，艾乐博股份决定专注于锅具自动化生产线研发制造，提出“有人就有锅，有锅就有艾乐博股份”的口号，立志做一家专注于锅具行业、市场需求驱动型的企业，用自身的技术方法满足客户的不同定制需求。

在锅具生产线领域，有“N+1”的说法，指即便通过智能化改造，仍需要设立“N+1”个工位。为有效减少人力投入，艾乐博股份在转移工件机器人研发上，创新进行了两臂设计。此举让机器人像人一样拥有了左右臂，可通过升降及转动等方式，快速实现取件、放件，从而有效节省多设一个工位的人力投入。不仅如此，该设备可实现一分钟取件、放件约 25 至 30 个，速度及稳定性在行业内首屈一指。

资料显示，艾乐博股份拥有专利 70 余件，并于 2018 年被认定为“南海区知识产权保护重点企业”，2019 年成为佛山市第二批“专精特新”企业，2021 年被认定为广东省知识产权示范企业。

在加大自主创新力度的同时，艾乐博股份还通过开源节流，实现了成本的有效降低。“我们从不主动打价格战，但我们不怕打价格战。正是因为掌握核心竞争力，重视客户需求，艾乐博股份‘熬’赢了许多对手。”农百乐说。

如今，根据不同客户的需求，艾乐博股份生产的锅具自动化生产线可进行不同的调整。比如，宜家的锅具自动化生产线要求占地面积小，设备需“背对背”合二为一，苏泊尔的锅具自动化生产线则按要求一字排开等。

“我们就是成套设备的解决方案供应商，产品将应客户场地、工艺、品类、产能、环保、能源管理等多方面要求，通过不同的设计予以实现。”农百乐说。

换言之，艾乐博股份就是借助机器智能化生产，根据实际生产工艺需求，将过去锅具制造的非标自动化，逐步转变为如今的标准化自动生产。企业自主搭建起的“标准库”，也为更多锅具制造企业提供了更有针对性的系统解决方案，有效实现智能化、自动化生产。

数字赋能促企业生产提质增效

为从非标准作业里面找出标准化的衡量方式，自2017年起，艾乐博股份开始大刀阔斧地推进数字化改造，搭建工业互联网平台、数字车间和智能工厂。

以针对企业生产管理研发出的智能机加共享平台为例，该平台颠覆了传统的制造运营流程，有效提升生产效率和产品的品质性能。

通过在每台传统的机加设备上设置电子显示屏和数据采集器，企业可清晰地收集、调看机器开工时长、员工完成量和工作时长等数据。通过该平台，员工依据标准化工艺像网约车司机一样实时“抢单”，每天完成的单数、品质情况等数据一目了然，能有效提升员工的积极性，极大提高产品良品率。

不仅生产车间更智能高效，数据上云也为企业打开了全新的发展空间。如今，艾乐博股份通过云平台可完成从订单到报价单、工艺卡、生产工单的数字化操作和信息化管理，实现整个生产过程跟踪和管理，并可灵活地对生产进行调配、调整。据了解，随着该系统投用，艾乐博股份在人数减半的情况下，实现月均产出量翻番。

如今，艾乐博股份正驶入发展快车道，近年来订单量翻番，并在全国设置了5个4S售后服务中心，全面提升机器产线的售前售后服务。为了保障自主研发创新力度，企业内技术研发人员占总员工的60%以上。

农百乐透露，目前企业依托现有的六大技术体系，结合本地铝型材企业的生产需求，研发了新的全自动化产线。该生产线可在自动切割之后在同一环节进行三面同时精密加工，有效缩短产线布局，实现更高的利用率。

不仅如此，依托数字化赋能，艾乐博股份还在2022年建起了智能仓储系统，并自主研发了ROS（机器人操作系统）、WMS（仓库管理系统）和WCS（物料调度系统），为企业拓展了新赛道。“从做减法到做乘法，企业专注于锅具自动化生产线，并不断调整经营发展策略，寻找新的发展切入点，由此打开更广阔的市场空间。”农百乐说。

观察眼

要崭露头角更要扎实走好第一步

千里之行，始于足下。走好第一步，是为后续发展打基础的关键。

从几人“小作坊”，到如今餐锅炊具自动化五金生产线市场占有率全国前三的企业，艾乐博股份已在行业崭露头角，收获了不错的市场份额。

回看发展历程，企业能拿下大量订单，离不开过去扎实走稳的每一步。尤其在锅具自动化生产线的第一步——自动拉伸机械手环节，艾乐博股份就投入了大量的时间、精力，更新迭代了80多个版本，从当初的“能用”到现在的“又快又便宜又好用”，不断契合市场需求进行调整，由此在行业站稳了脚跟，并完成了后续环节的自动化生产线搭建，实现了多项“从零到一”的创新。

在追求发展速度的当下，肯投人力、物力做好第一步的研发，本身就需要坚定的信念和长期的投入。也正是因为扎实走稳了第一步，艾乐博股份不仅帮助更多企业实现了最基础的“让机器像人一样工作”，更逐步定义行业自动化生产标准，为传统制造业实现数智化生产提供样本。

启新模具：为新能源车铸造“快充”密码

NEDC（新标欧洲循环测试）续航里程1008公里——2021年11月，一款新上市的自主品牌纯电动汽车产品，再次刷新了国内新能源汽车的续航极限。

新能源汽车的用车便利度，和车载电池充电时间密切相关。为此，车企普遍选择发展快充技术，提高充电效率，这就对车载充电机性能提出了更高的要求。

在有限的车内空间里，车载充电机如何实现体积小、封闭好、重量轻、散热快？外壳的性能极为关键。来自佛山的广东省启新模具有限公司（下称“启新模具”）就致力于提供高性能的车载充电一体机壳体。凭借其出色的表面质量、尺寸精度和深腔薄筋成型能力，该企业生产的车载充电一体机外壳铸件产品供应了国内多家主流新能源车企，在国内市场占有率达到27%。

以高性能铸造技术助力新能源汽车快速充电，启新模具掌握了哪些“智造”密码？

打造高性能车用零部件

在启新模具的产品展厅，董事长陈良进毫不费力就拿起了一件型号为HA2HE-2122111C的“二合一”铝合金集成电源箱体。

轻巧的秘诀，部分在于这款车载充电一体机外壳中的“孔洞”。由于车载充电一体机的功能是将公共电网的交流电转变为动力电池所需的直流电，并为动力电池充电，其运行时内部温度可达80℃以上。为快速散热，壳体中均匀分布着多条空腔，用于贮存冷却液，借助液体的流动传导出多余的热量。

这些空腔和壳体内外壁仅有毫厘之距，因此必须时刻保持密封状态，避免任何液体渗漏，否则可能引发充电中断甚至更严重的故障。

启新模具的产品正具备这种高密封性。陈良进介绍，这款压铸而成的车载充电一体机外壳，内部的水道在高达200kPa的压强、长达70秒钟的充气和保压时间的考验下，其可以实现泄漏量≤6Pa/s的高密封性，保证了内外电气零部件的安全。

不仅如此，该产品的机加、形位、铸造公差均达到国家标准和行业标准，表面不允许有任何裂纹、欠铸、疏松、影响功能的气泡或穿透性缺陷。铸件公差等级达到业内较高的7级，也就是鞋盒般大小的壳体，其铸件外形公差不到±0.8毫米。

凭借出色的品质和性能，启新模具这款车载充电一体机外壳铸件受到比亚迪、蔚来、小鹏、合众、哪吒等知名新能源汽车制造商的青睐，甚至成为不少企业的独家供应商。根据中国模具行业协会的证明，启新模具生产的车载充电一体机外壳铸件在全国的市场占有率达到27%，位居全国第二。

2022年以来，随着国内新能源汽车产销两旺，启新模具的生产线也加班加点，运转不停。陈良进透露，截至2022年8月底，在新能源汽车相关零部件业务的推动下，企业产值已经突破2.39亿元，超过了去年全年的销售额。

数字化保障产品交付又好又快

面对迅猛增长的国内新能源汽车市场，零部件供应商不仅要品质高，更要“反应快”。经常与主机厂打交道的陈良进透露，对于电源、电机、电控等主要零部件的壳体，新能源汽车企业往往要求零部件供应商在35天之内完成从开模到试产的全过程。而行业以往从开模到试产平均需要消耗60—90天。

在启新模具，模具一次试模合格率可达95%以上，而行业平均水准为60%左右。这就意味着启新模具大大缩短了产品交付时间。

陈良进认为，启新模具一次试模合格率领先同行的主要秘诀之一，在于率先引入了数字化、智能化工具。在启新模具研发办公室，只见工程师的电脑上，借助UG、Pro/E、Solidworks等软件，模具以2D/3D形式出现，内外参数一览无余。同时，借助Flow-3D模流分析软件，模具在压铸过程中的内部动态也得到清晰呈现，包括填充、保压、冷却等各个阶段；在产品项目开发前期，可与客户进行TR检讨确认，改善产品的结构设计，保证模具开发及产品的设计合理性。

“模具制造过程全部按图施工，确保了模具修模、更换的互换性，为用户使用维护提供了可靠保证。”陈良进说，“同时，CAE（计算机辅助工程）技术与企业多年积累的实践经验相结合，也保证了模具的品质和开发的可靠性。”

数字化、智能化工具正是启新模具的竞争法宝。早在2013年2月，启新模具就导入了模具ERP管理系统EM3，从传统的“师徒相传”转化成标准化、模块化、自动排工生产。

近年来，启新模具又进一步导入了MES、PLM（产品生命周期管理）系统等，并引入更多软件进行模具结构图设计、压铸过程模拟分析，共同服务于井喷式发展的国内新能源汽车市场。

“2015年以来，我们始终坚定专注新能源汽车市场的战略，以此驱动研发生产各环节不断升级。”陈良进说，“未来，启新模具的市场占有率有望超过35%，成为新能源零部件领域市场份额最高的企业之一。”

启新模具生产车间

将品质文化植入员工心田

“我是启新的守护者，品质是我的生命，我要用生命去捍卫它……”走进启新模具，来宾迎面就能看到一面书写着公司品质宣言的宣言板，上面写满了员工的亲笔签名。

在制造业企业中，人是产品品质的决定性因素。因此，在引进先进软硬件的同时，启新文化同样注重企业文化的建设，让品质精神深入每一名员工的心中。所以启新坚持的核心价值观为：以人为本、诚信合作、团队合作、品质第一、永续经营。

在陈良进看来，启新的文化建设可以分为刚性和柔性两方面。其中，刚性建设是指目标管理，将长期目标分解为以月、周甚至日为单位的短期目标，并通过逐级逐层检查，确保目标的达成；柔性建设则是通过各种活动潜移默化地培养员工的价值观。

在启新模具，每位员工入职前都要宣读品质宣言，等通过三个月的试用期后，员工就要在宣言板上郑重签名，并与其合影留念；每天早上开工前的启晨会上，高管都会带领员工诵读《弟子规》、品质宣言、企业核心理念等。

在严格执行各项文化建设的同时，启新模具也注重营造“家文化”，为员工带来更多归属感。陈良进透露，公司内部人员平时不以职务头衔，而以兄弟姐妹相称呼；每月都会为当月过生日的员工举行生日聚会，共同享用蛋糕、水果等美食；每周一的晨会前，管理层还会提前到达，在公司列队迎接员工入厂，并会为上周表现出色的员工颁发奖励品。

“企业首先要有人，有人才能做事，我们坚持品质第一，第一就是抓好做人的品质。”陈良进说。

观察眼

小企业也要心怀大目标

启新模具创始人陈良进，多年前曾经参观过奥迪汽车的工业4.0压铸车间、精加工车间。他回忆，目睹高品质的产品和先进的加工设备，心中震撼万分，真切感受到“差距”二字。

陈良进坚信中国同样有能力制造高精尖的产品，因此差距变成了动力。如今，尽管启新模具还是一家年产值不到10亿元的中小型企业，但其生产的模具和产品技术已经达到业内领先水平，成为全球最大的新能源汽车产业链当中不可或缺的一部分。目前，启新模具正努力冲刺新一批南海制造业全国隐形冠军。

事实上，启新模具的精神，正与南海隐形冠军企业一大重要特点不谋而合，这就是“小企业、大目标”：企业规模不大，形象低调，却敢于对标全球最高水平，产品品质领先全国乃至全球，市场份额跻身行业前列。

我们期待启新模具的发展，更期待南海隐形冠军集群坚持“小企业、大目标”的本心，不断推动南海制造迈向中高端，为南海区高质量发展作出更大贡献。

创高门窗：
门窗幕墙赛道跑出数字化先锋

广东创高幕墙门窗工程有限公司（下称“创高门窗”）生产车间内，自动化生产设备有序运转，物料排产、订单需求数据一目了然，数字化改造填平了从工地到工厂的信息鸿沟，让大批量个性化定制生产成为现实。

创高门窗深耕门窗幕墙领域20余年，其产品在现代化建筑中应用广泛，发挥着隔音、隔热、保温、抗风压、防渗漏、装饰及安全保障等复合功能。截至2022年8月，创高门窗的铝合金门窗及各类建筑幕墙年产能达190万平方米，铝合金门窗销量位居全国前三，完成了超千个大型门窗幕墙工程项目。

门窗幕墙行业与下游地产行业紧密关联，但即便是在当前地产市场总体发展放缓的环境中，创高门窗仍实现了逆势增长。在创高门窗董事长兼总经理张河山看来，这得益于自动化和数字化赋能企业提质增效，同时还开拓了家装赛道，挖掘出新的增长点。

已服务超千个大型工程

机构数据显示，我国门窗行业规模自2012年以来每年保持约10%复合增长，至2021年整体行业规模已近1万亿元。按产品材质分类，以铝合金门窗为代表的金属门窗是目前门窗产品里的第一大品类，市场占比约六成。相比于其他材质的门窗产品，铝合金门窗使用寿命更长、性能更佳、安全性更好、更美观和实用，因此已成为大型建筑工程和零售家装工程里的主流门窗品类。

据介绍，创高门窗共有3个生产基地，共8万平方米，具备年生产铝合金门窗150万平方米和各类幕墙40万平方米的能力。当前，创高门窗已完成了超千个大型建筑幕墙和铝合金门窗工程的研发、设计、制造和安装服务，与保利、中海、香港新鸿基、龙湖等多个著名地产公司长期合作。

作为连通室内外并直面各种气候环境的功能性产品，一扇合格门窗的首要标准是高安全性。“由于沿海地区气候的特殊性，沿海高层建筑对门窗幕墙的结构安全和系统性能要求非常高，门窗必须要具备更好的抗风压性能和防渗漏性能。”张河山说，为了确保在不同环境下门窗产品拥有安全和优越的性能，创高门窗每年在门窗幕墙技术的研发投入不低于营收总额的3%。2017年，广东省创高节能环保系统门窗幕墙工程技术研究中心落成揭牌，创高门窗成为行业内少数能拥有省级研发中心的企业。其研发中心内，50多名研发人员均为高学历人才。

除了将研发成果应用在自身产品上，创高门窗还助力行业发展，将研发成果反哺到业内标准中。多年来，创高门窗参与起草了《铝合金门窗》《建筑幕墙防火性能分级及试验方法》《建筑用纱门窗技术条件》《建筑用通风百叶窗技术要求》等32项国家标准、行业标准。目前，创高门窗拥有41件有效国家专利、6件注册商标、4件软件著作权、8项高新技术产品。

为保障高品质批量化生产，创高门窗通过先进的智能数控自动化切割中心、智能激光锯铣中心、数控加工中心等进行精密的产品加工，全程严格按照最新的国家标准和行业标准执行，并采用国内外优质铝合金型材、玻璃、五金配件以及密封材料。

打造智能生产示范车间

每一台智能化数控设备，都连接着一座数据池。近年来，创高门窗推动流程再造，打通各环节堵点，并在此基础上实施由点到面的数字化转型。

“随着企业生产规模扩大，我们同时在建的项目有近百个，令管理难度大大增加，原有的信息传递方式已显得低效。”张河山说，门窗行业比较特殊，业务链包括设计、生产、安装和售后，这使得企业亟需通过数字化转型让业务管理顺畅起来。

以往，门窗制造商为实现批量化定制，要根据工地的实际情况对生产计划进行多达数十次的调整，每一次调整都意味着重新计划、排料，这种前后方信息不对称很容易导致不必要的资源浪费。

10年前，在信息化管理发展之初，创高门窗就上线了ERP系统，进行小范围的信息化转型试水，初步解决了人、财、物、信息等资源的综合平衡和优化管理。近3年来，创高门窗将数字化管理系统推广到更多职能板块，建设项目管理系统、供应链管理系统、办公管理系统、MES管理系统、财务管理系统等数字化管理系统，从本质上对计划、生产、施工、业务进行协同改善。

一个直观的改变是，基于有效数据共享，创高门窗设计、下单、供应、生产、安装、收款和结算环节的实时情况全部变得可视。在创高门窗位于南海狮山的生产基地里，数控设备将生产情况实时上传至管理系统，百公里外的项目工程负责人能随时获取订单进展。“应用线上跟单系统之后，我们能节约40%的沟通时间。”创高门窗一位工厂负责人说。

通过数字化改造，创高门窗的生产效率提升了20%。为此，创高幕墙门窗数字化车间成功入选2021年南海区工业互联网创新应用标杆项目。

技术出身的张河山尝到了数字化的“甜头”。在他看来，数字化改造是企业的“一把手工程”。“一旦从源头导入数据，各个环节可以逐一打通，实现紧密串联，数字化的红利将不断释放。”张河山说。

创高门窗狮北加工基地

进军家装门窗市场

门窗产业数千亿级规模的市场中，门窗零售市场却一直分散化发展，聚集度并不高。在张河山看来，从工地到工厂的距离与生产成本呈正相关的关系，远距离接单成本过高，限制了传统门窗企业的布局范围。

细分市场的发展前景也不尽相同。我国的门窗市场可分为工程市场和家装市场

（零售市场）。传统的工程市场即房地产企业与门窗企业合作，进行集中采购、规模化生产和团队施工，同一楼盘的门窗基本上是统一的风格和材质。伴随城市建设的日趋成熟，新建项目增量放缓，加之地产行业进入调整阶段，“工程市场存量虽大，但不会有大的增量空间，甚至可能慢慢萎缩”，张河山说。

与工程市场相对应，家装（零售）市场却呈现蓬勃发展之势。年轻消费者对于家居装修的个性化追求，带动家装市场规模不断扩容。“随着老旧建筑的门窗改造增多，以及消费者对品质消费的日趋注重，人们的改善性需求正持续释放。”张河山说。

不过，家装门窗市场仍存在“小、乱、散”的混战情况，产品体系、品牌经营、安装售后等业务环节都存在巨大的提升空间。瞄准这个契机，创高门窗成立子公司进军家装门窗市场，实施“产品领先、高效交付、模式创新”的发展战略，现已推出平开窗、推拉窗、平推窗、升降窗、折叠窗、推拉门、平开门、纱门窗、阳光房等多个产品系列。

为了进一步建立优势，未来 3 年，创高门窗将持续投入研发创新，对在建的企业技术中心进行升级，争取获评省级企业技术中心；未来 5 年，创高门窗计划每年至少申请 1—2 件发明专利及 3—6 件实用新型专利，加强技术成果转化，每年转化不少于 2 项科技成果。

观察眼

在不确定中“变道超车”

企业发展不仅要“低头赶路”，更要“抬头看天”。当“大气候”发生变化，顺势而为或许能迎来新的发展契机。

门窗行业与地产开发联系紧密，自2021年以来，受终端市场环境变化的影响，门窗行业发展一度面临压力，但创高门窗不但实现了逆势增长，还抓住了数字化转型的窗口期，推动生产经营提质增效，为进军家装市场奠定了基础。

面对不确定性，创高门窗有两条重要“战法”：

一是选对客户。创高门窗一直坚持与发展稳健的优质客户合作，这一方面提升了企业的抗风险能力，同时在客户严苛的交付要求下磨砺品质、加速创新，形成了差异化竞争优势。

二是顺势布局。创高门窗从工程门窗幕墙起家，对市场前景有清晰的认知。在消费升级大趋势下，人们对门窗品质的要求越来越高，个性化、定制化、改善性需求井喷，家装市场成为门窗企业的“必争之地”。家装市场虽是“蓝海”，但“暗礁密布”，对企业的产品研发及设计能力、个性化定制水平、交付安装能力、售后服务能力、营销模式提出了全新要求。企业只有敢于跳出“舒适区”，才有可能在这片新天地立足。

找准突破口之后，创高门窗迅速组建新团队、切入新赛道，显示出企业的胆识与魄力。门窗行业是一个极为分散的行业，企业稍稍放松警惕就容易跌入“低价、低质、低利润”的恶性循环，但我们有理由相信，“一开始就把事情做好”的企业，将走上高质量、可持续的发展道路。

二

创新突围　国货崛起

玉凰生态：构建全产业链　为城镇治水“保鲜”

在广州市黄埔区双岗涌，曾经的黑臭水体如今清可见底，映衬旁边水乡风貌的古建筑，让人心情舒畅；在佛山北滘绿道涌，水体也已经不再黑臭；在东莞市寮步镇香江公园，仅仅治理 6 个月，水域水质就由黑臭提升到Ⅲ类水标准……

这些河道的改变背后都离不开一个身影——佛山市玉凰生态环境科技有限公司（下称“玉凰生态”）。这家成立于 2011 年的企业，专注于与水质改善相关的菌剂、设备的研发、生产、销售及运营服务。以专利技术“多元生态平衡生物修复方法”为基础，玉凰生态累计完成 173 条流动水体的原位修复服务，在生态平衡生物修复法治理水体细分领域市场占有率位居全国前三。

2020 年以来，玉凰生态主营业务收入平均增长率几乎达到 100%。2022 年 9 月 2 日，玉凰生态在佛山市南海区桂城映月湖片区拍得一块“商改工”地块以建设技术研发中心，预计 3 年后建成投入使用，竣工投产后可新引进 2000 名人才，预计每年贡献税收 2000 万元，工业产值达 10 亿元以上。

有底气承诺见效付费

2022 年 8 月，工信部第四批专精特新“小巨人”企业培育名单公示，包括玉凰生态在内的 13 家佛山企业入选第四批专精特新“小巨人”企业公示名单。在此之前，玉凰生态已经入选广东省“专精特新”企业名录，获得由广东省科学技术厅遴选的城市黑臭水体水质净化与生态修复技术工程技术研究中心（省内行业唯一）、由广东省科学技术协会认定的科技专家工作站的资质。

能获得如此多的殊荣并不简单，在专注于水环境治理的众多公司当中，玉凰生态是如何突围而出的？

玉凰生态董事长邱建贺说，作为一家涵盖环保工程、市政工程、水利工程、一体化污水处理设备、污水处理厂扩容及提标改造等综合性内容的科技型环保企业，玉凰生态取胜之道在于水污染治理的“全产业链”。

“我们遵循以截污、清淤、活源补水、生态修复为四大原则的水环境综合整治理念，同时兼顾水利工程、市政工程及环保工程项目的设计和施工。”邱建贺说，以专利技术“多元生态平衡生物修复方法”为基础，玉凰生态在微生物提取、生物填料、曝气设备、扩培装置、净水设备、污泥减量化装置等领域衍生了多种专利产品，在行业中具有领先地位。

在邱建贺看来，玉凰生态是在市场中摸爬滚打成长起来的。“我们最开始成立的时候每年营业额只有几百万元。”邱建贺说，对于新成立的公司，要在市场中突围而出并受到肯定，只能通过实力与口碑。

其实，真正让玉凰生态业务大幅增长的则是其敢于‘对赌”的底气。“我们对公司的技术非常有信心，可以做到达不到治理目标就不收钱。”邱建贺说，当时接了1.5亿元的项目，前期一分钱不收，2个月内达标给总款项的25%，半年内达到V类水质标准再给25%，剩下的分5年支付。“我们是通过这样的承诺才能拿到订单，玉凰生态有底气承诺见效付费。”

凭借良好的口碑与过硬的技术，玉凰生态迎来业务的全面爆发，公司营业额从2017年的几百万元开始一路飙升，近两年主营业务收入平均增长率几乎达到100%。

一揽子系统化解决治水问题

玉凰生态为何敢于“对赌”？底气源自玉凰生态的专利技术。截至2022年9月，玉凰生态已获得21件发明专利授权、45件实用新型专利授权、4件计算机软件著作权登记证书授权。

“我们的核心技术具有一定的独特性和领先性。”邱建贺说，玉凰生态利用微生物技术、微生物增效技术、生物载体技术等技术对污染水体进行生态修复治理，目前已完成国内多条河道的水体修复工程。“可以说，公司的技术和项目治理效果获得相关部门专家团队和市场的认可，在同行业中处于领先水平。”

过硬的技术离不开长期稳定的研发团队。邱建贺说，玉凰生态的核心管理团队长期保持稳定，目前有技术研发人员27人，占公司总人数约1/4。与此同时，玉凰生态在研发费用的投入上也是毫不吝啬。比如在2020年的研发费用为1200多万元，研发费用占营业收入的7.58%；2021年研发费用占营业收入的近4%。

“我们不但自己培养研发人员，同时也与高校保持密切合作。”邱建贺说，玉凰生态目前与中国科学院上海高等研究院、中山大学、哈尔滨工业大学、南开大学和华南农业大学等高校科研机构合作，合作形式多样，包括产学研合作和专业委托合作等模式。

邱建贺说，玉凰生态最大的竞争力在于全产业链，有些企业是专注于菌种，有些专注于设备，有些专注于咨询，而玉凰生态一体化涵盖从咨询、设计、施工、设备生产到运营产品和网络技术支撑的全产业链，可以一揽子系统化解决治水问题。

在这当中，设计尤为重要。“每条河的情况都不一样，必须结合实际情况开出‘药方’，比如应该用什么菌种，比例配方是多少，辅以什么设备可以达到最好效果等，这些都是企业的核心竞争力。”邱建贺说，玉凰生态就好像是综合性的“三甲医院”，而不仅仅是“专科医院”。

邱建贺说，玉凰生态无论是菌种还是设备，都自主研发生产，没有对外进行采购。“玉凰生态的成功在于自有产品的应用、匹配专利以及熟练施工工艺，整合在一起才能取得成功，当中缺一不可。”邱建贺说。

广州沙河涌项目治理后的效果

预计 2024 年营收增长率达到 300%

当前，城市黑臭水体治理正迎来新的风口。习近平总书记在全国生态环境保护大会上的重要讲话、国家“十四五”规划等明确提出，要培育壮大节能环保产业、清洁生产产业、清洁能源产业，推进资源全面节约和循环利用。

在此背景下，玉凰生态也提出了未来的战略目标：以 2021 年营业收入为基数，公司预计 2024 年营业收入增长率将不低于 300%。

这样的目标并非没有依据。“我们公司 2019—2020 年新增服务项目合同总额约 4.3 亿元，2021 年新增服务合同 1.2 亿元，新增 EPC 工程合同 13.37 亿元，合计 14.57 亿元，这些项目均位于粤港澳大湾区发达经济地区。”邱建贺说，公司 2021 年中标金额大约为 15 亿元，分 3 年执行，平均每年 5 亿元，加上每年还会有新的中标项目，按照 3—5 年的执行时间，玉凰生态的未来增长空间非常大。

2022 年 9 月 2 日，玉凰生态在桂城映月湖片区拍得一块“商改工”地块以建研发中心。该项目将采用先进的绿色、环保设计概念，计划建设企业技术研发中心，兼具环保设备的研发及生产功能，建筑面积约 4.5 万平方米，预计 3 年建成并投入使用，竣工投产后可新引进 2000 名人才，预计每年贡献税收 2000 万元，工业产值达 10 亿元以上。

未来，玉凰生态将继续以水质安全保障服务为核心业务，科学治水，遵循以截污、清淤、活源补水、生态修复为四大原则的水环境综合整治理念，同时兼顾水利工程、市政工程及环保工程项目的设计和施工。邱建贺说，玉凰生态将继续引领水环境生态修复行业，打造大数据平台，为建设成为卓越的水安全服务商而努力，同时将“把水生态留给大地、将水文化留给后代”的企业精神传承下去，为“绿水青山”的建设贡献力量。

观察眼

实力是赢得市场的制胜法宝

城市黑臭水体治理问题一直都是各地的难题，不但耗费资金，而且效果往往难以保证，治理完之后复发等情况也屡有发生。所以对于各地来说，要的就是实实在在的长效治理效果。

从行业内的“新秀”，到全国城镇黑臭水体治理领域市场占有率达到11%、全国排名前三，玉凰生态只用了4年的时间。从2011年成立到2018年之前，这段时间对玉凰生态来说更多的是蛰伏期，是专利技术的积累期。玉凰生态也深知，没有好的技术与过硬的实力，在城镇黑臭水体治理领域难以站稳脚跟。

厚积薄发，好的产品与技术终会得到市场的认可。玉凰生态更是以一种近乎对赌的方式来强势占领市场：达不到治理效果就不收钱！

这看似是为了赢得市场，但背后是玉凰生态对自身技术和实力的自信与认可。玉凰生态董事长邱建贺更是直言，敢做到这一点保证的，市场上几乎没有，唯有玉凰生态敢于作出承诺与保证。

这也再次证明，在市场面前，实力就是企业的制胜法宝。

足迹鞋业：
练好足下功夫　占领细分市场

在南海金融高新区一甲级写字楼里，琳琅满目的各款儿童鞋让人目不暇接，开发人员正在对不同款式及类别鞋子的功能设计进行探讨。在旁边的技术中心，研发人员在验脚仪器上不断研究和测试有关足部健康需求的数据。在营销中心，专业培训、各大平台销售正在如火如荼地开展……这里是广东足迹鞋业有限公司（下称“足迹鞋业”）总部所在地，其旗下品牌江博士健康鞋是目前全国儿童健康鞋行业最知名的品牌之一。

与大多时装鞋依赖线上销售不同的是，江博士健康鞋的制胜法则在于对产品功能的研发及专业服务的提升。从1999年创办至今，足迹鞋业深耕儿童健康鞋与护足护脊产品，如今在儿童运动鞋方面销量位居全国前三，在健康鞋（全年龄段）方面销量位居全国第一。

首创验脚配垫服务
2021年实现营业收入18亿元

对于很多消费者来说，说起足迹鞋业可能会感到陌生，但其主营的江博士健康鞋品牌却是家喻户晓的儿童健康鞋品牌。

专注儿童鞋的企业有很多，江博士健康鞋为何能在儿童健康鞋里突围？答案是其对“专业、健康”的深耕。尤其值得一提的是独创的验脚配垫服务（Check&Fit）。与一般购买鞋子只需要准确码数不同的是，顾客在江博士健康鞋门店购买鞋子之前，店员都会先让顾客来到其自主研发的3D智能验脚仪前，通过验脚了解足部情况。

“江博士健康鞋秉持‘买鞋前，先验脚’的理念，并且创立验脚配垫服务，这是我们的优势，也是特色所在。”足迹鞋业董事长兼总裁江炳霖说，江博士健康鞋线下门店店员会通过3D智能验脚仪验脚获取顾客足部数据，结合足型分析系统、足型与产品配对系统等进行足部数据的分析，从而为顾客选择合适的护足产品。

“具体而言，我们会根据不同足部情况，根据不同年龄段对足部健康的需求配鞋垫及鞋子。”江炳霖说，例如4—13岁是儿童足部发育的黄金时期，这个阶段小朋友足底脂肪开始减少，足弓逐渐成形，但由于足部发育未成熟，容易出现如扁平足、后足外翻等足部情况。而江博士健康鞋的“儿童配垫ABC”系列，就是通过A、B、C、C+等4种不同足弓弧度设计及后跟斜度的鞋垫，满足儿童的不同足部发育需求。比如A款是高度承托，适合后足外翻较严重的儿童穿着；B款中度承托，适合轻微后足外翻儿童穿着；而C款是全接触鞋垫，适合后足垂直儿童穿着。

这一模式得到了众多家长的追捧。江博士健康鞋在2007年才开始进驻内地市场，并以佛山为总部，截至2022年7月，其分店已经超过800家，其中内地市场有500多家直营门店，在港澳市场拥有72家门店，在新加坡、马来西亚、澳大利亚等21个国家开设近100家门店。2021年，足迹鞋业一、二级子公司销售总额18亿元，儿童运动鞋销售额排全国前三，健康鞋销售额（全年龄段）更是位居全国第一。

首创3D智能验脚仪
依托大数据研究足踝健康

专注儿童健康鞋和足脊健康领域并一直深耕，是江博士健康鞋一直以来的目标。但作为这一领域的开拓者，足迹鞋业的成功来之不易。

江炳霖介绍说，足迹鞋业近年来持续进行研发投入和内部研发体系建设，每年将销售收入的3%以上作为研发经费，2021年，足迹鞋业研发投入就超过2800万元。同时，企业组建形成了约70人的研发团队，覆盖需求分析、产品设计、产品制样和产品优化等各个环节。

在各方努力下，2020年足迹鞋业与复旦大学运动医学研究所共同建立足部健康与鞋研究中心，专业分析研究有益于国人足脊健康的相关科研数据，以为日后足踝健康研究提供强有力的数据依托。

研发人员在验脚仪器上测试足部健康数据

截至2022年8月，足迹鞋业拥有有效知识产权59项，其中发明专利6件、实用新型专利41件、软件著作权登记12件。

除了依托自身研发团队，足迹鞋业也不断借助“外脑”，目前已经与复旦大学运动医学中心、香港理工大学、中山大学附属第一医院等机构保持着密切的合作关系，已经成为美国足科矫形协会（PFA）成员，获得香港卓越名牌、中国康复产学研合作创新优秀品牌等荣誉称号。

江博士健康鞋与复旦大学附属华山医院联合成功研发了3D智能验脚仪足型分析系统及3D智能验脚仪足型与产品配对系统，在投入门店成功运营使用后，足型分析更加精准，产品匹配更加完美。

“不仅如此，3D智能验脚仪在为顾客进行验脚服务时，还形成消费者脚部数据库。”江炳霖说，这些数据会通过云端传输回总部并被分析，以打通销售端、生产端、设计端信息，并加快信息流速，增强信息颗粒细度。

建江博士健康科技大厦
打造中国乃至世界知名品牌

随着验脚配垫服务这一模式的逐渐推广并被大众所接受，江博士健康鞋线下门店的黏力越来越强。然而，突如其来的疫情却打破了原有的规划。

“受疫情的影响，目前我们也正在寻找多元化发展的突破口。”江炳霖说，

2021年，足迹鞋业积极搭建电商架构，进行集团内部资源整合，将各地区的加盟业务收归直营。同时，足迹鞋业也不断规范直播带货模式，与网红达成直播带货合作，进行系统规范的电商人才培训，升级直播间软硬件设备等。

“目前江博士健康鞋的网购销售在童鞋里排第四。”江炳霖说，江博士健康鞋线上销售的产品主要是5岁内儿童的鞋，5岁以上的都需要先验脚，因此网上销售占比并没有很高，大约只占20%。

通过线上线下齐驱并进，江博士健康鞋在疫情之下实现销售额逆势上扬。江炳霖说，预计2022年含税销售额（含电商）达到12.8亿元，一、二级子公司（直营）线下门店增加至700间，一、二级子公司（含电商）2022年预计销售为25亿元，后续预计每年增长25%。

展望未来，江炳霖表示，江博士健康鞋将持续打通线上线下销售模式，通过官方自媒体营销矩阵、网红直播带货、IP联名热点产品、线下门店数据化精准营销等方式，保持稳定增长，打造健康护脊优质品牌。

“尤其在服务范畴，在线上做不到的，线下反而有更加好的体验。”江炳霖说，在大家认为经济放缓的时候，正是企业发展的最好时机，企业可以有更多的挑选空间，服务可以做到更好。鉴于其Check&Fit验脚配垫服务，未来线下开店反而是战略重点，线上销售比例会进一步降低。

2021年5月，足迹鞋业竞得佛山市南海区映月新城一工业地块，将建成江博士健康科技大厦，用于开发足脊健康大数据及产品研发、可穿戴式智能化设备制造、信息系统集成服务等科技项目。大厦总投资2.8亿元人民币，预计2023年12月建成。主要建筑包括两栋14层建筑，建成后将集研发、设计、营销推广、运营、结算、电商、培训于一体，在规划设计、方案设计、设施设备方面引入前沿高品质的设计理念，打造高品质的标杆工业商贸环境。

“江博士健康鞋将以科技赋能，在鞋和鞋垫功能性的迭代开发、3D智能验脚仪的智能研发、足脊健康运动的专业服务等三大方面加大力量。”江炳霖说，面向未来，江博士健康鞋将继续专注于儿童足部健康成长，倡导“买鞋前，先验脚”，形成企业独特的鞋子设计理念，打造江博士健康鞋的品牌形象，致力于成为中国乃至世界的知名品牌。

观察眼

坚持健康理念　切入细分空白市场

从整个儿童健康鞋市场来看，江博士健康鞋的存在可谓一枝独秀，在没有竞争者的同时，也意味着这是一个空白的市场。

是像大部分市面上做儿童鞋的产品一样，还是专注儿童健康鞋与护足护脊产品，去开拓空白的市场？江炳霖选择了后者，这也意味着选择了一条不容易的路。

彼时，市面上并没有儿童健康鞋这一概念，作为首创者，江博士健康鞋要把这一理念传导给消费者，并且让他们相信和接受。这并不是容易的事情，靠的是消费者实际穿着感受后的认可，以及消费者之间口耳相传的黏力。可以说，江博士健康鞋的成功，是消费者用脚投票的结果。

机遇与风险从来都是并存的，江炳霖把“买鞋前，先验脚”这一理念坚持了23年，让这一市场从无到有，最终也取得了成功、获得了市场的认可。

能承受多大的压力就能获得多大的成功。在电商时代，江博士健康鞋仍然坚持加大线下门店投入，这是因为江炳霖对其理念和模式有自信的底气。蹚过了“无人区”，属于江博士健康鞋的更大的舞台，还在前方。

珠江开关：深耕智控领域　打造技术同心圆

当线路出现因接触不良、线路破损、过热等造成的故障电弧时，开关能及时切断电源，且具备防火、防雷等功能，使用电更安全、更智能——这便是广东珠江开关有限公司（下称“珠江开关”）自主研发的防火型漏电开关。

珠江开关位于南海桂城，深耕行业30余年。从名不见经传的小企业到国家原“两部”高低压开关定点生产企业，再到如今成为高新技术企业，拥有5个子品牌、超2000种主打产品，它在默默耕耘中发展成为行业中的佼佼者。如今，在防火型漏电开关细分市场领域，珠江开关产品的市场占有率已稳居全国前列。

自研防火开关　填补国内空白

“我们的第一个产品就是漏电开关。”谈及企业发展历程，珠江开关董事长张柏成娓娓道来。

1986年，珠江开关厂在南海桂城诞生，当时主要生产俗称“漏电开关”的漏电断路器，它通过检测电流进出不一致来判断存在漏电情况并使开关跳闸。

20世纪90年代，技术出身的张柏成受到珠江开关厂领导的邀请，进厂成为一名销售工程师。而后，他在珠江开关一步步成长为董事、总经理，并开始全面主导企业的发展。

彼时，珠江开关属于原“两部”高低压开关定点生产企业。“那时候的生产营销模式为‘统一设计，定点生产’。”张柏成介绍，当时的国家机械部和能源部会安排设计院或研究院统一设计电器开关类产品，并把图纸分发给各地定点生产企业进行生产。“大家生产的产品都是一样的，只是主打的区域市场不同，也没有太大市场竞争压力。”他说。

2000年后，伴随国企转制浪潮，原“两部”定点生产制度取消，市场全面开放。面对急速改变的市场环境，张柏成深知，只有通过改革创新才能赢得竞争。凭借敏锐的市场嗅觉，他在2003年便推动珠江开关成立智能研发中心，着手研发智能化供配电技术产品。

用电安全关乎人民的生命财产安全。2003年，张柏成偶然了解到一则新闻：因电器的电线老化失火，一个家庭整座房子被烧毁。深感痛心的他萌生了研发能警示电器火灾隐患开关的念头。经过3年研发，珠江开关终于生产出智能防火开关，成功填补国内市场空白。

产品研发出来仅是第一步，如何让其被更多消费者认识接受，是摆在张柏成面前的又一难题：“必须承认，当时消费者并没意识到防火性能的重要性，因此也不愿意支付额外的成本。”

2013年，一则电气火灾导致多人伤亡的新闻为大家敲响了警钟，佛山市相关部门开始面向全市推广防火型漏电开关。“这是一个很好的契机。”经过反复思考，张柏成最终决定化被动为主动，将防火功能作为珠江开关漏电开关的标准配置，且价格不变，通过提升性价比的方式达到快速打开市场的目的。

事实证明，他的决策是正确的。凭借前期积累的客户，加上价格不变，提高性价比，这款防火型漏电开关迅速打开市场，在细分领域的市场占有率稳居全国前列。

从单一产品到多元化战略

仅靠单一种类产品，难以在激烈的市场竞争中坐稳一席之地，张柏成深谙此理。他一直在思考如何进一步拓宽业态，营造企业新的竞争优势。

2005年，张柏成随团去日本考察，看到欧姆龙集团的企业战略仅仅为四个字——感应控制。这给了他很大启发。

日本的欧姆龙集团是全球知名的自动化控制及电子设备制造厂商。这家集团规模大，产品遍布从地铁自动检票装置到血压计等多个领域。“这些产品看上去风马牛不相及，但它们都运用了传感和控制技术。”在张柏成看来，欧姆龙围绕“传感和控制”这个圆心，不断扩展业务，为客户提供新价值。

同年，张柏成提出“同心圆多元化”的企业经营战略，也就是将差异化战略和聚焦战略结合起来，围绕“智能控制技术”这个圆心，不断拓展新业态，进军新产业。

“我们使用的是自主研发的智能控制系统。”他介绍，珠江开关会结合市场需求，整合当下最先进的电子元器件进行应用集成与深度开发，研发内容包括硬件与软件，并根据不同的先进零配件进行集成与深度开发，建立产品的云平台。

由此可见，珠江开关“同心圆多元化”的战略实施，离不开强大的研发力量支撑。该公司每年研发投入约占营业额的7%—8%，目前已拥有广东省智能配电工程技术研究开发中心、广东省企业技术中心、博士后科研工作站，研发方向包括电源系统、取样系统、运算模块、通信、后台、界面等多个细分技术领域。

新能源及节能领域正是珠江开关“同心圆”中的一环。当前，电动自行车自燃事故时有发生，其中一大原因是缺乏电池管理系统。看中这一市场需求，珠江开关研发推出了一款电动自行车智能电池，创新地将电芯组合与电池管理系统相结合，让电池输出更高效、更安全，有效防止电池爆炸、起火。同时，该款电池还内置智能模块，能通过手机App远程检测电池的充放电状态，并实现对电池的全生命周期检测。

“我们可以提供智能模块给电池生产商，也可以直接给原车厂提供智能电池。”张柏成透露，这两年，新能源及节能领域这一板块业务正在不断增长，公司目前正与一家知名电动自行车企业洽谈合作。

珠江开关员工在调试产品

瞄准物联网　开拓新蓝海

这些年来，珠江开关的业务板块已从输配电拓展为智能化输配电、智能家居、新能源、车联网等多个板块。

“如果说上个发展阶段是以智能化为主，那么接下来物联网是大势所趋。”看中物联网市场潜力，张柏成将目光投向了车联网、智能家居等领域。

“珠江北斗一号”正是珠江开关推出的一款车联网相关产品。从硬件配套来看，“珠江北斗一号”由系统主机、两条天线与外连接线组成。

只需将“珠江北斗一号”硬件植入车身，车主便可通过手机，借助卫星远程控制信号实现对汽车的远程控制，例如启动空调系统、卫星定位汽车位置、电池电量实时监测等。“有了这个产品，在炎热的夏天，车主可以远程启动汽车打开空调，提前将车内温度调节到最佳状态。”张柏成举例说。

看上去与漏电开关毫无关联的产品，实际上与其有着内在关联。“其实最核心的还是控制技术，万变不离其宗。”张柏成说，凭借其自主研发的智能化控制系统，珠江开关能与许多业态有机结合，赋予产品更多功能，助其升级换代。同时，秉持“升级不升价”的理念，珠江开关进一步提升用户对产品的认同感与体验感。“同类产品，我有的功能人家没有，这就是竞争优势，就是护城河。”他说。

展望下一个5年，珠江开关将着力克服疫情带来的影响，把握发展机遇，以市场为导向，整合资源，继续对原有产品进行升级换代，提升竞争力和影响力，提高市场占有率，开发更多适销对路的新产品、新项目。

尤其是在健康照明、新型电池、“互联网+”智能电房、智能家居、车联网等科技领域方面，珠江开关将继续加大研发投入，深耕细作，把增强自主创新能力变为经营发展的核心环节，形成更多的新增长点。

观察眼

企业转型要大胆假设小心求证

当下，关于制造业数智转型的讨论备受关注，社会各界纷纷探讨转型的重要性与实现路径。在这方面，珠江开关无疑是业内的先行者，早在2002年便超前布局成立智能研发中心。这也是珠江开关发展历程中一个关键性的战略决策。

然而，梳理珠江开关的转型历程不难发现，该企业在推进数智化转型时并没有贸然在各个环节全面铺开。例如，大家普遍关注的生产环节，珠江开关选择将在核心模块模组贴片的环节交给自动化设备，代替人工作业，以此提升生产效益与产品质量。但是在产品组装环节，企业充分考虑现实需求与投入产出比，仍然保留人工作业模式。

也正是珠江开关这一个相对审慎、适度超前的发展策略，使其在面对“风雨”时能有效规避风险。因此，笔者认为，企业在推进数智化转型的过程中，既要打开眼界、打开思路、大胆想象，同时也要结合自身发展情况作出清晰研判，小心求证、分步实施、小步快跑。

凯兰帝：
瞄准新消费需求 创座椅“智造”品牌

如今，电影已成为现代人生活中不可或缺的一部分。电影通过讲述好故事，激发人们内心的情感共鸣，让生活变得更充实多彩。很少人会了解到，当人们在影院享受各类影视作品时，那张带来舒适观影体验的影院座椅，或许是佛山南海造。

扎根南海九江，佛山市凯兰帝家具制造有限公司（下称“凯兰帝”）正是专注影院座椅生产的家具制造企业。数据显示，截至2022年7月，凯兰帝在全国影院座椅市场占有率近20%，居全国第二。

2021年，在外部环境不稳定因素相对增多的背景下，凯兰帝影院座椅销售同比增长11%。企业如何实现逆势增长？如何大步踏入海外市场，赢得更多高端订单？如何拓展更多的使用新场景？以研发创新为敲门砖，凯兰帝不断深化自主品牌建设，加快强化质量与服务管理体系，力争成为全球领先的座椅“智造”品牌。

影院座椅市场占有率居全国第二

2022年8月，《独行月球》《明日战记》等一系列影片陆续上映，收获不少影迷的追捧；暑期档，《小黄人大眼萌：神偷奶爸前传》《猪猪侠大电影·海洋日记》也深受大小朋友的喜爱。

如今，吃饭、逛街、看电影，已成为现代休闲生活的“标配”。电影热不仅带旺了许多产业，影院建设及其配套产品也在根据消费新需求不断升级。

鲜为人知的是，为人们提供舒适观影环境的电影椅，或许出自南海企业凯兰帝之手。数据显示，凯兰帝在全国电影座椅行业占有近20%的份额，影院座椅市场占有率排名全国第二，广东第一。

“即便近年来受外部不稳定因素等影响，企业订单仍逆势增长，2021年创造

6600万元的销售额，其中影院公共座椅销售额为5100万元，同比增长11%。”凯兰帝董事长全光磊说，尤其在优质影城、网红影城等项目，凯兰帝均有一定的市场占有率。

比如，企业先后参与完成了南京青奥会会议中心、恒大海花岛国际会议中心、苏州民族管弦乐团音乐厅、阜阳大剧院、天津南开大学、广西大学文化艺术中心等项目建设；与万达院线、广州金逸珠江院线、博纳院线、浙江时代院线、幸福蓝海院线等院线及影投公司结为战略合作伙伴，在国内多地打造高品质影院。

一项数据显示，北京、上海、南京、厦门、成都、长沙、深圳等地的网红影城，其中约有50%的影院项目，其电影椅部分的生产制造就由凯兰帝承担。而在中高端市场方面，凯兰帝也表现亮眼，占据一定的市场份额。

目前，凯兰帝在全国影院座椅市场占有率近20%

成都是深受年轻人喜爱的“网红城市”。如今在成都，有多家网红影城，是不少年轻人看电影必去的“打卡地”。“这些影城往往需要提前一段时间才能订上票，当中有不少网红影城项目就由凯兰帝承担。”全光磊说。

2022年，凯兰帝拿下成都环球中心影院的相关项目，涉及单体座位数近2000个。

成都环球中心未来将打造成集商业、娱乐、住宿、餐饮等为一体的休闲娱乐胜地，为成都市民、外来游客提供游玩好去处，有着巨大的潜在消费需求。

洞察市场需求 加码研发设计

除了加快开拓国内市场，凯兰帝也获得了海外客户的青睐。

“我们正在与一家国外公司洽谈，若长期合作达成，每年将有 2000 万至 3000 万元的订单量，一年将完成 5000 至 15 000 张沙发的生产制造。”全光磊说。

凯兰帝海外市场订单约占总订单 10%，产品主要销往菲律宾、俄罗斯、迪拜、印度、泰国等地。考虑不同国家客户对舒适度、性价比等的不同需求，海外订单的影院座椅在选材、角度设计上也与国内产品有所区别。

为保证产品设计最符合客户所需，凯兰帝是国内目前为数不多请国外设计师驻场设计的企业。同时，企业目前拥有专业技术研发人员 20 余人，团队先后研发各项产品并获得专利近百件。

稳定的生产是保证出货的重要前提。目前，凯兰帝在九江建有 8 万平方米现代化制造厂房和展厅，并时常在此接待国内外客户进行调研考察，对产品新需求进行及时调整与落实。

全光磊说，2015 至 2016 年，企业迎来了一个高速发展期。彼时，国内影城建设已相对规范，并要求配备巨幕厅等较为高品质的配套。这为企业带来了发展机遇，企业由此收获了更优质的订单。

不仅如此，在加快拓展市场的同时，企业也坚持打造自主品牌。经过两年多的开拓，2018 年，凯兰帝共合作影城 214 家，影院座椅供货量 15 万张，并成为广东省唯一一家中国电影发行放映协会电影技术分会副会长单位。

2019 年，凯兰帝新合作影城超 100 家。除了持续创新，推出系列产品，企业还注重内部管理的规范与建设，并于同年获得知识产权管理体系认证证书、售后服务认证证书等。

2020 年，凭借影院座椅这一拳头产品，凯兰帝获佛山市“专精特新”企业称号。2021 年 4 月，凯兰帝与企业增长服务商签署长达 2 年的服务协议，合作培养人才，加快强化质量与服务管理体系。

发力智能制造　拓展系列新产品

近年来，越来越多的城市进入“夜间模式”，致力于将“夜经济”打造成城市招牌。而影院、演艺机构等，正是满足人们夜间娱乐需求的重要场所。

同时，随着4D影城、私人影院等新形式的逐步普及，在新使用场景、新消费模式下，系列新产品也应运而生。

据透露，凯兰帝目前正在不断测试，以提高影院座椅的舒适度。比如在腰顶、脚踏等部分加强设计，借鉴办公网椅，让影院座椅能更适合不同体形的使用者。

不仅如此，在一些高端影院，其影院座椅大多采用皮沙发材质，并在扶手处设有USB和无线充电等端口，适应时下年轻人的使用需求。针对这一部分高端订单，凯兰帝希望加大与人体工学等的结合力度，让产品以更高的性价比实现更高的性能，赢得国内外客商的青睐。

除了满足最基础的观影需求，凯兰帝还在计划结合智能制造，进一步丰富影院座椅系列产品的供给。比如，在沙发上装设新风系统，提升使用体验；影院座椅扫二维码即可验票、打开座椅，降低人工投入成本，提高落座的准确性。

在稳住影院市场占比的同时，凯兰帝希望逐步加大对礼堂、剧场与学校场景的高端公共座椅的研发投入。据介绍，2019年起，凯兰帝就开始思考往其他领域拓展。比如，针对学生在校内午休相对缺乏寝室的情况，凯兰帝加大对校园产品的设计投入，让课室座椅经过调整即可变成一张小床，让孩子们能在午休时拥有更舒适的条件。

近两年，凯兰帝研发投入约占销售额的5%至10%。而在校园椅板块，企业更投入了大量的人力物力来加快研发，使当年的研发投入占比超10%。“我们希望以持续的自主研发创新投入，打开更大的市场，成为全球领先的座椅‘智造’品牌。”全光磊说。

观察眼

在红海中寻找新蓝海

随着以“Z世代”为代表的年轻人逐渐成为社会消费的主力，不少新需求、新产品应运而生。不可忽视的是，这些涌现的消费新需求正是颇具潜力的市场增量。

满足用户需求是企业发展的关键，能及时洞察消费者需求的变化，抓住这些消费新需求，方能赢得更大的市场。

在更注重消费体验的当下，个人影院、4D影院的逐步普及就是一个新风口。作为影院设施配套企业，凯兰帝正是抓住这一新消费需求，不断修炼内功，延伸产品的多样性，打入更高端的市场。

凯兰帝还在努力保持影院座椅市场份额的同时，向校园座椅、剧场公共座椅等方面延伸，以打开更大的发展空间。实际上，这也是紧抓新消费需求的体现，通过满足市场上潜在的消费需求，用更优质的产品，拿下更高端的订单。

荣嘉新材料：为防护服制胶　推数字化改造

在广东荣嘉新材料科技有限公司（下称“荣嘉新材料”）车间内，一块块形似白玉的热熔胶从自动化包装机中流出，在产线末端被工人分装入袋后，将被发往全球各地。

作为胶粘剂家族的明星成员，热熔胶因其强度高、韧性强、安全卫生等优点，被广泛应用于与人体直接接触的一次性卫生用品行业。而坐落在佛山南海西樵的荣嘉新材料凭借拳头产品——环保高性能型热熔胶，已成为国内最大的医疗防护服生产用胶供应商。

截至2022年8月，荣嘉新材料的热熔胶产品覆盖国内各医用防护服生产龙头企业，并大量出口东南亚、欧洲等地。此外，荣嘉新材料还在电商物流标签用胶市场占据领先地位。

这背后，以荣嘉新材料为代表的一批国内胶粘剂企业，完成了一场国产替代进口的逆袭。20年前，我国合成胶粘剂几乎被国外品牌垄断，且长期供应紧张、价格昂贵。如今，光是热熔压敏胶板块的国产化率就已超过70%。

每年转化不低于5项科技成果

国产胶粘剂替代进口产品的过程，是一场“世纪追逐赛”。

荣嘉新材料总经理刘志军介绍，国外企业基于对高分子材料的早期研发，奠定了垄断优势。19世纪30年代，国外开始进行高分子材料的半合成；到20世纪初期，国外出现工业化生产的高分子合成材料酚醛树脂，此时我国还在使用如棉、麻、蚕丝、木材等天然的高分子材料。“这个差距是极其巨大的，或者说根本无法进行比较。”刘志军说。

在此背景下，20 年前，我国的合成胶粘剂产品，几乎绝大部分是由国外企业生产和提供的，而且一直处于供应紧张、价格昂贵的状态，很多行业的发展都受到限制。

也正是在这样的环境中，包括荣嘉新材料在内的我国一大批科研主体，开启了充满艰辛又饱含韧劲的学习追赶历程。

“胶粘剂行业在国内突破的难点，主要在于如何坚持并做到持续、联动的、前瞻的研发投入和技术转化。”刘志军表示。比如，联动性研发是基础材料参数构建、胶粘剂的组分匹配、应用工艺的持续改良这三个环节的研发联动。只有实现产业链上三个节点合作推进，才能使研发效率、推广效果、经营效益同步提升。

为了突破技术垄断，荣嘉新材料把“坚持科研投入、走科技发展道路”观念提升为公司战略。

“各项经营活动都要给研发让路。”刘志军举例说，比如要投入资金搞科研，那就必须在一定阶段内降低盈利预期，企业要有定力。

荣嘉新材料每年的研发经费投入不低于销售额的 3.2%，确保每年科技成果转化数量不低于 5 项。2019 年至 2021 年荣嘉新材料投入研发经费 2416.45 万元，开展研发项目 21 项，完成了 21 项科技成果的转化。

荣嘉新材料每年的研发经费投入不低于销售额的 3.2%

依托自研开发实现细分领域的赶超，目前在热熔压敏胶板块，荣嘉新材料在产品性能、生产工艺、基础材料来源等方面，都已经追上国外品牌，部分领域的产品性价比已超越国外产品，与其他国内头部企业一同推动热熔压敏胶国产化率达 70% 以上。

大手笔推进数字化改造项目

奠定技术领先优势的同时，荣嘉新材料正通过智能化改造，推动研发成果快速投产，在保证个性定制需求的同时，实现降本增效。

刘志军表示，以往的管理过程，一方面长期存在层级管理比较粗放，数据表征时效性不足、核算误差大等问题，导致管理成本高；另一方面，在生产环节，大多基于人为作业、人为研判，工作强度大，标准化作业难以执行到位，再加上设备运行管理低效等问题，导致生产成本高，产品性能的稳定性受到挑战。

“基于此，我们下决心进行彻底改善，买地建厂、设备优化、技改升级，最关键是进行数字化工厂的建设，推进智能制造。”刘志军说。

2022 年，荣嘉新材料与中国移动签署合作协议，启动数字智能化工厂改造。据刘志军介绍，整体项目包括十个阶段，分别为 5G 网络建设、MES 软件标准版、中控室建设、WMS（智能仓储系统）/ RMAC（智能秤配料管理）、PLC（自动化改造）、精益生产任务看板、质量控制 / 设备管理、PLM（智能研发）、APS（智能排产）、BI（商业智能分析与决策）。

通过整体数字化改造，荣嘉新材料将实现生产车间 5G 和 WiFi 建设，实现车间 MES 管控、对接 ERP 系统完成从生产到运营的数据采集、分析，并使用 PLC 实现生产全流程的数字化控制，使原有的人为作业和判断，全部改为智能管理操控。

研发领域导入的 PLM 软件，可以帮助企业在开发过程中根据客户需求，利用数据建模，通过算法高效完成研发实验。使用智能排产 APS 软件，则可以实现个性定制、快速承诺交期。同时，使用智能决策 BI 软件，可以对生产过程数据、经营管理数据、研发过程数据进行综合分析，提供管理决策依据。

据介绍，整个项目计划实施时间为 3 年，截至 2022 年 8 月已完成了 5G 网络建设、WMS 智能仓储系统搭建，中控室建设、生产线的改造正在全面铺开。

未来三年大举进军海外市场

每个行业的未来，都是基于对现有业内产品性能进行持续研发升级、快速改进迭代、不断地完成突破而构建的——深谙这个道理，荣嘉新材料超前布局的步伐不停。

“作为战略性新兴产业，高性能环保热熔胶行业的发展方兴未艾。”刘志军介绍，首先，热熔胶与水基型胶粘剂、溶剂型胶粘剂相比，粘接工艺相对简单、速度快、适用范围广，可应用于高速连续化生产线，加工性能更为优异。

其次，热熔胶在常温下为固体，便于包装、运输、存储，物流和仓储成本更低。其无毒、无味、不需溶剂、无污染的特点，也更加适应注重环境保护的趋势和相关法规要求。

数据显示，近年来，我国热熔胶销量不断增长，由2017年的93.9万吨增至2020年的122.1万吨，年均复合增长率达9.1%。

作为头部企业，荣嘉新材料也进入高速发展期，连续3年实现销售增长和市场占有率的大幅提升。2022年上半年，公司在经济下行压力较大的环境下，仍然实现销售收入增长19.2%。

2019年，荣嘉新材料成长为国内电商物流类标签产品用胶量最大的研发基地、最大的生产和供应商，公司会同多家物流企业一同制定了物流类标签、商用类不干胶的产品标准。

2020年以来，荣嘉新材料成为国内医疗防护服生产月胶的主要生产和供应商。目前，荣嘉新材料是热熔压敏胶细分行业领军企业，根据中国胶粘剂和胶粘带工业协会数据分析，除几大国际品牌之外，其在国内同行业中排名前列。

面向未来，刘志军表示，在研发与生产层面，公司将向上延伸到基础材料研究领域，根据应用要求拓展材料改性；并将靠近大宗原辅材料的产出地，探索产业链合作联动，形成业态的短链聚合。在市场端，未来3年，荣嘉新材料将着力开发国外市场。“与同行一起努力，实现高分子环保热熔胶从进口到出口的大反转。”刘志军说，截至2022年7月，荣嘉新材料已在3个大洲进行布局，海外战略成效初显。

观察眼

从研发韧劲看"冠军气质"

尽管行业前景可期，但因竞争异常激烈，近年来胶粘剂行业不断有企业销声匿迹。在荣嘉新材料总经理刘志军看来，研发能力的建设及专注于研发的持续投入，是荣嘉新材料的核心竞争力。

从荣嘉新材料的研发韧劲，我们看到了一家企业的"冠军气质"。

荣嘉新材料有一个PS产品系列，就是在复杂且艰难的进程中研发出来的。两年前，该公司承接了一家俄罗斯公司的产品研发项目，应用环境极其严苛，性能要求又很高，超出了当时SBC类产品的通常标准。

接到项目后，荣嘉新材料耗时3个多月完成实验室验证。但把成果交付给客户时，对方提出了新的更为苛刻的要求。当时，有些要求已超出了现有技术边界，荣嘉新材料花3个多月时间研发出来的产品根本无法满足。更重要的是，根据该类产品的惯有研发思路，二次研发很难找到新的突破点，研发进程陷入僵局。

此次事件中，荣嘉新材料展现出了超强的研发韧劲。面对困局，该公司组织专题研讨会，重新调整思路，从基础材料入手，重新构建主要组分的分子模型，并引入新的材料互配，一方面组建了纵向课题组，另一方面对接了相应的外部科研机构，形成了横向知识集合。经过不断的探索与验证，最终成功研发了一款综合性能强、应用宽幅大的产品，荣嘉新材料打开了全新的市场局面。

华昊华丰：专注变性淀粉 造出“工业味精”

奶黄包、流沙包为何经历高温烘烤而馅料不融化？超市售卖的速食拉面为何能够长久保湿保鲜？方便面为何筋道有弹性、口感诱人？

秘诀就在于其中添加的变性淀粉，这是一种利用物理、化学或酶法改变淀粉的天然性质，使其更适合于一定的应用要求的产品，不仅可用于食品工业，也可用于造纸、纺织等多个产业，被称为“工业味精”。

在盛产天然淀粉的农业强市佛山，就有一家专注生产变性淀粉的企业。这家名为佛山市华昊华丰淀粉有限公司（下称“华昊华丰”）的企业，生产的变性淀粉高达上百种，是国内设备最齐全、品种门类最齐全的变性淀粉生产厂家之一，生产规模位居广东省前三名。

事实上，华昊华丰生产的辛烯基琥珀酸淀粉钠等产品还获得了市场领先地位：2021年，这款奶黄包、流沙包等夹心类烘焙食品的“黄金搭档”，年销量达1386吨，位居行业前列。数十年来专注生产变性淀粉，造出“工业味精”，华昊华丰是如何做到的？

率先实现进口替代

原产自南美洲的木薯，凭借其粗生易长、容易栽培、高产和四季可收获的特性，位列全球六大粮食作物之一，是世界近6亿人的口粮，被誉为“淀粉之王”。

气候湿热、丘陵密布的两广地区，是中国木薯主要种植地之一。20世纪80年代以前，两广地区，尤其是丘陵地带，不少人都把木薯作为重要的食物来源。

但对这种富含淀粉、亩产可达2—6吨的高产作物，国内却长期缺乏二次利用的手段。直到20世纪80年代，原化工部负责人前往欧洲访问，才了解到淀粉经过深加工可用于各行各业，拥有更高的附加值。

此后，变性淀粉成为原化工部“七五”期间的重点项目之一，华昊华丰的前身——原佛山市溶剂厂也进入了原化工部的视野：这家创始于1973年的企业利用华南地区盛产的木薯、大米和玉米淀粉制造酒精，具有丰富的加工淀粉的经验，正是国家重点项目最适合的承担者。

“当时，原高明淀粉厂正好新上了一条木薯淀粉加工线，我们厂距离高明也很近，具有地理优势。”华昊华丰董事长杨顺汉说。

20世纪80年代初，原佛山市溶剂厂从德国和荷兰引进滚筒干燥机等生产设备，建立起一套年产1.8万吨的变性淀粉生产线，成为中国最早研制、生产、开发变性淀粉的专业厂家之一。随后，借助与原化工部下属的北京化工研究院的产学研合作，原佛山市溶剂厂推出了第一款变性淀粉产品：预糊化淀粉饲料黏合剂。

在广东省出口创汇的重点产业——鳗鱼养殖业中，这款产品迅速大放异彩。彼时，国内鳗鱼饲料所用的黏合剂主要靠进口，每吨价格7000—8000元，而原佛山市溶剂厂的产品每吨价格只需4000—5000元，不仅被原省科委鉴定为“进口替代产品”，更提高了出口商品的竞争力。

随后，各行各业尤其是食品工业对变性淀粉的需求与日俱增，原佛山市溶剂厂也走上了发展的快车道。杨顺汉还记得，20世纪八九十年代，康师傅、统一食品和华丰集团都开始采用原佛山市溶剂厂生产的变性淀粉作为方便面添加剂，让公司在食品添加剂领域的市场占有率一度跻身全国前三名。

在行业广阔机遇的推动下，历经国企改革等，原佛山市溶剂厂转型为佛山市华昊华丰淀粉有限公司，但始终坚持变性淀粉这一赛道，客户也增加了海天味业、箭牌、达利食品、卡夫食品等更多知名品牌。

“我们始终坚信，变性淀粉是一个跨行业、跨技术、跨学科的高新技术行业，是对原淀粉进行深加工，实现原淀粉的功能化及增值化的朝阳产业，由于所采用的原材料都是种植的可再生资源，还是一个非常环保的低碳行业。”杨顺汉说。

专注研发实现技术领先

历经数十年的发展，华昊华丰现已拥有预糊化、干法、湿法、喷雾干燥四大工艺路线的生产线，是国内设备最齐全、品种门类最齐全的变性淀粉生产厂家，拥有4件发明专利、11件实用型技术专利和11个高新技术产品认证。原佛山市溶剂厂参与了原化工部对工业预糊化淀粉产品标准的起草制定工作，也成为原卫生部颁布的13个食用变性淀粉国家标准的起草单位之一。

技术领先行业背后，是华昊华丰自从成立以来就一直坚持对研发的重视。与外部科研院所开展产学研合作，成立自己的研发中心，华昊华丰始终投入大量力量用于研发。

具体来看，华昊华丰与华南理工大学、中国科学院建立长期合作关系，与江南大学建立变性淀粉技术联合研究开发中心，配套了专业化验室和产品开发应用实验室。华昊华丰还建立了佛山市变性淀粉工程技术研究中心，成立了工艺研发中心和应用研发中心，各类专业技术人员达到44人，其中包括1名高级工程师和1名博士人才。

“在公司内，博士人才主要负责前沿技术的研发，同时担任与华南理工大学、江南大学、中科院等科研院所产学研合作的对接人和牵头人。”杨顺汉介绍说。

较大的研发力度，让华昊华丰得以不断推出新技术和新产品，拳头产品——辛烯基琥珀酸淀粉钠就是产学研合作的产物。2017年，华昊华丰与江南大学启动了合作研发，江南大学负责该产品的小试，华昊华丰则负责产品的中试，实现了产品的产业化。

“淀粉本身是亲水不亲油的，通过不断优化配方和工艺，我们让辛烯基琥珀酸淀粉钠产品实现了既亲水又亲油，吸油率达到了1 ∶ 5的国际先进水平，也就是一份变性淀粉可以吸附5份油脂。”杨顺汉说。

不仅如此，通过自主创新，华昊华丰还研发了专用的喷雾干燥设备，实现了辛烯基琥珀酸淀粉钠产品更快的干燥速度、更低的黏度和良好的成膜性。杨顺汉透露，目前该设备正在申请发明专利中。

“申请国家发明专利，我们一方面可以形成自己的自主知识产权，另一方面也可以更好地提高辛烯基琥珀酸淀粉钠产品的市场门槛，更好地保护企业创新成果。”杨顺汉说。

掘金大健康新赛道

如今，华昊华丰的产品线扩展到食品添加剂、饲料添加剂和工业添加剂三大范畴，产品包括预糊化淀粉、酸化淀粉、阳离子淀粉、酯化淀粉、交联淀粉、醚化淀粉等30多个大类，规格和型号达100多种，应用于食品、造纸、建材、陶瓷、胶黏剂、

华昊华丰生产车间

石油开采、化工、纺织、保温环保材料、水产饲料等十几个行业。

但在杨顺汉看来，企业产品线的扩展远远没有到达终点。相反，随着研究的时间越来越长，接触的行业越来越多，杨顺汉反而日益感觉变性淀粉的应用场景越来越广泛。事实上，在国外，变性淀粉的应用范围就已覆盖了数百个行业。

面对如此广阔的市场前景，以市场为导向、围绕应用展开研发，成为华昊华丰谋划新发展的关键战略。借助这一方法，特殊医学用途配方食品（下称“特医食品”）成为华昊华丰下一步经营的重点。

为了满足进食受限、消化吸收障碍、代谢紊乱或者特定疾病状态人群对营养素或者膳食的特殊需要，特医食品往往包含药物、营养元素等有效成分，同时确保使用者充分吸收，这就离不开变性淀粉的助攻。

杨顺汉认为，市场对“药食同源”的特医食品的需求将不断增长，未来3—5年内，国内就将迎来特医食品需求的爆发。

带着前瞻性的预测，目前，华昊华丰已经与一些制药企业和保健品生产企业建立了初步合作关系。

“可以说，应用研发决定了企业可持续发展的能力。”杨顺汉说，“深耕变性淀粉这一充满潜力的赛道，我们将不断以市场为导向，在市场中寻找新的发展机会。”

观察眼

小产品也有大未来

走进华昊华丰，来宾最为印象深刻的，莫过于这家企业对创新的重视：企业不仅成立了工艺研发中心和应用研发中心，双管齐下推动创新，还携手华南理工大学、江南大学和中科院，多方求教创新“外脑”。

事实上，变性淀粉的问世，正源自人们的敢于创新：让寻常可见的淀粉，与特殊的物理、化学加工方法相结合，不起眼的木薯等天然材料就能变得“高大上”，迈向“高精尖”，实现华丽蝶变。

创新驱动发展，科技引领未来。通过创新，将“小产品”做到极致，既是南海区中小企业发展的长期导向，也符合目前产业链日趋细分、产品日益细化的产业趋势。身处珠三角制造业创新高地、“隐形冠军”的成长沃土，我们期待南海区涌现更多专注“小产品”、成就大未来的优秀企业。

南洋：风幕机“一哥”为奥运村“送风”

如果你从北京大兴机场乘机，穿过登机楼入口的风帘时抬头看，可以在门口上方的风幕机上，看到“南洋有为”的字样。

不仅是北京大兴机场，雄安高铁站、北京奥运村、广州地铁等一大批人们耳熟能详的项目中，都能看到佛山市南海南洋电机电器有限公司（下称“南洋”）生产的风幕机的身影。从2008年推出自主品牌的风幕机，到如今全国销量NO.1，占据29%的国内市场份额。这家南海企业，凭什么？

卖得最好的风幕机

如今，当你走进商场、地铁、机场、医院、餐厅等公共场所，进门的那一瞬间，强劲的凉风会自上而下吹拂过你的身体。你以为那是空调或是风扇？只是为了出风降温？没那么简单。

与许多人认为风幕机约等于空调或风扇的认识不同，风幕机实际上是利用高速电机带动贯流或离心风轮产生的高速气流，形成一面无形的风帘，将室内外分成两个相对独立的温度区域。同时，高速气流形成的“门帘”，也起到阻挡室外灰尘、昆虫、烟气及部分微生物等侵入，保持室内环境清洁的作用。因此，风幕机也被称为风帘机、空气幕、风闸等，并被大量用于上述人员密集的公共场所，以及电子、仪表、制药、食品等行业生产区域的出入口上方。

南洋，是目前国内风幕机市场销量最高的企业。其正式进军风幕机领域的时间，在2008年。这一年，他们推出了自主品牌“南洋有为”。“我们不是国内最早做风幕机的，但目前来说，我们是造得最好的。”南洋总经理陆锡佳说，南洋风幕机产品销售为内销与出口相结合，目前公司在全国设有28个办事机构，产品出口亚洲、欧洲、南北美洲等的50多个国家和地区，拥有自主注册商标74件，并分别在韩国、埃及、摩洛哥、阿联酋等国家注册了商标，为消除海外营销壁垒和知识产权保护创造了有利条件。

2018年，南洋被认定为佛山市细分行业龙头企业。2019年、2020年，以销售数量计算，该公司风幕机产品国内市场占有率分别为24%、26%，排名第二。2021年，其国内市场占有率进一步提升至29%，成功摘下全国销量桂冠，成为该细分行业的隐形冠军企业。

后来居上的秘诀

不是最早起步，却做成了销量最大，南洋抢占市场的秘诀是什么？质量被列为第一要素。

“性能强、噪声低、使用寿命长。”陆锡佳说，南洋生产的风幕机，风速从市面上最常见的11—12米／秒起步，最高可达到40米／秒，对应运用于不同的门高与使用场景。其中40米／秒的工业风幕机，在市场上罕遇对手，主要运用于大型展馆及特殊场景，如在防虫、防臭方面有极高要求的大型垃圾处理厂等。

值得一提的是，由于南洋是以研发和生产电机及其配件起家，逐步发展成为风幕机和新风换气产品整机研发、制造与销售的专业化科技型企业，其所生产的风幕机等产品，从核心零部件到外壳，均为自有技术、自行生产，质量严格把控，“核心零部件，如电机一般的质保期是3年，我们可以承诺做到5年。”陆锡佳说。为保障质量，南洋的风幕机在出厂前，实行100%全检。经检测，其风幕机的运行噪声基本在40分贝至65分贝之间，相当于图书馆及办公室的噪声环境。

创新是南洋的另一法宝。贯流式风幕机、离心式风幕机；自然风风幕机、热风幕机；开关式、遥控式……在南洋的官网上，适用于不同场景、不同规格、不同价位的风幕机琳琅满目。“只要客户有需求，我们都能做到。”陆锡佳说。开行业之先的可徒手拆盖清洗的风幕机，正是在这一理念下研发出来的——此前风幕机需要整机拆下后，再清洁保养，客户难以定期清洁维护。了解到客户使用需求后，南洋耗时半年，重新研发、开模、测试，生产出能够徒手拆盖清洗的风幕机，受到市场好评。南洋由此收获了一件授权发明专利。

好的质量与设计，带来好的口碑，以及更高的定价权。不同于电饭煲、空调、风扇等家电产品，多用于商用工装领域的风幕机，销售更多依赖工程安装公司。而为减少售后维修次数、降低人工成本，工程安装公司在向终端客户推荐和选择产品时，会更加看重质量及使用年限。

低故障率、高使用年限、更广阔的应用场景，让南洋在风幕机市场沉淀下良好的口碑，在价格普遍高于同行10%的情况下，依然成功打开市场，一路做到全国销量第一。

2021年，南洋生产的风幕机国内市场占有率排名第一

布局工装领域新赛道

凭借着对质量的精益求精与不断创新研发，南洋拿下5件发明专利、15件实用新型专利、12件外观专利，另外还有2件发明专利正在实审阶段，先后被评为国家高新技术企业、佛山市“专精特新”企业，以及广东省高效节能电机电器智能制造工程技术及佛山市市级工程技术研究中心。

“南洋有为”的商标，经受住市场的考验，获得“广东省著名商标”称号，包括风幕机在内的产品，成功拿下“广东省名牌产品”的称号，频频出现在北京奥运村、大兴机场、雄安高铁站、广州地铁等一系列人们耳熟能详的项目中。

2022年，南洋作为主导企业之一，参与风幕机国家标准的制定，该标准目前已进入备案阶段。在守住甚至不断扩大风幕机竞争优势的同时，南洋已经开始布局新赛道——工装独立新风系统。“目前，国家对于公共场所的通风质量有更高的要求，这是一个很大的市场。”陆锡佳说。

陆锡佳清醒地认识到，在家装领域，南洋拼不过已然深耕家用领域多年的家电巨头，鉴于南洋的优势，其新的突破口，可以选在工装领域。

在2020年新冠疫情暴发之初，武汉火神山医院就采用了南洋生产的风幕机及新风换气产品。延续至今，南洋的系列产品已经成为多地建设方舱医院的标配。而在山东青岛新冠院感事件后，更多的医院更加重视院内独立空间的独立送风换气。学校、办公楼等人群密集场所也在逐步推广中。按照陆锡佳的说法，“这是一个至少几百亿元产值的新市场”。

目前，该企业正积极与政府协商，争取“旧改”政策，计划5年投入2.2亿元，改造7万至8万平方米厂房。通过改造，南洋希望将厂房容积率由原本的1.8提升至3.0以上，以土地利用率的提高换取生产空间扩容、产能提升。

“目前在工装新风换气领域，我们的市场占有率能够排进全国前5名，未来，我们的目标是争取做到全国第一。”陆锡佳说。

观察眼

危机之中寻商机　大浪淘沙始见金

南洋的发展之路，是一条危机之中寻商机的产品迭代升级之路。成立于1987年的南洋，最初的产品是电机及相关配件。在这个产品序列上，南洋做成了“顶流”：2009年，南洋参与制定了国家标准《小功率电动机的安全要求》（GB 12350—2009）。

南洋的第一次产品迭代，是从电机及相关配件，升级为以风幕机为代表的整机研发、制造与销售。迭代升级的时间，正是“非典”之后的几年——彼时，公共场所的卫生及通风情况日益受到国家及各省、市的重视，主打隔热、防尘、防虫、净化空气的风幕机，逐步打开市场。看准商机，南洋也由此开始尝试由核心零部件向整机生产延伸，小批量生产试探市场。

直到2008年，完成前期试水的南洋，开始打出“南洋有为”的自主品牌，并凭借严格的质量管控与持续的产品创新，后来居上，成为国内风幕机销量的NO.1。2022年，南洋第二次参与国家标准的制定，这一次制定的是风幕机产品国标。

始于2020年的新冠肺炎疫情，在引发一系列危机与挑战的同时，再一次促成了南洋的产品迭代——从风幕机到新风换气系统。短短的两年时间，南洋已经跻身该行业工装领域的全国前5名。

危机之中寻商机，大浪淘沙始见金。或许可以期待，在工装新风换气系统的新赛道，做一行精一行的南洋，能够再一次实现赶超，再拓疆土。

易乐：
藏身铝门窗行业　调试出隔热高手

藏身断桥铝门窗内，非仔细观察不可见，却是影响门窗隔热效果和安全的隐形关键，它就是尼龙隔热条，“断桥”工艺里最重要的结构件。

佛山市南海易乐工程塑料有限公司（下称“易乐”）做的就是尼龙隔热条的生意。自2000年创立起，它便只专注于这一品类产品的研发和制造，国内前20强铝型材企业中，有18家选用了易乐的产品。

2019—2021年，虽然上游房地产消费收紧，门窗市场需求量骤减，但是这家企业却迎来了新的发展窗口期，年均营收增长率超过35%。全联房地产商会节能门窗分会、广东省门窗协会的统计数据显示，在建筑门窗尼龙隔热条细分领域，易乐主要产品市场占有率已超过11%，年销量排国内前三、广东省第一。

22年专注一款产品

尼龙，聚酰胺的俗称，五大工程塑料之首。尼龙66是其中最主要的牌号，也是世界范围内产量最大、应用最广的工程塑料。经过实验，在尼龙66中加入25%的玻璃纤维改性而来的复合材料，是隔热条最佳的基本材料。这其中的“最佳”，指的是连接强度高、隔热性能好、耐候性好、与型材匹配度高。

但“最佳”并不易得。

隔热条是舶来品，中国最早一批隔热条产品是2000年从德国引进的。断桥铝门窗的“断桥”工艺里，重要之处就是断桥铝之中的隔热条。彼时，国外的生产技术已非常成熟，但国内才刚刚起步。“易乐是国内最早一批从事隔热条研发的企业，从原料到挤出设备，需要靠自己摸索着来研发。”易乐董事长曾强说。

一开始，易乐的产品性能只能达到德国产品的一半，挤出效率也很低，一次挤出数量只有几根。想要实现突破，摆在这家企业面前的难题不少。

例如，加入玻璃纤维后，尼龙的耐热温度、型材匹配度等方面都大幅增强，但如何保持其优秀的力学性能却成了新的难题。换成大白话就是，它的抗横拉力是生产中需要解决的最大难题。

为解决这一难题，易乐根据客户需求反复调试配方，同时每日都在自建的实验室内开展金属材料室温拉伸试验。每一批次的产品都得先过了这一关，才能获得出厂资格。得益于这种严谨的研发态度，易乐产品的力学性能得到了持续提升。

以最常见的一般实腔(Ⅰ)型产品为例。易乐不仅将公差严格控制到正负不超0.05毫米，比头发丝的直径还小，更进一步改善了它的耐温性，让它在低至－30℃、高至90℃的极端环境下，依然可保持良好的横向抗拉性能，承受578.5公斤的拉力而不变形、不断裂，性能达到了国际领先标准。

“我们对生产工艺的创新从未停止。如今，我们的挤出效率得到了大大提升，不仅最高挤出数量可达到250根，隔热条宽度更从原来的10毫米拓宽到了150毫米，具备了生产复杂多腔体结构件的能力。”曾强说。

产业链抱团抢订单

易乐的产品展厅里，对应不同铝门窗型号设计的不同隔热条产品琳琅满目。它们表明了这家优秀企业的产品研发和生产能力，也提示着这是个与断桥铝门窗共生共荣的行业。

在过去，因为隔热条的投资只占整窗采购成本的不到5%，大牌房地产商多直接选用国外产品。如今，为抵御“寒气”，在不牺牲质量的情况下，性价比更优的国产品牌成了房地产商的共同选择。

得益于易乐多年来对产品性能提升和研发创新的积累，易乐迎来了新的发展窗口期。2021年，在连续两年复合增长率超过35%的基础上，易乐的主导产品销售额首次突破1亿元。据广东省门窗协会的统计数据，在2019—2021年，易乐市场占有率连续三年居全省第一，并从原来的11%扩大到了18%，年产尼龙隔热条近2亿米，可绕地球5圈。

对于这一窗口期，易乐是冷静而进取的。“大家都在讲降本增效，把‘进口’改为‘国产替代’，我们只是享受到了这波红利。”曾强说，从隔热条行业的总盘子看，订单总量下滑是个大趋势，加上国内多地疫情偶发，易乐在2022年的订单量也受到了影响，“行业在洗牌，国外品牌订单下降，部分国内中低端品牌订单量下滑超过一半。”

易乐之所以能实现逆势突围，与 2021 年底其便已明确的“两条腿走路”策略有关。

易乐的“一条腿”是练好内功，通过提高效率来降本，通过提高品质来占领市场。正是在这样的策略指导下，易乐 2022 年在固定资产、设备自动化、信息更新等方面的投资不降反增，较上年增加了 30%。

“另一条腿”是与外部共生共存。“外部环境多变，我们不可能独善其身。”曾强说，从 2021 年开始，易乐与兴发铝材、华建铝材等下游企业合作，协同他们一起抢订单。易乐市场占有率的进一步扩大，正是得益于这种主动抱团。

同时，易乐还与上游供应商合作，提升自身的议价能力。从 2022 年中开始，这家企业便围绕国内一家连续三年获得销量冠军的门窗企业的设计需求，开发了十多套模具，既保证 K 值（指一个项目能耗的关键节点），又保证提高议价空间。

逆势建新生产基地

“不能等，得倒逼自己。”这是曾强在访谈中不停谈到的一句话。他判断，易乐作为头部企业，有很大机会可以在这一轮行业洗牌中生存下来，但为了提高成功概率，不能有丝毫放松。

为此，这家企业正千方百计降本增效，同时继续加大创新投入，希望借此进一步提升企业韧性。从数据来看，初步成效正在释放：通过技术创新、设备创新，推行自动化、信息化管理，这家企业的单机设备生产效率提高了 1 倍，综合能耗降低了 30%。

隔热条的生产工艺和铝型材类似，挤出设备一通电就不能停，因为只要停、开一次，所耗电费和原料就要上万元。同时，在加工过程中，生产一吨隔热条，仅电费成本便要占到 800—900 元。为了进一步省电费，易乐做起了绿色低碳新文章：在自家工厂屋顶建设分布式光伏项目。

曾强算了一笔账：光伏项目计划总投入在 600 万元左右，要用到屋顶面积 1 万平方米左右，他自己测算过，3 年多就回本。因为电价是有峰值的，白天最贵，1 度电的价格超过 1 元，但上马光伏项目之后，不仅可以省下一笔电费，还可以有碳排放收益，“已经找好了合作方，今年（2022 年）年底前就可以完成。”曾强说。

事实上，持续的降本增效，让这家企业在行业竞争中谋得了更大的主动权，也为企业的长足发展积蓄起了更大的后劲。

易乐正筹备在南海区内再新设一个生产基地，以形成“1个总部+3个基地（南京、南海、成都）”的产业布局。曾强说，南京基地辐射的是华东、华北，成都基地对应的是西南，南海基地则是华南，“隔热条是断桥铝里的重要材料，客户聚集在南海”。

布局的背后，是易乐逆势突围的新谋划。2021年底，这家企业召开了一场战略研讨会，提出五年内销售要超过5亿元，五年内在创业板或北交所上市。

易乐的挤压车间

观察眼

抓“时间窗口”要有紧迫感

疫情“黑天鹅”的出现，不仅考验企业韧性，更考验企业的应变能力。换言之，企业应对危机的准备度和适应力到底怎么样？

2019—2021 年，易乐将大量“国产替代进口”的中高端订单收入囊中，实现了逆势突围，充分展示了自身的战略储备。易乐在研发创新上的长久铺垫和决心，体现在它成立 22 年来的多个“首例”中：国内隔热条行业中首家全面采用德国莱茵质量体系认证的企业，获得国家相关部委生产资质认定的全国首批四家企业之一……

不难判断，是过去 22 年对标全球顶尖“选手”、持续提升自身技术和产品质量的选择，让它抓住了新的发展机遇。

“疫情后，市场可能会出现新的重大结构性变化，但一定要仔细分析中长期的影响。”这是经济学家、北京大学国家发展研究院教授周其仁的观点。他认为，佛山企业开发新产品的速度和对新需求的响应能力很棒，但是要思考的是如何把事情做长、做久。

这正是易乐负责人曾强正在思考的问题，也是这家企业 2021 年明确“两条腿走路”策略的根本动因。“不能等，得倒逼自己。”这是曾强在访谈中多次讲到的一句话。没有人知道市场打开的“时间窗口”有多长，唯有提高紧迫感，激活“战时状态”，强化自身竞争力，才是企业的立身之本。

东方澳龙：专注动物保健　与奶牛养殖业同行

“不夸张地说，在国内，所有叫得响名字的乳制品企业，它们的奶牛都要用我们的保健品。”佛山市南海东方澳龙制药有限公司（下称“东方澳龙”）总经理李成应说。

李成应的底气来自东方澳龙在“牛用动物保健品”（动物保健品：专门用于防治动物疾病和保证动物健康的产品）领域20多年的坚守与深耕。作为国内最早研发和生产奶牛保健品的企业，东方澳龙在这一领域拥有多项国产第一和“国产唯一”，曾获“二十大兽药研发创新品牌”“十大畜牧行业民族品牌”等荣誉。

截至目前，国内排名前20的头部乳制品企业均是东方澳龙的合作伙伴。在奶牛的子宫、乳房、犊牛、蹄部四大系统的疾病防治上，东方澳龙的产品占据绝对领先的市场份额。

与我国奶牛养殖业起步晚、发展快的特点息息相关，国内奶牛保健品的发展经历了从学习模仿到自主创新的历程。作为“吃螃蟹的人”，东方澳龙的成长史正是国产奶牛保健品发展的缩影。

率先进入国内奶牛保健品领域

东方澳龙的前身是位于佛山市南海区的集体企业——东方兽药厂。时间回到20世纪90年代，佛山乡镇企业迎来改制大潮，东方兽药厂被后来的东方澳龙创始人承包。当时的东方兽药厂主要生产鸡用保健品，市场也局限在以养殖鸡为主的华南地区。

改制后的东方兽药厂对主营业务进行了调整，其中最重要的一点就是进军牛用动物保健品领域。

这与创始人的海外留学经历有很大关系。他毕业于华南农业大学，曾经前往新西兰、澳大利亚等大洋洲国家生活和工作，也正是在这个过程中，他了解到畜牧大国在奶牛养殖技术上的快速发展，尤其是奶牛保健品的应用大幅提升了奶牛产奶量。

彼时，中国奶牛养殖业还处于起步阶段，牛用保健品主要从欧美、澳大利亚等国家高价进口，国产牛用保健品领域还是一片空白。市场空白往往就是新商机，抓住这一机遇，2002年东方澳龙在创立伊始就率先进入奶牛保健品领域。

2003年，东方澳龙在南海狮山建设了新厂房。2004年，东方澳龙建设了中国第一条奶牛乳房灌注剂生产线，生产用于防治奶牛乳房炎的药品。同年，东方澳龙成为国内首批获得乳房灌注剂GMP（药品生产质量管理规范）生产线认证的动物保健品企业。

伴随着中国奶牛养殖业的发展，东方澳龙走过了两个发展阶段。

早期，中国奶牛养殖以散养为主，很多养殖户只有一两头奶牛，平均产奶量很低。2001年中国加入WTO后，国际乳业巨头开始进入中国市场，逐步引导养殖户朝着规模化的方向发展，同时养殖技术、理念提升，养殖户对动物保健品的需求也不断增长。

在这一阶段，东方澳龙紧跟养殖户的发展，通过经销商网络，实现了全国布局。

2008年是中国奶牛养殖业的重要转折点。基于保障奶源安全的需求，大型乳企开始加速自建奶牛养殖场，养殖进一步规模化、标准化。这给动物保健品企业带来了更大的发展机遇，东方澳龙开始进入大型乳企的供应链，并逐步覆盖头部乳企。

到2018年，东方澳龙销售额突破2亿元，成为牛用动物保健品细分领域的龙头企业。

推动舶来品国产化

在中国，奶牛和奶牛保健品最早都是舶来品。

实际上，我国历史上没有专门的乳用品种牛，主要是役用或役肉兼用的品种。新中国成立以后，通过引进荷斯坦牛与地方黄牛杂交，我国培育出了自己的奶牛品种。此后的发展中，奶牛养殖业也在不断学习和引进畜牧业发达国家的技术。

作为最早一批进军奶牛保健品的企业，东方澳龙也是从学习模仿国际动物保健品企业起步，再逐步实现国产化创新。

“早年，奶牛生病了，我们都不清楚是什么病，只能去请教国外的公司，借助他们提供的录像带学习，后来通过批量购买国外药企的动物保健品，获得了前往海外牧场实地参观学习的名额。”李成应说。

不仅要学习动物保健品的生产制造，还要学习动物保健企业的经营和服务模式。李成应介绍，对于养殖业来说，预防比治疗更重要，因此动物保健品企业要主动培养养殖场使用预防药物的习惯并教授其药物的使用方法。

“随着数字化在奶牛养殖业普及，奶牛的生长周期已经可以精确计算，到了特定时间段奶牛就容易患某类病，我们要帮助养殖场有针对性地使用保健品，避免发病，降低损失。”李成应说。

在学习模仿的基础上，东方澳龙也大力投入研制新产品。2011 年，由东方澳龙独立研制的土霉素子宫注入剂，获得国家新兽药注册证书和生产批文，直至 2022 年 6 月，全国也仅有 4 家企业拥有该产品的生产批文。

2020 年，由东方澳龙独立研制的酮洛芬注射液，获得国家新兽药注册证书和生产批文，东方澳龙成为国内唯一一家拥有该产品生产批文的企业。

近年来，为了确保企业在国产牛用动物保健品上的领先优势，东方澳龙年均拿出销售收入的 6% 作为技术创新团队研发创新专项资金。

值得一提的是，以动物保健品为代表的养殖技术的进步，也推动了我国奶牛养殖业的快速发展。根据中国奶业协会公布的《2021 中国奶业质量报告》，2020 年中国奶牛单产达到 8.3 吨，比 2008 年增长了 3.5 吨之多。

扬长补短打造竞争优势

虽然东方澳龙已经是国产牛用动物保健品领域的佼佼者，但李成应也坦言，企业与国际一流动保企业还有差距。尤其在基础研究能力上，其作为民企先天不足。

对于东方澳龙来说，除了要逐步提升研发能力补足短板，还要发扬长板，继续强化在制造和供应上的优势。与一般制造业不同的是，动物保健品行业的准入门槛较高，下游客户对企业的供应反应速度也有很高的要求。

“长期积累的供应链优势就是企业的护城河。”李成应说。

为了提升生产制造和供应能力，2020 年，东方澳龙在南海狮山投资 1.5 亿元建设了新生产基地，引进多套信息化管理软件、多项国际先进的生产与分析仪器设备，打造了 17 条全自动智能生产线，并且投资 1200 万元建设了研发中心和质量中心。

2021 年，新生产基地正式通过农业农村部兽药 GMP（药品生产质量管理规范）

验收并投入使用。按照规划，新生产基地年产动物保健品2万吨，年产值可达10亿元。该基地也成为华南地区现代化程度最高的动物保健品制剂生产基地之一。

东方澳龙生产车间

此外，东方澳龙还通过加大产学研合作力度，补充企业人才缺口。目前，企业已经与华南农业大学、广东海洋大学、广东食品职业学院、佛山科学技术学院等高校建立长期产学研合作关系，以此引入更多的研究人才，并探索新的人才培养模式。

在李成应看来，中国乳制品行业正处于快速发展阶段，未来也还有很大的增长空间。但由于饮食结构的不同，国内乳制品人均消费远低于欧美日韩，肉类消费也以猪类为主，牛的养殖规模增长始终受限，而牛用动物保健品的市场规模也远比不上猪用动物保健品。

“市场‘天花板’已经是看得到的，除非有新药研发上的大突破，否则未来增长空间有限。”李成应说，另一个困扰是，大型乳企的采购模式已经将奶牛保健品的价格越压越低，利润空间也在缩小。基于此，近年来，东方澳龙开始发力新赛道，进入宠物市场，探索第二增长曲线。

观察眼

隐形冠军要探索“软多样化”

隐形冠军往往专注细分市场，而细分市场又常常规模偏小。这是隐形冠军企业容易遇到的发展困境。以东方澳龙所在的牛用动物保健品行业为例，据李成应介绍，国内市场规模不到20亿元，相比之下，猪用动物保健品则是超百亿元的市场规模。

东方澳龙是少数以牛用保健品为主营业务的动保企业。对这一细分领域的专注使得东方澳龙在市场占有率和创新性上都走在前列。但市场总盘子小也限制了其发展。

要突破市场天花板，在核心业务衰退之前找到具有增值空间的新业务，是隐形冠军企业成长到一定规模后必须面对的课题。东方澳龙的做法就是，在做强牛用保健品的基础上，开拓宠物药品新业务。这一新业务有着显著的特点：一是与原有业务高度关联，可以继续发挥竞争优势；二是处于起步阶段，行业前景好，市场有待挖掘；三是利润空间更大。

对于隐形冠军企业的业务多元化，“隐形冠军之父”赫尔曼·西蒙提出，要紧紧围绕自己的核心技术和客户来开发新产品，即“软多样化”。可以说，东方澳龙所走的，正是“软多样化”路线。

诺普材料：为低压电器“铸心” 挺进行业龙头供应链

从遍布全屋的开关插座到电饭锅、微波炉、冰箱、洗衣机、空调等众多家用电器，一个现代家庭背后有大量电器产品支撑。这些电器几乎都离不开电触头和热双金属元件，两者分别被称为低压电器产品的“心脏”和“大脑”。

鲜为人知的是，这两类元件都经历了艰难的国产化历程。佛山市诺普材料科技有限公司（下称“诺普材料”）董事长王乃千正是电触头材料中环保型银氧化锡材料和双金属材料国产化的重要见证者与推动者之一。

2002年，王乃千在佛山南海狮山创立了诺普材料。依托自主研发的制备方法——化学包覆法，诺普材料生产出性能优良的银氧化锡电触头材料，成功打入施耐德、ABB、泰科、三友继电器等知名电气设备企业的供应链。

如今，诺普材料已经建立起年产200吨银氧化锡材料的自动化生产线，成为细分行业龙头企业。企业不仅获得施耐德电器（中国）颁发的“中国最佳供应商”称号，还在2021年进入工信部第二批专精特新“小巨人”企业名单。

担当重任
推动双金属材料国产化

追溯诺普材料的创立，要将时间线拨回至30年前。

1992年，正是改革开放的春风劲吹之时。一天晚上11点多，时任某电炉厂厂长的王乃千，被佛山市委、市政府通知去开会。会上，他接到了一个重要任务——担任机械工业部热双金属材料项目负责人。

热双金属材料是低压电器的关键材料，也是当年的“卡脖子”材料，欧美企业均禁止向中国出口相关技术和转让生产设备。但是国内发展工业所需的断路器、温控器和彩管等都离不开这一材料。

为了打破“卡脖子”窘境，原机械工业部希望在佛山建立热双金属生产基地，以临近的香港为突破口引进热双金属技术和生产设备。王乃千所在的电炉厂主要做金属材料热处理设备和工艺，他也因此被选为项目负责人。

“这个项目是硬骨头，投资大，关键是别人不肯转让技术。”王乃千回忆说。接下任务后，他开始通过香港公司联系全球做热双金属的头部企业，并且前去参观。但接触后王乃千发现，对方仅仅是希望中国购买产品，一旦涉及转让技术和设备就没得谈。甚至在参观的时候，对方还在设备外100米的地方划了线，只能远看，不能靠近。

转机出现在德国。当时，德国一家热双金属工厂破产，计划出售，王乃千开始接触这家工厂，但遗憾的是，对方虽然愿意出售技术和设备，但要求设备不准拆，要留在德国生产。“我们的目的就是想在中国建厂。”王乃千说，最终没有与这家德国工厂达成合作。

但意想不到的是，德国工厂的出现撕开了欧美企业的技术封锁线。在听闻德国工厂要出售技术的消息后，原来一直拒绝出售技术和设备的几家大企业，纷纷展露合作意愿。最终，在对技术、产能和价格的重重考量后，美国一家中型复合材料公司成为首选合作对象。

然而，在考察这家企业的时候，王乃千又获知一个新信息，欧盟即将实施新禁令，原来的电触头材料银氧化镉将因环保问题被禁止进口，这一改变有可能会使此次引进的双金属技术和设备受到很大的限制。

创新思路
实现银氧化锡制造工艺突破

资料显示，电触头材料是高、低压电器开关和仪器仪表等电器设备元器件的核心材料。而在电触头材料中，银氧化镉材料有着万能触点之称，广泛用于多种低压电器中。

一旦银氧化镉被欧盟禁止，那么国内电器产品会面临出口难题。而国内还不具备生产新型电触头材料银氧化锡的能力，这将成为新的“卡脖子”材料。在经历过热双金属材料国产化的艰难历程后，王乃千萌生了攻坚银氧化锡材料的念头。

“从美国回来后就一直惦记着如何才能做出这个东西。”王乃千说。当年10月，国防科技大学听到佛山电器生产基地在研究生产银氧化锡后，主动前来商讨合作，同年双方签订协议合作开发银氧化锡。最终，在1997年，国防科技大学实现了银氧化锡研发突破，并且在航天继电器上测试后发现其耐烧损性能较原有材料有很大的提高。

然而，实现科研突破并不意味着就能开始规模化生产。银氧化锡是将银和氧化锡两种金属材料结合，既保留银导电性好的优点，又通过添加氧化锡大大提升材料熔点。但是氧化锡非常硬、脆，容易断裂，很难加工成触头。

产业化的难题一卡就是好几年，2002年，王乃千带着两个研究生和一些技术工人一起创业，成立了诺普材料，继续攻关银氧化锡电触头材料的生产。当时，国外企业已经在用合金内氧化法和混粉法生产银氧化锡，这也是生产这类金属复合材料的传统思路。但是用这种方法生产的银氧化锡材料加工性能并不好。

“氧化锡颗粒黏在一起的时候，一碰就会出现裂纹。我们琢磨，怎样让银包住氧化锡颗粒，让氧化锡颗粒相互不接触，从而解决开裂问题。”王乃千说。最终，诺普材料团队创新思路开发了“化学包覆法”，将氧化锡浸入硝酸银溶液中，再加入还原剂，银在还原过程中会自动围绕周边的颗粒集聚形成包裹。

通过这种特殊工艺，诺普材料生产出了高质量的银氧化锡材料，不仅能比传统工艺加工得更薄，并且加工形状复杂的材料也不容易开裂。诺普材料团队在此基础上，开发出银－锡铟复合氧化物电工触头材料及工艺，2008年成功获得发明专利授权。

诺普材料生产车间

极限测试
挺进电气巨头供应体系

在诺普材料突破银氧化锡生产难题后，正在国内寻找银氧化锡材料供应商的全球顶级电气企业施耐德团队正好来到佛山。值得一提的是，由于生产难度大，银氧化锡触头是施耐德最后一种实现在中国生产的材料。

在了解到诺普材料能生产银氧化锡材料后，施耐德上门调研。当时诺普材料厂房小，生产条件也不好，这直接让施耐德打出“否定”牌。但是，王乃千对产品有信心。“你给个机会我们试试看行不行。”王乃千对施耐德团队说。

最终，诺普材料得到了一个送样品的机会。样品于 2008 年 10 月开始在施耐德装机做实验，一直到次年春节，王乃千都没得到回音，忍不住前去询问。“对方回复说不要问，就要做到‘死’，看材料能达到什么水平。”他得到了不明确的回复。

直到 2009 年 4 月，王乃千收到了来自施耐德的反馈，但却是一个质疑，对方问材料是否为诺普材料自行生产，是否存在购买进口材料的行为。

“按照他们定的标准，装机测试结果 150 万次是合格，180 万次是优秀，当时他们在国内没有发现能做 150 万次的，国外的也是 180 万次到 200 万次之间。但我们的材料测试达到 330 万次，所以他们不信。”王乃千回忆道。

为了证实诺普的生产能力，施耐德团队重新进行现场采样和装机测试，得到的结果与初次测试结果一致。诺普材料也成功得到了这个巨头企业的认可。凭借有良好性价比的银氧化锡产品，诺普材料进入施耐德、ABB 等巨头企业的供应链，并成为“施耐德最佳供应商”“ABB 最具价值供应商”。

十几年来，诺普材料一直专注银氧化锡材料的生产制造，其产品质量性能一直走在同行前列。“有很多用其他工艺生产的银氧化锡，但是我们产品的加工性能一直是名列前茅的，产品寿命是其他工艺方法的三倍还高。”王乃千说。

观察眼

技术沉淀铸就厚积薄发

成立20年来，诺普材料专注一个细分领域，专攻一项核心材料，真正在自己的优势领域做到“一米宽、一万米深”。相比同行，诺普材料规模不是最大的，但是质量却是公认的领先。王乃千坦言，有不少同行想找诺普材料做代工，但他坚持不为了做大规模而生产质低价廉的产品。

这种坚持既来自对质量的追求，也基于企业拥有领先技术的底气。诺普材料创始团队自20世纪90年代起就开始专研热双金属材料，此后又在银氧化锡材料摸索十多年，最终另辟蹊径开创出新的技术路线。长期以来，诺普材料始终坚持大力投入研发，同时积极开展产学研合作，长期与华中科技大学、国防科技大学和哈尔滨工业大学保持合作与交流，不断筑牢技术护城河。

事实证明，技术沉淀需要耐心，最后会换来领先优势，也会迎来厚积薄发。在疫情蔓延和国际贸易摩擦加剧的大背景下，2020年以来，诺普材料主营业务收入平均增长率达到52%。这就是专注做好技术沉淀带来的回报。

佛山时利和：
汽车地毯“领跑者” 参与制定行业标准

2022年9月，多批新研发的多功能汽车地毯从佛山时利和汽车技术有限公司（下称“佛山时利和”）出发，运往多家主机厂进行装配。作为一家专业的汽车地毯生产企业，佛山时利和目前已成为多家知名汽车厂商的纯牌地毯配套单位。

专注汽车地毯18年，佛山时利和是国内汽车地毯行业规模最大的企业之一，年产量可达180万套，也是行业标准的制定者之一，服务的客户不仅包括众多日系、德系知名品牌，还有多家新能源造车新势力。根据中国汽车工业协会和广东省汽车行业协会销售数据，佛山时利和在汽车纯牌地毯国内市场的占有率名列前茅。

全站服务获客户认可

位于佛山市南海区狮山镇小塘三环西的佛山时利和展厅内，企业相关负责人拿起其中一块地毯介绍，这套簇绒地毯具有吸音降噪、防水抗污、耐磨防滑、抗疲劳等功能，是国内众多知名品牌汽车的“标配”。

包括簇绒地毯在内，佛山时利和每个月都能生产超过15万套地毯产品，让这家企业成为国内最大的汽车地毯生产厂家之一。从2004年成立以来，佛山时利和累计推出300多款产品，累计出货量超过1500万套。佛山时利和还是行业相关标准的制定者之一，参与制定了汽车行业标准《汽车用地毯》（QC/T216—2019），该标准对汽车车身内地板成型地毯的外观和性能等作出了明确的规范。

在企业相关负责人看来，佛山时利和能够在汽车地毯领域取得如此成绩，首先离不开与整车厂商之间的紧密配合：为更好地向客户提供服务，时利和建立了完整的驻厂服务体制，在新产品研发过程中，技术人员多次前往主机厂，对各车型进行“量体裁衣”、实地测试，尽全力提升汽车地毯的贴合效果。

在生产环节的大力投入，则赋予了佛山时利和过硬的制造实力。在佛山时利和，从地毯开发、生产到各项性能测试都可一站式完成，从开发阶段就启动对产品品质的监控，确保产品品质和性能达到客户的要求和行业标准，大大缩短开发周期，提高响应客户的速度，更为自主研发创造更大的便利。佛山时利和还自主研发了3D地毯热压成型全自动生产线，并通过了IATF16949汽车行业质量管理体系、ISO14001环境管理体系和ISO45001职业健康安全管理体系认证，以及安全生产标准化三级企业认定。

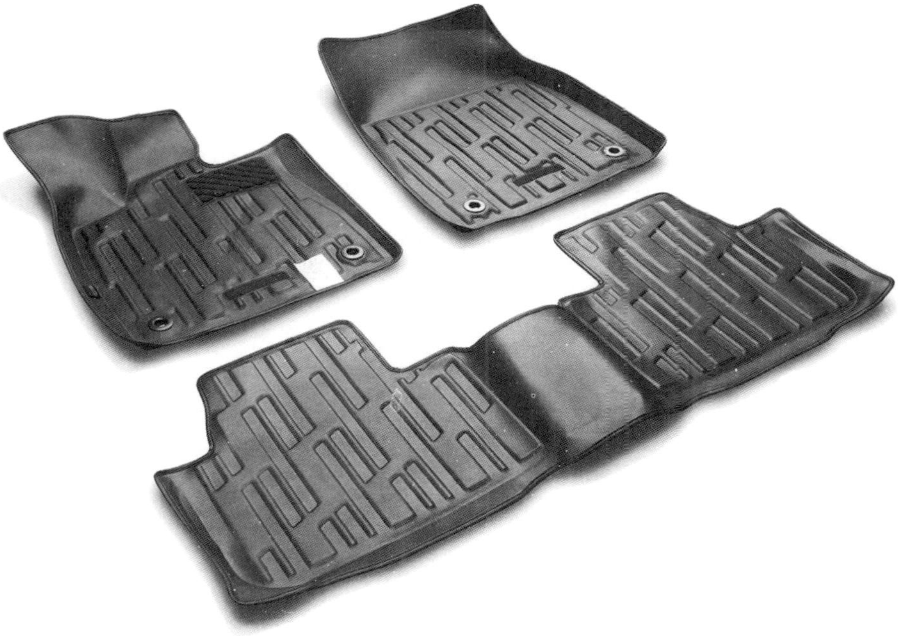

佛山时利和生产的汽车脚垫产品

同时，作为广东时利和集团（下称“时利和集团”）旗下子公司之一，佛山时利和也可充分发挥集团全产业链的优势，精益求精。时利和集团作为省内知名的汽车经销商，在佛山经营着多家特约汽车4S店，保有客户数以万计，能够及时获得第一手的客户体验反馈，从而引导产品开发。

事实上，佛山时利和本身也在不断进行市场调研和产品开发，基于客户提出的性能要求，目前产品线包括多种用途的汽车地毯产品，在防污、降噪、抗菌等方面加大投入，以求产品尽善尽美。

“我们将进一步开拓市场，塑造更高效科学的产销联动体制并打造效能更强的生产机制，在三年内成为国内汽车地毯行业产能及规模最大的工厂之一。”企业相关负责人说。

周密管理保障过硬品质

一套高品质的汽车地毯有多重要？对此，不少驾驶者往往缺乏认知。但品质不过关的汽车地毯，却会给驾驶者带来实实在在的风险：用料不合格的地毯，可能排放甲醛等有害物质，威胁驾驶者的身体健康；而地毯如果尺寸不够精准，更可能卡住油门或者刹车，导致交通意外的发生。

因此，汽车地毯生产厂家必须将品质放在首位，年产量超过百万套汽车地毯的佛山时利和更是如此。企业相关负责人透露，佛山时利和长期严格按照客户标准，从原料到生产各环节严控品质质量，以严格耐久测试保证每一套地毯都经久耐用，同时尺寸精确，完全贴合，充分保障驾驶者的行车安全。

质量保障方面，佛山时利和严格按照IATF16949汽车质量管理体系来把控产品的品质，从设计、规划、开发、量产各个环节实行专人专岗管理监控，并设定相对应的防呆措施和考核措施等，全力保障生产高效、产品优质，并设立了健全的品质保证体系，专人专岗，全面监控产品品质。

在佛山时利和，各项管理制度覆盖了从产品的研发设计到物料的采购，再到产品的制作、成品的检验等各个环节，为管理部、技术开发部、品质部、生产管理部、采购部、销售管理部各部门界定了各自的责任和标准，确保各个部门各司其职、齐心协力保障产品质量。

除了按照客户标准去严格把控每一套地毯，佛山时利和还赋予产品更多的性能，如提升地毯的环保程度和舒适程度，又如外观上更新颖、更具科技感等，甚至实现了高品质“个性定制”，让地毯适应男女老少、五湖四海的消费者的习惯，确保每一位消费者用起来都同样舒适。

“就像豆腐脑南方好甜、北方好咸。同样道理，对车用地毯，不同年龄段、不同消费层次、不同性别的人的需求都是不同的，甚至还会因不同的时间段、气候环境和地域而产生需求上的变化。”企业相关负责人说，“目前我们开发出来的印染地毯、高档手工地毯等个性化产品在市场上的反响特别好，以后也会继续开发出各种各样的个性化新产品。”

携手校企推动技术创新

在佛山时利和看来，汽车地毯是提升汽车驾驶与乘坐体验及整车价值的重要部件之一。因此，即使坚守汽车地毯这一传统行业，佛山时利和也不断寻求工艺和技术上的突破。

早在2014年，佛山时利和就成立内部研发中心，由具有丰富的化纤产品制造经验和团队管理经验的郑攀担任技术开发部科长，负责研发项目的需求分析、设计、开发、测试、发布等各项工作。目前，佛山时利和研发中心共拥有专职研发人员21人，其中本科及以上学历人数占比66.7%。

除自主研发以外，佛山时利和还与省内高校在高性能纺织材料等领域开展技术创新共研项目，推动产品和技术不断升级；与日本制麻SAHAKIT和大野OHNO建立长期技术合作关系，中外合作进行织毯技术、地毯功能等创新研发，并共享海外主流市场最新需求和前沿技术信息。

基于持续不断的研发创新，近年来，佛山时利和在材料处理、织毯工艺等方面取得技术进步，陆续研发多款新型车用地毯，获得授权专利共28件，其中包括1件发明专利和27件实用新型专利。

今后，佛山时利和仍将持续推进与省内高校的深度合作，开展共研项目，突破更多技术瓶颈，并持续导入新工艺及自动化设备，围绕数字化、智能化进行升级。

与此同时，佛山时利和将不断提高创新技术的应用比例。企业相关负责人透露，佛山时利和的抗菌、消臭技术当前主要应用于簇绒地毯及3D脚垫，接下来有望扩大到行李箱垫、座椅套、方向盘套上，以及汽车内饰领域，将借此突破汽车内饰材料安全环保技术领域的瓶颈，实现更高级别的安全环保效果。

“随着经济发展，人民生活水平提高，人们对产品使用体验的要求也日益提高，汽车地毯虽为发展较为成熟的产品，但在提高使用舒适度、赋予产品更多实用功能、提升产品安全环保程度等方面仍大有可为。”企业相关负责人说。

观察眼

唯有不断精进　方能引领潮流

提起佛山时利和，就不能不提及南海区的汽车配套产业集群。2003年前后，随着日本丰田、日产和本田三大整车厂落户广州，南海区提出“广州整车、南海汽配”的定位，引进了本田变速箱、旭硝子、爱信精机等世界500强企业的投资，时利和集团作为本土汽配企业加快增资扩产，佛山时利和应运而生。

佛山时利和在品质保障、技术创新和研发投入上都一丝不苟。因此，企业不仅收获了日系汽车品牌的青睐，还打入了德系品牌的供应链，甚至在新能源汽车的产业版图中也占据了一席之地。

在激烈的市场竞争中，没有任何企业的市场地位不可动摇，企业必须不断精进，方能引领潮流。续写“南海制造”新的传奇，推动产业链迈向中高端，佛山时利和的精神，值得更多南海企业学习借鉴。

三

扬帆出海　逐鹿全球

科智美：让人体工学椅实现“量身定制”

人体工学椅，让久坐更舒适，是都市人生活、工作的好帮手。可能很少人会留意到，这张椅子或许就出自佛山南海企业之手。

位于南海九江的佛山市科智美家具有限公司（下称“科智美”），是西昊人体工学椅的生产制造企业。如今，西昊人体工学椅产品整体销售量超过1000万张，已连续3年位居同类产品全网销售额第一；国外市场表现同样亮眼，目前在亚马逊跨境电商平台上，西昊办公椅销量为国内企业之冠。

如何让一张椅子符合不同人群的使用习惯？如何在国内市场实现线上销售额第一？建立可量化的舒适度评价体系、持续10年的研发投入、坚持打造自主品牌，是科智美给出的答案。

建立可量化舒适度评价体系

2022年9月，科智美研发团队全力为即将推出的新产品开展系列调试。

这款新产品功能更为丰富，除了满足可调节脖枕、靠腰等人体工学椅涵盖的基础功能外，还可以在扶手、脚托等方面根据个人需求进行调节，为使用者提供最大的便利与舒适度。比如，它可根据工作或午休状态调节脚托、躺靠角度；还能让人们在使用手机时将扶手调节到更符合阅读的角度，让人体处于更加放松的状态。

如今，科智美生产车间每月制造出15万张人体工学椅，打包运往国内各地销售。从科智美走出，西昊人体工学椅产品整体销售量超过1000万张，已连续3年位居同类产品全网销售额第一。

除了在国内市场表现亮眼，科智美近年在海外市场板块还实现了新突破，产品远销100多个国家和地区，长期稳居亚马逊跨境电商平台前列。

如何让一张椅子满足不同人群的使用需求？在科智美董事长罗慧平看来，建立可量化的评价标准十分重要。目前，科智美已建立起“631评价体系”，结合仪器测量、问卷调查和用户行为观察三种评测方式，并将三者的数据综合起来评分。具体来说，该评价体系中60%的数据来自仪器测量，30%的数据通过问卷收集，另外10%的数据来自用户的建议和反馈。“通过这套评价体系，可以清楚地看到一把椅子的舒适程度，让一把椅子的‘好’看得见、摸得着。”罗慧平说。

深耕人体工学家具领域，聚焦家庭办公场景及用户需求，科智美将满足用户日益多元化、个性化的需求放在首位，从基础材料的选择到产品开发的全链条，以精准需求倒推研发设计，通过持续优化创新产品，不断提升用户满意度。

“相比市面同类产品，我们的产品能以相对高的性价比，实现更为丰富的功能，让越来越多的消费者能享受到人体工学带来的生活便利与舒适。”罗慧平说。

实现行业技术多个首创

目前，我国人体工学家具产品生产制造企业总体技术水平和研发能力与发达国家相比仍处于较低水平，中低端产品同质化现象较为严重，缺乏创新，产品附加值与利润率水平也较低。

同时，国内人体工学家具行业起步相对较晚，整体制造水平和产品精细化程度与国外知名厂商有差距，在基础材料及制造工艺上，只有少数领先企业具备自主研发、生产所需模具的能力。

为打破这一困局，科智美坚持自主创新研发，近10年来，在产品研发上持续投入大量资金和人力。目前，企业研发团队人员占比约12.5%，研发投入占销售额超4%。企业2019年投入研发费用超700万元，2021年投入研发费用900万元、技术改造费用约1600万元。

以西昊人体工学椅DORO-S300的产品研发为例，为测试出最适合的弹性拨片材料，仅在这一项的实验就超过30万次。这一突破，也让西昊人体工学椅赢得更多消费者的认可，逐步打开更广阔的市场空间。

科智美率先建立了“人体工学数据研究—人体三维模拟设计—座椅形态及结构设计”的专业研发体系，拥有行业领先的人体工学座椅研发技术，获国家专利100余件。

这样的自主研发投入在持续加大。2022年，西昊人体工学椅系列推出多款革新产品，实现行业技术上的多个首创，成为引领行业发展的革新型企业的代表。

比如，2022年5月推出的DORO-C300产品，其腰枕就应用了多米诺腰靠系统，通过腰枕让腰靠与坐垫、椅背，连同身体形成一个连锁式撑腰系统。无论使用者是正坐还是后躺，腰靠都能作相应的力度调整与位置变化，实现对腰部的有效支撑。

上述产品还应用了西昊6D仿生关节扶手，可实现上下、前后、内外、旋转、仰角、联动倾仰6个维度调节，让扶手像手臂一样自由灵活，时刻根据使用者的不同状态，调整到最舒适的角度。

据介绍，科智美成立了人体工学椅行业内第一家人体工学研究院，打造集设计、生产、模拟测试等为一体的成熟研发体系。企业还建立了科智美-CNAS检测实验室、南海区人体工学椅工厂技术研究中心，设立人体工程学应用技术创新试验基地等，主导人体工学研究和产品研发。

科智美人体工学椅产品重力测试

以新消费方式连接目标客户

随着人们对健康生活、舒适工作的不断追求，人体工学行业实现了较快发展，应用领域不断拓展。据天猫平台公开数据，2020年上半年电脑椅交易额同比增长

13.29%，中国市场规模达5000亿元。

紧抓这一风口，科智美坚持深化自有品牌，逐步成长为人体工学椅品类领跑者，品牌提及率稳居行业榜首，在百度、知乎、京东、抖音等平台上，品牌搜索量排行第一。

西昊用户调研及销售数据显示，人体工学椅的用户主要分布在北上广深杭等一、二线城市，年龄在18至35岁之间，多数为注重生活品质及身体健康的青年人群。

为此，科智美在设计西昊人体工学椅系列产品时，在开发产品的每个环节，都将用户列入思考范围，从用户的可用性、使用特征、使用场景上进行产品的研发设计，从而提供更好的产品设计，增强用户体验。同时，科智美不断根据年轻人的实际使用需求、方式，对产品作出优化调整。

区别于传统家具行业，科智美在营销上注重保持与消费者沟通，通过达人种草、用户共创、产品联名款等方式与用户建立连接。同时，通过减少“中间商”差价，科智美打通生产到销售全产业链，由企业把控产品品质，让用户在同等价格上体验到更好的产品品质。

展望未来，科智美将更注重线上销售、线下体验相融合，既提供丰富的购买渠道，也为消费提供一定的体验空间，以场景化的产品应用，帮助用户在购买前作出最适合的选择。

截至2022年7月，全国11个城市已开设了西昊产品的线下体验店，2022年下半年将持续推动西昊“百城千店”计划，未来三年预计完成1000家线下店的布局，基本覆盖国内一、二、三线城市。

观察眼

新消费要抓住核心人群新需求

伴随时下新消费潮流，人体工学系列产品应运而生，不仅在一定程度上为低头久坐一族解决健康办公问题，也打开了消费升级的新蓝海。而人体工学系列产品背后的消费群体，大多是“Z世代”，以及一、二线城市的主流消费人群。

以需求端倒推研发端工作的深化开展，对于极度贴合人们需求的人体工学产品来说，这无疑是一个绕不开的话题。找到精准目标客户，对于产品的研发、生产十分重要。

科智美正是有效击中了核心消费人群的需求，通过不断加大的研发创新投入，使产品更新换代，越来越适应消费者的使用习惯，由此收获更多消费者的青睐。

不仅从消费者需求出发倒推产品研发、生产全流程，科智美还将用户反馈纳入产品舒适度评价体系，多管齐下确保产品满足消费者所需。这样的有效研发，也使企业逐步成为行业领跑者，在国内外取得较高的市场占有率。

华丰纺织：在牛仔布领域练就独门功夫

走进佛山华丰纺织有限公司（下称“华丰纺织”）的访客，可能会被工厂内悬挂的小块白布所吸引。工厂内共有28处地方挂上了这样的小白布。它们是国际知名服装企业放在华丰纺织的环境污染“检测员”，每月都要替换一次做检测，唯有检测全部达标，双方才能继续合作。

“这些‘检测员’上岗已经8年，8年间没有一块布出现检测超标。”华丰纺织副总经理骆运才说。这8年，华丰纺织也稳坐该服装企业婴幼儿梭织面料国内唯一供应商的位置。

华丰纺织所在的南海西樵，是国内主要纺织面料生产集聚基地。在这个“群雄汇聚”的纺织“武林”中，华丰纺织是拥有独门功夫的高手，其在高支轻薄牛仔布料领域的研发和量产能力几乎没有对手。

可以说，华丰纺织的竞争优势离不开两块布，一块是柔软轻薄的牛仔布，这是敲开客户大门的拳头产品；一块是始终洁净的检测布，这是取得客户长期信任的基础。

轻薄牛仔布获一线品牌青睐

牛仔布最早诞生在美国西部，由于质地坚韧耐用，广受工人欢迎，也被称作劳动布。在漫长的历史长河中，牛仔布发生了一系列演变。如今，牛仔布已经成为日常生活中最常见的服饰面料之一。

不过，市面上大部分的牛仔布依然由较粗的棉线织造，普遍硬挺，质感厚重。这一方面成为牛仔布料的独有特点，但另一方面也限制了牛仔布的用途。攻克工艺难点，生产出更加柔软舒适的牛仔布，一直是纺织业界的目标。

华丰纺织是其中的佼佼者。在华丰纺织产品展示区，最为轻薄的牛仔布料，其

华丰纺织车间内，工人们正在整理牛仔布料

重量和手感堪比真丝布料。

“我们最高可以做到80支的牛仔布，而一般市面上的牛仔裤都在20支以内。”骆运才介绍。

支数是面料的一种表示方式，比如40支是指一克棉花可以制成40根一米长短的纱，60支是指一克棉花可以制成60根一米长短的纱。简单来说，支数越高，纱线就越细，织造出来的布料就越柔软、越细腻。

目前，纺织行业能够生产60支牛仔布料的企业都不多见，能生产80支的更是罕见。华丰纺织是行业内第一家能够生产60支牛仔布的企业、第一家生产80支牛仔布且是目前极少数能够规模生产80支牛仔布面料的企业，其轻薄牛仔布产销量在全国同行中名列前茅。

“高支数牛仔布手感如真丝般柔和，上身很舒适飘逸，深受客户喜欢。”骆运才说。凭借轻薄牛仔布和靛蓝色织格这两个拳头产品，华丰纺织不仅在全球纺织服装布料大会上成为关注焦点，也收获了大量一线品牌的青睐。

目前，华丰纺织的客户包括GAP、优衣库、无印良品、Tommy Hilfiger、Levi's、ZARA、Target、Next、COSTCO、沃尔玛等。

在优衣库，华丰纺织的牛仔布料被做成春夏季牛仔衬衫，既有牛仔的质感和颜色，又有丝质布料的柔软舒适感；在Tommy Hilfiger，华丰纺织的牛仔布料被做成女士包上的装饰绑带，过去这一绑带常用丝绸制作。此外，还有客户将华丰纺织的牛仔布料制作成床上用品。

引入智能化手段防纱线“断头”

轻薄牛仔布料优势显著，应用广泛，但其生产难度也不小。华丰纺织能够在高支轻薄牛仔布上始终领先同行，有赖于技术和工艺上的率先突破。

华丰纺织的前身是1956年成立的佛山市棉织一厂，1992年由佛山市棉织一厂改制而成。作为国企的佛山市棉织一厂，给华丰纺织留下了技术和人才沉淀。

自成立以来，华丰纺织一直以出口面料为主，服务众多国际知名服装品牌。这也使得华丰纺织坚持给自身“加压”，以满足客户的需求。一方面，华丰纺织每年都派一班研发人员前往世界各地观看展会，了解最新趋势，平均每年要开发约150种新布料；另一方面，华丰纺织积极与高校合作，在技术和工艺上实现突破，不断满足新型布料生产要求。

实际上，轻薄牛仔布的原理很简单，支数越大就越轻薄柔软。但是支数大了在生产制造环节会产生很多问题，能否攻克生产难题，就成为企业在轻薄牛仔领域的技术分水岭。

以60支牛仔布为例，需要用一克棉花制成超过60米长的纱线。首先，在选材上就要提高要求。“必须要用长绒棉。”骆运才说。长绒棉纤维长，细度和长度都高于一般棉花。然后，要与上游的纺纱厂合作，用特殊工艺进行纺纱。

接着进入最为重要的浆纱环节。生产牛仔布的一个显著特点是需要将纱线上浆染色，浆纱过程会增加纱线的强度，减少纱线上的毛羽。60支牛仔面料的纱线比头发丝还要细，在浆纱的过程中极易发生断裂。而这就是攻克高支轻薄牛仔布料的关键。

为了攻克这一关键环节，除了发挥自身研发人员的力量，华丰纺织积极与湖南工程学院、西安工程大学等高校研究探讨，最终制造出了最合适的浆料配方，同时通过在织布环节引入智能化手段，使得纱线受力均衡，避免手工误差导致的纱线“断头”。

“从60支到80支，我们用了将近两年时间实验，从而形成了一套比较完善的高支轻薄牛仔布的生产工艺，实现了批量生产。”骆运才说。

高标准成就“唯一供应商”

不夸张地说，自成立以来，华丰纺织服务的都是最严苛的服装品牌。这背后，华丰纺织不仅要在产品上达到客户要求，在工厂运营上也要符合规范。“验厂”几乎是大型服装品牌的标配，而比验厂更进一步的是对工厂的长期监测。

8年前，华丰纺织尝试进入优衣库婴幼儿梭织面料供应体系。相较于成人衣物，婴幼儿用品的要求更为严格，不仅要求布料本身不能有任何不合格污染物，还要求整个生产过程都不能产生污染。在成为供应商之前，华丰纺织要经过一年的考验。

也就是在这个时候，华丰纺织工厂内就开始悬挂测试小白布。这些测试小白布需要根据客户要求前往指定供应商购买，每悬挂一个月，客户就会回收进行检测，如此考验一年，检测完全达标后才能进入供应体系。

污染一直是纺织行业被诟病的问题。近年来，在政企共同努力下，纺织行业污染防治已经得到了很大成效。而对于华丰纺织这样长期服务大牌服装商的企业来说，环保工作总是要更进一步。比如在一些会产生气体的生产环节，华丰纺织加装了大型的抽气设备，像抽油烟机一样防止气味跑出。

在布料生产上，染色剂是应用很广泛的化学品。为了满足婴幼儿用品需求，华丰纺织一方面进口安全指数最高的染色剂，另一方面也在染色剂开发上下功夫，成为国内最早用果汁作为天然染料的企业。让可以“进口”的东西替代化学用品，华丰纺织进一步保障了布料的安全环保。

在经过重重考验后，2013年，华丰纺织进入优衣库婴幼儿面料供应体系，并且是该品牌在中国唯一的婴幼儿梭织面料供应商。

而这也仅仅是个开始，客户的检测并不止于早期验厂阶段，而是伴随整个合作过程。

“只要还在供应链之列，就必须每月检测，不管这个月有没有生产婴幼儿服装，都必须要达到检测标准。”骆运才说。也正因此，检测小白布长期悬挂在华丰纺织工厂内，成为一个独有的标志。而长达8年检测“零问题”的记录，也成为华丰纺织实力的有力印证。

观察眼

极致就是竞争力

纺织行业是传统的劳动密集型企业。与被视为“香饽饽”的高科技产业相比，纺织行业被视为“夕阳行业”、低门槛行业。近年来，围绕纺织行业的话题是产能饱和、产业转移、污染防治等。

但现实证明，只有夕阳企业没有夕阳行业，“低门槛”的行业也可以构建“高门槛”的竞争力。在被认为“低门槛”的行业，也崛起了像申洲国际这样的国际巨头，让下游的服装企业竞相前来寻求合作。

华丰纺织也有自己的“高门槛”竞争力，这样的竞争力背后是企业坚持将事情做到极致。在牛仔布料研发生产上，当别人满足于32支、40支的时候，华丰纺织主动往60支、80支前进，从而筑起了其他企业难以冲击的“护城河”。

在污染防治上，华丰纺织也不满足于达到基本标准，而是自我加压，骆运才形容“即便是知道没伤害的气体也不排放出去”。这样的严苛要求也帮助企业成为服装企业的唯一供应商。

实际上，竞争力不只体现在技术难度、渠道优势上，将简单事情做到极致也是一种竞争力。

东方医疗：形成轮椅产业链　打造“爆款矩阵”

佛山市东方医疗设备厂有限公司（下称“东方医疗”）的展厅内，各类轮椅产品一应俱全，铝合金轮椅、电动轮椅、运动轮椅等多款国内首创产品，填补了一个个市场空白。

东方医疗深耕康复辅助器具行业已30年，轮椅是公司的拳头产品，年生产总量达150万辆，不仅做到国内市场占有率全国前三，还出口至100多个国家和地区。

凭借长期技术沉淀，东方医疗对行业发展的赋能从未停下。截至2022年8月，该公司与至少6家医疗器械企业保持技术、人才输出关系，被誉为业界的“黄埔军校”。

品类多样支撑品牌长青

成立于1990年的东方医疗原本从事简单的制药设备生产。最初公司规模很小，头两年一直没找到快速发展的方向。一次，该公司董事长庞建勋经过佛山中医院门口，被一个场景深深刺痛，下决心转做轮椅生意。

“当时，我在佛山中医院门口看到，一位女士用自行车搭载着老人艰难地前行，当年普通家庭除了用自行车运送失能老人去医院，真的没有更好的工具。”庞建勋回忆，1993年，东方医疗在中国商品进出口交易会上抓住商机，正式踏上自研、自产、自销轮椅的道路。

由于过度依赖进口，彼时对绝大多数国内消费者来说，轮椅是可望而不可即的“奢侈品”。

东方医疗副总经理赵键荣介绍，以运动轮椅为例，当时国外产品价格为两三万元人民币，相比于国内物价水平，实属“天价”。正值国内残疾人运动赛事发展期，专业的竞技轮椅严重短缺，广东省轮椅篮球队找上东方医疗：“能不能生产一款物美价廉的运动轮椅？”

正是在这样的背景下，东方医疗开始了运动轮椅的研发。2000 年，由东方医疗研发的国内首辆残疾人专用运动轮椅面市。此后，东方医疗在轮椅功能性创新领域不断结出硕果，研发出国内首辆电动轮椅、儿童轮椅、脑瘫患者专用轮椅。

每一款功能轮椅的背后，都是一类特定人群在不同场景中的使用需求。目前，东方医疗的脑瘫患者专用轮椅按 0 至 6 岁、6 至 12 岁、12 至 18 岁三个阶段划分，满足不同年龄段人群对力量补偿、尺寸、防护、矫正等方面的要求。电动轮椅方面，东方医疗在改进驱动系统的基础上，增加了坐姿摆位，使用者起身站立、躺卧都会更加舒适。

数据显示，截至 2022 年，东方医疗各种轮椅车年生产量达 150 万辆，产品已远销欧美、中东及东南亚等 100 多个国家和地区，推动国内市场由依赖进口到反向出口的转变。不断深挖市场需求，打造“爆款矩阵”，是东方医疗参与市场竞争的“护城河”，也是企业品牌长青的秘诀。

东方医疗轮椅生产场景

技术积淀赋能行业发展

轮椅属于医疗康复器械，从研发到面市需要经过多轮试乘、反馈再改进的过程。当中，东方医疗展现出强大的研发韧劲，形成了企业的核心竞争力。

“在研发脑瘫轮椅时，我们与合作机构把样车推到一所小学，让一位二年级的小学生试乘，让他给出一些体感方面的反馈，然后一步步改善，类似于临床试验的过程。”赵键荣表示，反复试验是轮椅研发的常态。

在赵键荣看来，轮椅研发的难点在于，如何与人的生理结构更好地结合。为准确设定长宽高的基本参数，东方医疗面向受众开展大数据采集；为保证产品的有效性和安全性，东方医疗大手笔购置试验机，开展疲劳测试。“我们对需要加厚、补强的地方重新设计支撑件。”他说。

在与新技术的融合方面，东方医疗与业内企业一同促进了精准电控、精密机加工、碳纤维应用等技术的升级。让轮椅从解决“脚力”问题，到替人思考、辅助“脑力”工作。

庞建勋表示，轮椅的智能化必然要跟“数据”、跟“屏幕”关联，在目前已有电气化辅具的基础上再嵌入屏幕与传感器，根据不同的应用场景采集医用监护、康养锻炼、万物互联等数据，再通过后台人工智能的分析，能指引用户正确地使用适用的辅具，实现人的康复与保健。这就是目前常规辅具不具备的“智能”，也是东方医疗正在致力实现的事情。

一次次引领技术迭代，东方医疗凭借深厚的技术积淀，赋能行业发展，孕育了多家辅助器具企业，堪称行业的“黄埔军校”。

据介绍，凯洋、大洋、顺康达等公司，均是由东方医疗原厂长、部门经理创办的企业，技术和人才一脉相承，顺康达目前已成长为拐杖行业的隐形冠军企业。而祈康、怡康、奕康三家企业作为东方医疗的协作单位，由东方医疗派驻人员进行技术输出。还有很多轮椅的配件供应商以东方医疗的配件为标准参照生产，使佛山地区形成了完善的轮椅产业链。2012年，东方医疗主导组建广东省轮椅标准化技术委员会，此后，公司获广东省轮椅车工程技术研究中心认定，挂牌“中国辅助技术研究所东方肢体辅助器具研发基地”。

未来力争每年增长 20%

不管产品种类、技术如何迭代，“安全”都是医疗辅助行业永恒的主题。

除拳头产品轮椅之外，东方医疗生产的拐杖、助行器、座便椅、沐浴椅、卫生器具、医用护理床，大部分面向肢体失能人士，需求最大的场所是医院、康复院、老人院等机构。“如果使用品质不过关的产品，可能对失能人士造成二次伤害。”赵键荣说。

医疗器械企业需要严格按国家规定的质量管理标准生产经营，这是业内的基本要求。东方医疗内部实施的多个标准高于国标，保障高品质稳定供给。

“比如，国家轮椅标准对轮子的抗压程度没有要求，但轮子抗压性会影响轮椅整体强度，我们将这项指标列入检测范围；再如，脚踏板、坐靠垫没有细化到零部件的标准，我们专门制定了零部件指标。”赵键荣说。

轮椅滑行偏移量是反映“能不能跑直线”的重要指标，偏移量越小，轮椅跑得越直，推行轮椅的人效率就越高。针对这一点，东方医疗的要求同样高于国家标准。

练好自身功夫，东方医疗对未来发展充满信心。

尽管受新冠疫情影响，原材料、人工、外协加工费用不断升高，客户订单量迟迟未能恢复，公司业务受到一定影响，但东方医疗设定的目标是：未来每年产量与产值按 20% 速度递增，5 年后迈上新台阶。

东方医疗的底气一方面来自对市场的洞察。“面对老龄化现象，辅助器具迎来跨界应用的契机。”在赵键荣看来，轮椅不仅面向失能人士，还可以为老年人解决代步需求，让他们“更优雅地行动”。

未来 5 年，东方医疗计划继续增加机器人自动化制造设备，增加多条自动化生产线，联合更多院校做好产学研工作；组建企业联盟，规范秩序，发挥联盟中各企业的优势，做到优势互补，打造行业范本，培育联盟团队，共同研发适合市场和用户的最新产品，抱团突围，共同开拓国内国外市场，满足用户需求。

观察眼

技术人才输出　推动行业发展

走过30余年风风雨雨，东方医疗之所以被誉为佛山轮椅行业“黄埔军校”，就是因为向业内输出了大批技术人才，这些“东方系”人才带着理念与技术，裂变出不少优质企业。

在制造业大市佛山，陶瓷、照明、家电等产业的“黄埔军校”式企业还有不少。早年，佛陶集团拥有众多的“星期六工程师”，他们从石湾前往南庄、西樵、三水等地的建陶工厂做技术指导，推动佛山成为全国建陶之都，功不可没。从佛陶集团走出来的知名陶瓷人不胜枚举，他们创办的企业叱咤商界。据不完全统计，在如今的中国建陶行业中，“佛陶系”的企业有近300家。

东方医疗对外的技术、人才输送，同样推动着行业的整体进步。尽管短期内，同行业的产品供给增加，竞争对手更多了，但恰恰是在你追我赶的环境中，专业分工越来越细，产业集群朝着价值链的更高端迈进，创新活力竞相迸发，这对我国企业掌握国际话语权至关重要。

一枝独秀不是春，百花争艳春满园。当然，老牌企业要想长青，掌握核心技术是关键。从手动轮椅到电动轮椅，再到研发智能轮椅，东方医疗的创新始终跑在行业前列。同时，企业做到适应性的定制、多品种的覆盖、严格的品质控制和高性价比，也是参与激烈市场竞争的有效手段。

凭借敏锐的市场洞察力、强大的研发韧劲以及一丝不苟的品控精神，东方医疗的攀登之路还在继续。

康荣高科：小小陶瓷灯座 点亮全球千家万户

灯具是人们再熟悉不过的照明工具，但鲜有人知的是，一枚小小灯座的背后也有“大学问”。广东康荣高科新材料股份有限公司（下称“康荣高科”）是一家主打陶瓷灯座产品的企业，产品市场占有率达到全国第一，是全国LED照明灯饰行业的百强企业及国内新型陶瓷材料应用的领先者。

陶瓷具有耐高温、耐高压、耐磨、耐酸、耐碱、绝缘等特性，相较于其他材质的灯座，陶瓷灯座在特定环境下稳定性、适用性更好，性价比更高，应用前景广阔。长期以来，康荣高科与众多国际、国内灯饰和家居巨头达成合作，影响力遍及全球。

也正是因为产品特性优势，康荣高科在近年迎来了发展新机遇。伴随新能源汽车、5G通信技术的推广普及，康荣高科的汽车陶瓷配件、GPS天线陶瓷、5G通信陶瓷部件等产品，为企业实现跨越式增长打开了一扇窗口。

差异化优势闯市场

康荣高科是一家以精密陶瓷材料研发及应用解决方案为核心，专注研发陶瓷灯座、塑料灯座及各类灯饰配件、大功率LED陶瓷散热器、陶瓷光源模组、电子元器件陶瓷基体、家用电器陶瓷、新能源汽车陶瓷配件、5G陶瓷滤波器等精密陶瓷部件的国家高新技术新三板企业。

其拳头产品陶瓷灯座，对大众消费者来说并不起眼。人们惊艳于灯光的绚丽，支撑灯泡、连通电路的灯座却往往被忽视，但正是这一枚灯座，影响着灯具使用的安全性、稳定性和持久性。

由于使用偏好的差异，康荣高科的灯座出口、内销比例达到8：2，产品主要销往欧美和日本市场。“以欧洲国家为例，他们大多不提倡使用一体化灯具，因为从环保角度看，灯泡报废之后从灯座上替换下来更方便、更能减少浪费，但也有国家喜欢把灯泡与灯座组合在一起，不需要灯座。”康荣高科总经理颜奇荣说。

多年来，康荣高科与多家500强企业达成了长期战略合作关系。

颜奇荣介绍，康荣高科具有较强的材料研发、产品研发、产品设计以及产品质量管控能力，建立了符合现代企业发展的管理体系，通过了ISO14001环境管理体系认证、ISO9001质量管理体系认证。

同时，要实现全球供货，企业需要具有较强的供应链管理和整合能力。据了解，康荣高科拥有两个大型精密陶瓷制造基地。其中，四会市康荣新材料有限公司通过IATF16949汽车质量管理体系认证，是韩国现代、联合电子等知名企业的供应商，具有原料配方、成型、烧结、后加工、陶瓷表面金属化、模具制造、设备开发等全流程研发和制造能力，产品质量更有保证，产品交付更快速。

专注前沿技术攻关

掌握关键技术，是企业立足市场的核心竞争力。康荣高科打动欧美客户的背后，是一个个潜心研发、攻克难关的实例。

在颜奇荣看来，公司的核心技术有两大方面：一是新型陶瓷材料及陶瓷金属化等工艺技术，二是灯座、光电连接技术及陶瓷钎焊技术。公司在这两方面均取得多件发明专利和实用新型专利。

2021年底，康荣高科完成了5G陶瓷介质滤波器的核心粉体材料技术攻关，目前该领域的介质材料用于高精度叠层定位天线、5G陶瓷滤波器，是公司未来重点产品。

同年，康荣高科与广东工业大学建立联合创新实验室，联合开发无铅压电陶瓷粉体。解决原有压电陶瓷材料锆钛酸铅对水质、空气的污染以及人体的危害问题。2022年6月，项目小试、中试验证通过，该技术成果在医疗雾化应用前景广阔，将成为公司未来一大亮点产品。

总体来看，康荣高科技术力量和储备在行业属一流水平，每年的研发费用投入均在营业收入的5%以上，技术开发人员有51人，建立了省工程中心和博士工作站。截至2022年8月，公司总部及各分公司、子公司已拥有的专利授权数量达70多件，同时获得几十项高新技术产品认证和国际标准认证证书，认定数量保持连年增长的势头。

康荣高科生产车间

增资扩产抢抓新机遇

截至2022年，康荣高科以南海狮山为总部，在广东佛山、广东肇庆、湖南长沙等地建立3个生产基地。公司已陆续研发出可产业化的大功率LED陶瓷模块、新能源汽车动力锂电池陶瓷盖板、5G陶瓷滤波器、污水处理环保设备等产品。

为实现跨越式发展，公司在位于南海区狮山镇的广东省新光源产业基地新建“研发+照明”5G智能制造基地项目，预计2023年下半年正式投入使用。颜奇荣表示，新项目的具体内容包括在该地块上建立集团总部，打造总部经济模式，建设国家级实验室，加大陶瓷应用于半导体、新能源汽车、5G通信材料、环保、电子元器件等领域的高技术精密陶瓷部件产品的研发和销售力度，推进照明灯饰用精密陶瓷部件智能智造的改造提升，以及5G陶瓷滤波器智能智造的重点工序的建设。

“以20多年的专业精密陶瓷研发生产技术能力，康荣高科必将在新能源汽车陶瓷配件、5G陶瓷滤波器市场占得一席之地，开辟我们公司未来发展的又一支柱产业。”颜奇荣表示，康荣高科将力争成为佛山市新材料（陶瓷）产业高技术、高成长性的本土标杆性民营上市企业。

事实上，康荣高科成立之初，就非常重视精益生产、信息化、自动化相关工作。在精益生产方面，公司很早就与专业的精益生产辅导企业3A企业管理公司、标杆精益企业管理有限公司等进行了广泛深度合作，在企业内部全面推导精益生产管理；在自动化方面，公司于2003年起成立了专门的自动化设备研发部门，专注于生产设备自动化的升级改造，已开发出全自动压机、全自动灯座装配机、自动挤出成型机、产品视觉检测机等一系列自动化设备；在信息化方面，2001年，康荣高科导入ERP系统、EAS集团财务管控系统、HR人力资源管理系统、OA办公自动化系统。

为了实现业财一体化、产供销一体化、多组织间结算自动化、集团统筹管控、全面协同运营、精细化管理，从2021年6月起，康荣高科开始推进数字化升级改造，构筑康荣高科数字化核心竞争力，以ERP系统为基础核心平台，集成生产过程执行系统、仓储管理系统、产品生命周期管理系统、产品研发数据管理系统、客户关系管理系统、供应商关系管理系统，实现生产设备5G组网，实现管理数据与自动设备互联；建立以战略管理为顶层，以业务模式、管控模式为核心，以及财务管理、供应链管理、生产管理等为基础的综合数字化管理平台，并在此基础上建立核心数字化中控中心，推动公司智能制造产业转型升级。

观察眼

敢于逆势投资 彰显企业魄力

敢想敢干，是企业家精神的重要内涵，反映在企业行为上，就是面对风口敢于投资。

新能源和5G技术的发展，为众多行业创造了巨大的发展机遇。近年来，不少企业主动向战略性新兴产业靠拢，倒逼自身加快技术研发，推动生产方式、管理模式转型升级，激活了内生增长动力。

对康荣高科来说，企业深耕精密陶瓷材料领域已有25载，屡屡走在技术创新的最前沿，人才团队实力强大，拥抱新风口势在必行。康荣高科积极谋划增资扩产，打造“研发+照明”5G智能制造基地，彰显了企业的远见与魄力。有经济学家认为“企业要敢于在冬天投资”，说的是即便经济形势不佳，企业也不能停止扩张的步伐，侧面反映出企业敢于投资的重要性。

投资只是第一步。面向未来，康荣高科制定了五年发展的目标。目标是宏伟的，任务是艰巨的，如何实现长远可持续发展是公司必须思考的课题。

抢占新赛道往往伴随着风险与挑战。公司负责人坦言发展面临着各种各样的困难，如市场竞争日益激烈，原材料价格不断上涨，公司人工成本不断攀升等，给康荣高科带来更大的挑战。

层层高：
泡打粉“配方专家” 掌握出口定价权

每天，数十吨的泡打粉从佛山市南海区狮山镇打包发出，销往全球90多个国家和地区，被广泛应用在蛋糕、面包、馒头的制作过程当中。

这款畅销全球的泡打粉产品来自南海区本土企业——佛山市层层高食品有限公司（下称“层层高”），公司年产泡打粉约1万吨，80%销往国外市场，产品出口量全国第一。

层层高专注泡打粉研发生产，凭借20多款配方产品构筑企业发展的“护城河”。巨大的泡打粉产销量，使得层层高一跃成为国内泡打粉市场龙头企业，在出口中掌握定价权，推动我国泡打粉行业高端化发展。

做最懂海外市场的企业

泡打粉是一种复配膨松剂，又称为发泡粉和发酵粉，主要用作面制食品的快速疏松剂，在制作蛋糕、发糕、包子、馒头、酥饼、面包等不同食品时用量较大。由于国内外饮食习惯存在差异，起初不少泡打粉供应商都瞄准了国外市场，主打出口。

10年前，层层高总经理招球杰从海外回国，开始探索出口生意。但彼时公司没有专门的出口团队，招球杰通过在广交会上“蹲点”抓客户，慢慢接触到这个蓝海市场。

“要想打动国外客户，首先要诚信，同时要非常专业。”招球杰说，食用制品的口感、适用性要求因地区而异，企业不仅要对泡打粉及其配套产品有深刻理解，还需针对当地使用习惯做出改良。

一场历时三年、足迹遍及五大洲数十个国家的摸底调查就此展开。2014年开始，招球杰带领团队赴海外走访。“从经销商、面包工坊到终端客群，我们对不同国家

层层高赴海外参展

的产品需求、使用习惯以及应用场景做了比较深入的研究，有针对性地抓取潜力市场，构建出一套决策模型。”招球杰表示，摸底调查的前期阶段，他一年内有四分之一的时间在国外，在重点考察地区一泡就是一个多月。

细节之处见真章。比如同样是中东地区，沙特阿拉伯的馕饼体积较大，而也门馕饼则相对较小，对此层层高推出了10克到25公斤复合纸罐、铝箔包装等多款规格包装的产品。除此之外，针对面粉、辅料、烘焙方法差异，层层高大力推动泡打粉配方多样化，目前存量配方已有20余款，是国内同行业拥有泡打粉配方数量最多的企业。

凭借这些独到优势，2017年至2021年，层层高连续5年蝉联中国泡打粉与吉士粉出口量“双第一”，销售范围覆盖90多个国家和地区，公司的主要品牌“层层高”和“大卫贝克”得到了全球客户和市场的认可，并与世界百年烘焙企业“瑞士BAKELS”、欧洲烘焙第一品牌“BACKLADRIN”以及上市公司“安琪酵母”形成了战略合作伙伴关系。

企业实力的壮大，提升了层层高在国际贸易中的话语权。至2022年，层层高在多个国家拥有产品定价权，坚持与客户签订到岸价，保障了企业经营利润水平。

以数字化改造提质增效

当前，市场上的泡打粉品种林林总总，业内普遍认为“多、快、好、省”是一种比较直接客观评定泡打粉品质好坏的方法。比如，“多”是指泡打粉的产气量要多；“快”则是指泡打粉应用起来，要见效快、蓬松快。

为了让每一款配方产品呈现出最佳效果，层层高加大了研发投入。据招球杰介绍，公司每年的研发费用占营收总额的5%—10%。“以前的泡打粉市场，大家都是单一产品闯天下，如今多品类发展成为趋势，企业要保持竞争力，必须不断开发新品。”他说。

招球杰透露，下一步层层高将主攻冷冻面团专用泡打粉的研发。相比于此前的产品，冷冻面团专用泡打粉，在低温冷冻时保持不发酵状态，在加热烘焙时能实现快速反应。据介绍，目前层层高已与国内某高校开展联合攻关。“该技术尚未成熟，很多企业都在摸索，按进展来看我们是很有机会成功的。”招球杰说。

奠定技术领先优势的同时，层层高正通过自动化和数字化改造，扩大产能并实现降本增效。

“层层高老厂区逐渐无法满足新订单生产需求，出现了供不应求的情况。”招球杰坦言，这已成为企业发展的制约因素之一。为了解决这个问题，公司计划在2023年购入新地块2万平方米，推动全新的自动化和数字化先进工厂建设。该工厂预计2024年底投产，将实现工作流、物流、资金流的信息化管理，使得工厂内部与上级组织成员之间高度协同、资源共享。在招球杰看来，产能扩充必须建立在数字化生产的基础之上，要一开始就把事情做对。

大举进军电商直播赛道

数字化工厂是承载层层高未来“五年五个亿”发展目标的支点之一。面向未来，招球杰对公司的发展充满信心。

以层层高拳头产品泡打粉的市场潜力来看，由于人口数量及饮食习惯趋于稳定，短期内市场对泡打粉的需求量不会有太大提升，但消费升级正不断推升市场专业度，功能性、专业性更强的产品将在激烈的市场竞争中占有一席之地。多品类切入细分场景恰恰是层层高的强项。

2020年以来，全球疫情叠加国际环境的不确定性，给不少外贸企业的生产经营带来了挑战，但层层高却实现了逆势增长。“我非常喜欢‘危机’这个词。”在招球杰看来，有“危”才有“机”，疫情下，层层高抓住居家烘焙需求井喷的市场机遇，顺势推出方便居家使用的小罐装泡打粉，打造出多个“爆款”产品，有商家提前数月付款等待订单排产发货。

于危机中觅转机，这不是层层高的第一次。招球杰归国出任层层高总经理时，层层高的年销售额不到500万元。彼时，他制定国内代工、国际代工和自有品牌销售相结合的发展策略，同时开展对烘焙行业知名品牌的收购行动，并逐步组建起海外销售团队，吸纳国内外一线品牌紧密合作。“一条腿走不动，两条腿跑不远，我们三个轮子一起来，不仅要走出去，更要走上去。”在层层高企业宣传片中，这句话令人颇为振奋。

在招球杰的规划中，接下来，层层高要在新建生产基地、引进优秀人才、加大技术研发投入、拓展直播电商渠道、主动承担社会责任等5个方面持续发力。

事实上，层层高是较早“触电”的企业。早在2015年，为了抓住“互联网+”的风口，层层高组建电商事业部，将“大卫贝克”推向烘焙行业电商市场，在家庭烘焙领域收获了消费者的认可。近两年，受国内外大型展会延期的影响，电商直播成为企业展示形象、开辟销售渠道的“新窗口”，层层高打造全资子公司大举进军电商直播赛道，让产品无限贴近消费者。

观察眼

危机时期检验企业"日常功夫"

危机考验企业的"日常功夫"和"非常功夫"。层层高是一家跨越多次危机成长起来的企业，从企业一次次扭转局势、逆势增长的历程看，我们可以找到企业破局的"密码"。

非常时期应有非常之策。招球杰担任层层高总经理之初，公司生产经营一度面临困境。在这样的形势下，招球杰敢于打破常规，制定"三个轮子一起转"的策略，同时开拓国内国外两个市场、两种资源，且不忘打造自有品牌，使得企业发展的道路越走越宽。

非常时期检验日常功夫。新冠疫情影响下，商品外贸的通路一度中断，层层高在2021年也曾面临货柜紧张、船运价格高涨的挑战，盈利压力增大。但凭借长期以来在市场上的影响力，层层高掌握了出口定价权并长期与客户签订到岸价，在综合分析大市行情以及竞争对手的定价策略之后，制定具有竞争优势的价格，对冲风险，实现盈利。

定价权是企业市场地位的体现，并非每家企业都能实现这一步；"三个轮子一起转"也因企而异，不同企业出口与内销的情况无法比较。如此观之，层层高的经验较难复制。但我们仍能从这家企业的故事中，发现"变与不变"的道理。所谓应变，彰显出企业敢想敢试的魄力；所谓不变，是做好过冬的准备，在隐忍与沉淀中打造参与市场竞争的"护城河"。

危机来的时候再去想如何应对，已经晚了。对更多佛山企业来说，从日常做起，将关键技术牢牢掌握在自己手中，对内不断推进精益化和数字化改造，对外平衡布局，降低单一市场风险，一开始就把事情做对并持之以恒，找到自己的核心竞争力，或许就是应对危机最好的办法。

金星徽：加湿器做成大生意 收获出口“爆单”

作为“全球工厂”，2021年，中国向全球出口了超过1500万台加湿器。若以一台加湿器一小时加湿量500毫升计算，这些加湿器一小时就可以向空气中释放7500吨水，相当于500万平方米森林的日蒸发量。

其中，一家主营加湿器的佛山企业“功不可没”。它不仅产量大，加湿能力也更加强劲——佛山市金星徽电器有限公司（下称“金星徽”）生产的AI智能热混合加湿器，一小时加湿量可达1升，被广东省家用电器行业协会鉴定为同业唯一、行业领先。

2021年，富通天下外贸营销管理云平台的数据显示，金星徽AI智能热混合加湿器出口量为106.24万台，占当年全国加湿器总出口数量的6.70%，位居全国第一。推出AI智能热混合加湿技术，成为全国加湿器出口量最多的企业，金星徽是如何做到的？

专利技术解决行业难题

人体最适宜的湿度是多少？金星徽找到了答案：人体最适宜的湿度范围是45%—65% RH，在温度为20℃、容积为100立方米的密闭空间内，这一湿度范围大约相当于空气中含有708.54—1062.81克水。

由于冬季室内的相对湿度可能低于20% RH，这就为加湿器提供了用武之地。但在日常生活中，室内环境很难做到绝对密闭，看不见的空气对流会带走空间中的水分，同时家具、墙面、地板等也会吸收水分，这就要求加湿器快速、均匀加湿，减少加湿过程中的水汽损耗。

金星徽的“AI智能热混合加湿技术”就旨在解决上述问题。产品搭载的AI智能控制系统，可自动识别空间大小及环境湿度，智能匹配不同加湿模式，并在加湿过程中根据环境湿度变化而调整加湿档位，使10—100平方米的室内湿度保持在人体最舒适的60%±5% RH范围内；热雾功能则利用冷热交换的原理，让水分子能够快速扩散到室内各个角落，达到均匀加湿，最大雾化量可达1000ml/h。

"只需要开机15分钟，约100立方米的空间的湿度即可均匀地上升，远远超过竞品水平。"金星徽董事长蔡镜波说。

这一独门绝技的背后是"AI智能热混合加湿技术"的创新设计。蔡镜波介绍说，该加湿器由储水腔、进风口和出风口壳体构成，进风口和出风口通过风道相通，加热水槽、超声波水槽与储水腔通过水道相通，雾化腔、汽化腔作为风道的一部分串接于风道中，通过独特的风道设置降低了加湿器的工作噪声，在同等能耗的状况下加大了气雾扩散面积。

不仅如此，当热雾功能开启后，水槽中水温可以高达100℃，搭配波长为254nm的短波长UV灯，能够有效杀灭水中的细菌等微生物。来自广州微生物实验室的实验数据表明，金星徽AI智能热混合加湿器对大肠杆菌的杀菌效率可达99%。

截至目前，"AI智能热混合加湿技术"被广泛运用在金星徽加湿器产品中，包括上加水加湿器和下加水加湿器等，也收获了用户赞誉：一项针对200名顾客的问卷调查显示，顾客对运用"AI智能热混合加湿技术"的满意度达到98.99%。

创新研发保障技术优势

研发热混合加湿器，说起来容易，做起来却难。金星徽研发总监还记得，在研发热混合加湿器的过程中，团队先后遇到了材料的耐温难题、不同区域的水温控制难题、冷雾和热雾的混合难题，以及产品噪声难题；而如果要将上加水功能与热混合相结合，研发人员更需要攻克密封的可靠性、水位高度的控制以及下水和补水的控制等难题。

为此，在第一代热混合上加水加湿器上，金星徽采用了水位隔离器方案来解决漏水问题。随后，为扩大热混合及上加水技术的适用范围，金星徽又研发了第二代技术，通过具有发明专利的双阀技术保障了密封的可靠性、良好的杀菌性，用户使用体验也有所提升。

接连推出创新技术，离不开企业持之以恒的研发创新。近3年，金星徽历年研发投入占总营收的比重都在4%以上，一线产品设计工程师达到15人左右。除购置了灼热丝测试仪、耐压测试仪、示波器等常规测试设备，金星徽还定制了30立方米的步入式恒温恒湿房、干燥箱、风量测试仪等一批特制设备。正在建设的设备包括背景噪声小于18分贝的静音房、温湿度变化展示系统等测试系统。

“温湿度变化展示系统可对达260立方米的空间内的温湿度变化进行变化速率、均匀度、各点温湿度的采样、计算和展示，为行业首创。”蔡镜波说。

提高新品研发力度和质量水平，既需要加大研发投入，也需要改善研发机制。近年来，金星徽对研发中心的组织架构进行了重组，将原来的技术部分为研发部和检测中心，前者专注产品研发创新，后者专注产品及零件的性能、质量的检测确认，各有侧重、各司其职。

为激励员工的创新主动性，金星徽在内部实行绩效考核，评选进步团队奖、优秀团队奖、成本控制奖、鼓励学习奖、精忠奖、最佳敬业奖，提供股份激励、职业晋升通道、专业职称评定通道、成果转换等奖励，每年组织研发团队培训学习。

同时，金星徽还与佛山职业技术学院机电工程学院建立产学研合作基地，取得了“一种自动调整控制屏角度的塔扇”等实用新型专利，该创新成果已应用于金星徽风扇类产品。

持之以恒的研发投入和用心打造的创新机制，转化为企业各项创新成果。截至目前，金星徽已经取得有效专利55件，其中发明专利8件、实用新型27件、外观设计12件、PCT专利申请8件。2020年以来，金星徽还先后获得“广东省知识产权示范企业”、佛山市“专精特新”企业等荣誉称号。

数智转型助阵品牌升级

走进金星徽生产车间，只见偌大的车间内，自动化注塑机和机械手、全自动螺丝机、激光雕刻机、全自动吹水控干机、全自动净水循环系统等自动化设备运转自如，工人各司其职，各项工序井井有条。

这一幕是金星徽数字化、智能化转型成果的写照。近年来，为加快响应市场的速度，金星徽引入了ERP管理系统、生产管理系统、设计系统、库存管理等信息化管理系统，对计划、生产、业务进行了数字化、智能化改善，构建了数字化车间。

数字化、智能化转型，为金星徽带来了更高的生产效率和更可靠的品质保障。金星徽副总经理、财务总监袁子学介绍，在产品装配工序，以往人工完成一个动作需要2秒到3秒，如今自动化设备不到1秒即可完成；设定标准扭力、标准定位并采用标准化零部件后，自动化设备还可防止人为打偏、打不紧及工作疏漏等现象发生，将良品率由以往的95%提升至接近99.9%。

数字化、智能化转型还帮助企业降低了生产成本。袁子学透露，原来每个作业岗位需要2至3名工人分工完成，自动化设备将多个岗位合并在一起作业，每个岗位可节约1至2人，不但节约用人成本，还减轻了员工的劳动强度。

“自动化设备投入生产后，以往的生产效率低、质量出品不稳定、用工人数多、作业烦琐和劳动强度大等问题纷纷迎刃而解。”袁子学说。

金星徽还将数字化、智能化工具应用到制造之外的环节。例如，在管理上，企业以计算机虚拟技术，对“人、机、料、法、环、测”等生产资源与生产过程进行设计、管理、仿真、优化与可视化等工作，精准管理控制生产资源、生产设备、生产设施及生产过程；在办公上，金星徽成立了IT部门，让数字化覆盖人力资源管理、OA办公等，提高了企业办公效率。

在数字化、智能化技术的助力下，金星徽在产能、成本、品质方面有了大幅度的提升，年产能规模从2020年的3亿元增至今年的5亿元，实现了60%以上的增长。

“我们将始终坚持‘以创新制造为荣’‘质量就是生命’的理念，为员工创造机会，为用户创造价值，共同创造价值，共同分享价值，把金星徽打造成为中国健康家电的高端品牌。”蔡镜波说。

金星徽展厅

观察眼

小家电也有大学问

一款加湿器可以有多复杂？如何快速加湿？如何均匀加湿，避免水蒸气下沉？如何在加湿的同时杀菌消毒？众多问题，让加湿成为一门复杂的“大学问”，也催生了金星徽各项技术创新：从AI技术、热混合技术，再到UV技术、双阀技术，众多“看不见”的创新，只为做好一款加湿器。

做好小小的加湿器，为金星徽带来的是大市场。据统计，金星徽每年出口加湿器超过106万台，加上国内市场，企业年销量超过126万台，这组数字不仅领先行业，更超越了众多行业巨无霸。

可见，当市场充斥着同质化的小家电商品，日益“内卷”之时，真正能够解决用户痛点的产品却始终稀缺，愿意深入研究产品的“大学问”的企业，就能享受到与众不同的市场机遇。小家电隐藏着“大学问”，也隐藏着南海制造业企业逆势突围的绝招。

水晶岛：
水疗设备专家　全球布局开门店

泡在一个充满科技感的智能按摩浴缸里，是什么感受？

在智能电控系统的指挥下，上百个零配件同时工作，喷水嘴涌出的水流温柔地“打”在你的后背、腰部、腿部、脚部的穴位；水温可随意调节，也可以保持恒定。

广东水晶岛智能健康股份有限公司（下称“水晶岛”）做的正是这种“美妙生意”。企业成立于2008年，4年后创立了自有品牌，SPA智能按摩浴缸和SWIM SPA智能按摩泳池是它的两大拳头产品，年总销量居全国智能水疗设备行业前两位。它是国内同行业中第一家“出海”的品牌企业，销售网络遍布全球70多个国家和地区。

“我们瞄准大健康产业的发展前景，在建新厂房已经封顶，投产后产能将是目前的15倍。”对于未来，水晶岛董事长何志铿信心十足。

技术引领
实现舶来品的国产化

何志铿的信心来自水晶岛的技术沉淀和市场积累。

“美妙生意”并不好做，门槛极高。按摩浴缸和按摩泳池都是舶来品，在欧美发达国家深受高端用户欢迎，电控系统、关键材料等核心技术一直被外国垄断。

水晶岛在创立之初曾为国外品牌代工。但贴牌代工本就是一把双刃剑，产品需要通过海外品牌企业的渠道进行销售，难免会遭遇对方在售价等方面的压制，使企业时常陷于被动。

为改变这一局面，水晶岛在2012年成立了自有品牌和第一家海外全资子公司。这一转型的难度可想而知。智能水疗设备行业在国内刚刚起步，上下游产业链协同创新链条薄弱，从电控系统、关键材料到生产工艺，都要水晶岛靠自身能力来突破。

梳理水晶岛的技术历程，可以看到许多个国内的“行业首例”：首例高低温实验室、首例自主研发控制系统、首例建立完整SPA产品制造标准体系的企业……

敢于挑战的精神，让这家企业完成了技术突围。近年来，它不仅在国内泳池行业中率先成功开发出“高效过滤按摩浴缸”“大流量激流泳池”“全身按摩浴缸”“智能变频逆流泳池”等高新技术产品，更成功研发出产品专用的电控系统，摆脱了该系统必须依赖海外进口的局面，使其产品新功能的应用速度得到有效提升。

如今，水晶岛拥有行业内最大规模的研发体系，包括50多名专业工程技术人员，4000平方米的工程研发中心，获得了76件授权专利。工程研发中心与国内高校开展了长期的产学研合作，下设智能理疗设备研究室、水循环研究室、水处理研究室、电控系统研究室、零配件研究室、化工类研究室等，这些功能模块，为其泳池产品的前瞻性研究和开发提供重要支撑。

自有渠道
为闯荡海外高端市场开路

在国内同行中，水晶岛是个特殊的存在。这种特殊不仅表现在对自主技术、自主品牌的极致追求，还表现在对自主渠道的执念上。

当许多企业都倾向于到国外并购技术和品牌时，水晶岛选择了一条看起来不太一样的道路，从2012年创建自己的品牌起，它就通过新设或并购等方式扩展海外市场。“与其维持代工微薄的盈利，不如转型，培育自主品牌在海外盈利；与海外客户讨价还价，不如拥有自己的渠道。”何志铿说。

正是出于上述考虑，近年来，水晶岛从研发到生产、销售、售后、物流等方面着手，持续将自身的海外产业链做全。至2022年，该企业已在全球建立了多家子公司和数十家自营门店。它们分布于大洋洲和欧洲等地，成了水晶岛拓展海外的重要渠道。

渠道铺设好了，但需要解决的难点还有不少，提高响应决策效率是其中一个。因为水晶岛大量销售都在海外，“我们找专业的软件商合作，开发了可实现全球互连的ERP平台和零售系统，集成CRM、MES等多场景的运用”，何志铿说，通过这个平台，水晶岛实现了客户网上下单、企业直接生产的销售模式，极大降低企业制造成本。与此同时，全面的信息化建设还帮助水晶岛实现了内部物流、资金信息与信息流的集成，有效提高了企业对客户和市场的响应决策效率，增强了企业的市场竞争力。

在水晶岛，数字化工具被应用在销售和生产环节。2019年起，这家企业从顶层设计入手，开始打造原生数字化工厂，已经建成数字化标准化车间及立体仓库，实现了产品数字建模、工艺数字化、生产作业数字化、物流数字化、全价值流数字化。何志铿说，水晶岛致力成为智能制造数字化工厂的标杆企业，正努力成为SPA/SWIM SPA产品世界级智能制造商。

水晶岛的生产车间一角

严控品质
将布局国内市场

在持续开拓销售渠道、革新管理方式的同时，水晶岛在品控上表现出了近乎苛刻的追求。“对于返修率，在国内外同行公认的最优数值的基础上，水晶岛自我要求须达到千分之几。”何志铿说。

要做到千分之几的返修率并不容易。一个按摩浴缸的出水点可多达500个，要保证生产过程中不出现缸体和性能问题，非常考验工艺技术。运输也是一道难题。因为产品要漂洋过海卖到欧洲、大洋洲，这意味着，它们不仅要经受住穿越赤道时货柜内可达80℃的高温，还要扛得了船行北冰洋时零下60℃的低温。

为了实现这一点，水晶岛的产品在出厂前需经过77个项目合格检测，确保安全性能和使用功能正常。同时，依照相关产品技术标准，这家企业根据产品独特的户外性能要求，结合国际能源能耗标准，制定了《喷水按摩健身缸（池）》《智能健身按摩浴缸》2项企业标准，对产品户外性能测试、地区气候模拟测试、原材料物理性能、耐化学性能和能耗测试等均作出了明确规定。

凭着严苛的品控，水晶岛的产品取得了澳洲 ITACS-SAA 认证和欧盟 CE 认证，产品符合全球知名的 Intertek 认证机构或其他国家权威检测机构的检验标准要求。

如今，水晶岛的销售网络遍布全球 70 多个国家和地区。其中移动按摩泳池销量全球领先。由于质量稳定，技术创新，企业的产品销量持续上升，新客户逐年增加。

“未来我们将进一步布局国内市场。”何志铿说，国内将成为这个行业未来最大的市场，水晶岛将加快市场开拓的步伐。

产品和技术创新依然是这家企业最为看重的内容，加快建设的新厂房项目中，便包含了一栋高 6 层、建筑面积近 1 万平方米的研究中心。“我们将加大对康体、环境、能源等相关领域课题的研究，以确保产品和技术可持续在全球领先。”何志铿说。

● 观察眼

提升自主价值 实现市场突破

仅用了10年时间，就做到了智能水疗设备细分领域国际销量领先，水晶岛的故事，再次说明了“自主”的价值。市场的竞争永不停息，尤其在科技、制造行业，只有自主、自强，不断创新，才能在激烈的市场竞争中谋得突破。

水晶岛在创立之初曾为国外品牌代工。在产业初期，代工是一条捷径，但若将目光放长远，代工模式是一把双刃剑。“与其维持代工微薄的盈利，不如转型，培育自主品牌在海外盈利；与海外客户讨价还价，不如拥有自己的渠道。”水晶岛董事长何志铿的话，表明这家企业在企业定位和发展战略上的清晰认知。

凭着过硬的技术和制造实力，水晶岛本可以在代工模式中“躺平”，但它选择了一条最难走的路。“难，就是护城河；难，别人就杀不进来。”经济学家、北京大学国家发展研究院教授周其仁分享的观点，正好可以用来解释水晶岛的策略。

将技术、品牌和渠道牢牢掌握在自己手中，并以严苛的品控筑牢“护城河”，现在看来，水晶岛这种既进取又稳健的“出海”策略，成效已慢慢显现。

美特机械：气动钉枪龙头 迈向品牌“出海”

沙发的皮面固定、橱柜的封边紧固……或许你没有意识到，广东美特机械有限公司（下称“美特机械”）的产品，可能就隐藏在你家中看不见的角落。

作为国内工业级气动钉枪行业的头部企业，美特机械研发生产的钉枪及配套耗材大量应用于家具制造、家居装潢、建筑、家电等行业，如知名家具制造企业慕斯、喜临门、欧派等，都是其客户。

从气动钉枪的“世界代工厂”重金揽才，起步即以欧美、日本技术标准打市场的美特机械，历经20多年的发展，不仅推动了国内气动钉枪的进口替代，在同等品质之下大幅降低产品价格，更反向“出海”，产品出口88个国家和地区，与国际品牌同台竞技，抢夺市场。

技术突围实现进口替代

在淘宝App上输入“气动钉枪”，琳琅满目的产品映入眼帘。其中，有德、美、日等国的进口品牌，但绝大多数还是各类国产品牌。

很难想象，在2004年以前，这一行业进口品牌占据国内市场的90%以上。“2004年以前，全国做气动钉枪的厂家不超过6家，现在数都数不过来。”美特机械副总经理唐杰超说，在2004年以前，德、美、日等国站在这一行业技术前端，其产品在国内占据绝对优势，价格也相对高昂。

中国制造如何在技术和品质上实现进口替代，是当时气动钉枪行业的共同话题。这也是美特机械创立的初衷——在国内市场生产好用、不贵的气动钉枪产品。

1996年，美特机械从一把“蚊钉枪”开始，从气动钉枪的进口贸易代理，转入制造领域。两年后，美特机械成立了自己的研发团队，而团队负责人，是美特机械从台湾重金“挖”回来的。

“当时的台湾，是气动钉枪行业的‘世界代工厂’。”唐杰超说，美特机械从成立之初，就已经明确“以中国制造替代进口”的目标。而要做到这一点，最具操作性与性价比的方案，就是“站在巨人的肩膀上”。因此，他们将目光放在聚集了全球一流气动钉枪企业的台湾。

经过漫长的探寻、沟通，美特机械成功从中国台湾请回一名日本知名气动钉枪品牌代工企业的技术负责人，并以其为牵头人，组建研发团队，开启了引入国外先进技术加自主研发创新的技术之路。

在这条道路上，美特机械除了自身发力，还积极与高等院校合作，如与华南理工大学建立校外教学实习基地，与华南农业大学签订联合培训研究生合作协议，与广东工业大学联合开发耐冲击高性能橡胶材料等，不断引智育才。

截至2022年8月，美特机械拥有有效专利数48件，其中发明专利4件，实用新型专利37件。通过持续研发，美特机械已开发出18个系列超过300多款产品，成为国内工业级气动钉枪领域产品系列最全、运用产业最广的企业，产品广泛应用于家具制造、家居装潢、建筑、包装、家电、汽车、工艺品和畜牧等行业。

美特机械生产车间

以国际品质赢得国内市场

根据深圳中为智研咨询有限公司所做的调查，2021年，美特机械在中国气动钉枪市场的销售额稳居同业前三。尤其是工业级的气动卷钉枪，市场占有率更是一路领先。

“性价比高、有品质。”唐杰超如此总结美特机械成功实现进口替代、攻占市场的原因。在美特机械，所有产品性能均对标欧美、日本等的世界级一流品牌产品。

一组内部测试的数据显示，美特机械生产的应用于家具制造业的气动钉枪产品，能够无休止连续作业8小时以上，激发100万次左右。而国内普遍的标准，是5万至30万次之间。

不输国外一线大牌的性能，价格却仅为同性能一线大牌的几分之一。过硬的品质，超高的性价比，让国内更多追求品质与性能的制造企业选择美特机械的产品。以家具制造企业为例，喜临门、慕斯、欧派等一众知名企业，均是美特机械的忠实用户。

一个让唐杰超印象深刻的例子，是2009年，物流快递还没有现在那么发达，华东、华北的两个客户专程坐飞机过来，各自购入3把卷钉枪，再乘机回去。

品质之路永无止境。为进一步提高产品质量，美特机械在2021年成立数字化运营中心，引进和组建数字化、智能化、信息化人才团队。

需要说明的是，美特机械是行业内为数不多的，集研发、生产、销售于一体，从原材料购进到组装成品入库，85%以上的生产工艺均自主完成的企业。仅生产环节，生产工序就包括上下料、压铸、钻孔、抛光、冲压、打磨、喷漆等，其中传统非智能设备占比较大，加工工艺多数采用半自动或人工作业的方式，导致人工成本高、产品质量稳定性不足、产品返工率偏高等问题。

2021年至2022年，美特机械投入近3000万元，引入数智化的软件管理系统，以及进口立式加工中心机、数控车床、机器人等先进设备，进一步提高气动工具的气密性、耐用性，生产效率、产品质量的稳定性得到有效提高。

品牌“出海”瞄准全球市场

在国内已经成为细分行业的领跑者，美特机械开始以品牌“出海”为方向和目标，迈出全球化的步伐。

事实上，美特机械从1996年开始进入制造领域，就已明确进口替代的发展路径，实行的是多品牌策略，旗下品牌包括美特、奔特、绿宝、杰宝等。

2002年，美特机械有过一次战略升级，将目标调整为以美特为品牌，打造国内专业级工具领跑者，实现由技术引进到反向“出海”的转变。也是从那一年开始，美特机械将当时的旗下品牌进行归并，全力输出“美特”品牌。

6年后的2008年，美特机械开启品牌出海阶段。先攻下需求大的国家，站稳脚跟后，再攻克欧美发达国家市场，这是美特机械的全球化策略。

“产品出口88个国家和地区，出口收入占总营收的20%。”唐杰超介绍，截至2022年8月，美特机械已在东南亚及非洲、拉美等地区树立品牌。在美国纽约设立的分公司，也已进入第8个年头，主营美特机械自主品牌气动钉枪。在与国际一流品牌同台竞技8年后，美国分公司营收实现5倍以上的增长。

如今，“美特”气动工具产品已成为广东名牌产品，在广东有超过200个经销商，其他省份的省、市代理超过1000家，线上也在天猫、淘宝、京东等多个电商平台建立自营店，搭建了完整的国内销售网络，并在欧洲、美洲、东南亚、南非等地设有网点。

“目前国内气动钉枪的市场大概在10亿元左右，国外是一个更加庞大的市场。”唐杰超说，未来，美特机械将保持气动钉枪专业工具领跑者的市场地位，立足全球市场，紧密结合各行业特点，深挖客户应用及需求，以“美特”自有品牌气动钉枪为核心，以喷枪、气动工具、手动工具、气动钉、螺丝及相应紧固件、配件等为基础产业结构，为全球客户提供先进、安全、高质量的产品和工具解决方案，构建完整的智能工具产业链服务品牌。

观察眼

志存高远才能登高望远

不想当将军的士兵，不是好士兵。美特机械，就是这么一个立志当“将军”的企业，其20多年的企业发展历程，就是一部树立目标、实现目标的励志奋斗史。

美特机械树立的第一个目标，是以中国制造实现进口替代。做气动钉枪进口贸易起家的美特机械创始人，深知中国气动钉枪行业的困境与机遇。困境在于，2004年以前，国内90%的气动钉枪市场被国外品牌垄断，国内零星的几家气动钉枪企业，在质量与种类上无法与国外厂家抗衡，尤其是部分专利产品，技术牢牢掌握在国外企业的手中，下游应用企业采购价格高昂，成本降不下来。

这是困境，同时也是机遇。如果能够研发、生产出与国外品牌品质相当的产品，辅以价格优势，以国内制造业迅速增长的需求，很快就能打开市场。

另外一个机遇在于，广东是香港、台湾等地产品进入内地市场的重要“闸口”，包括气动钉枪在内的五金工具，从广东流向全国各地。定下目标之后，美特机械依托对这一行业的了解，定下“技术引入＋自主研发”的突围路径，并迅速行动，从日本品牌代工厂引入研发带头人，与高等院校合作，“借脑”共赢……

没有波澜壮阔的传奇故事，有的只是二十几年如一日的研发开拓、品质坚守，在一年又一年的精耕细作中，美特机械实现了气动钉枪领域的进口替代，成为国内这一细分领域的头部企业。

现在，美特机械正在朝着第二个目标——品牌“出海”迈进。显然，美特追求的，不仅是出口的“量”有多大，更是品牌之“名”有多响。

这依然会是一个漫长的过程，但一个既懂得抬头看路，又能够埋头苦干的企业，运气总不会差的。

涂亿：携手好客户 为建筑型材“穿新衣”

深耕粉末涂料行业近20年，佛山市涂亿装饰材料科技有限公司（下称“涂亿”）一直紧跟基建和房地产行业发展趋势，立足技术和产品优势，长期与兴发、坚美、华建、凤铝等全国铝型材头部企业保持合作。

广东省涂料行业协会提供的相关资料显示，涂亿建筑型材粉末涂料产品2021年的市场占有率在广东省排名第二。另据中国有色金属加工工业协会提供的相关证明，涂亿建筑型材粉末涂料市场占有率位居全国前列。

近年来，尽管建筑型材粉末涂料行业发展有所放缓，但粉末涂料整体市场还在往上走。据市场研究机构Markets & Markets预计，2021年至2026年，全球粉末涂料市场规模复合年增长率为6.8%。涂亿常务副总经理刘应健说：“不仅建筑型材粉末涂料，往后在新能源汽车、5G通信、管道、集装箱、工程机械等的涂装上，都将看到更多涂亿产品的身影。”

紧跟“大厂”谋成长

粉末涂料是以固体树脂和颜料、填料及助剂等组成的固体粉末状合成树脂涂料。与传统液体涂料相比，粉末涂料的耐用性、环保性更优，VOC（有机挥发物）为零，被誉为“4E型”（高效、节能、环保、经济）涂料，涂装应用覆盖建筑材料、家用电器、家具、化工管道、5G通信、工程机械、集装箱、新能源汽车电气绝缘等领域。

涂亿创始于2003年，背靠南海乃至整个佛山制造业基础发展。当时正值粉末涂料行业技术骨干“下海”潮，涂亿总经理吴延军在创业以前，曾任职于南海一家以粉末涂料专家南仁植为技术指导的企业。

“涂亿初创时，客户主要是身边的家电、五金企业。但很快，公司把目光投向

涂亿佛山总部生产基地

了铝型材行业。”刘应健介绍，就在涂亿创办数年后，受建筑市场拉动，南海一批铝型材企业加快发展，“数年间，兴发、坚美、凤铝等企业的年产量从几千吨增长到几十万吨。当时涂亿的新目标，是建筑型材这块大蛋糕。”

这趟转型不容易。当时，铝型材行业使用的粉末涂料供应商多为外资品牌，高端产品市场几乎被垄断，包括涂亿在内的民族品牌在“夹缝”中生存。加班加点缩短交付期、尽可能提高服务响应效率等等，都是应对策略。

同时，涂亿坚持紧跟兴发、坚美、凤铝等铝型材“大厂”发展订单。“一来大厂对粉末涂料的技术和品质要求高，能促使涂亿保持产品竞争力。二来‘大树底下好乘凉’，就算建筑市场需求有所收缩，只要大厂订单稳，涂亿就稳。”刘应健说。

从营收数据看，这样的市场策略奏效了。2021 年，涂亿的销售规模为 2 亿元，同比增长近三成。2022 年，房地产市场出现一定程度的降温，建筑型材粉末涂料受到影响，而涂亿预计 2022 年销售额仍可保持 20% 以上的增长。

涂亿还在立足南海大本营的基础上“走出去”。从 2016 年开始，涂亿对生产基地进行全球化布局，几年内分别在阿尔及利亚、全国铝材之乡山东临朐、湖北鄂材产业基地大冶、西南工业生产重地四川德阳设生产基地，为周边区域产业客户提供更快速、更便捷的供货和服务。

设高标准强优势

与大客户合作，涂亿的底气是自主创新和严格的“自我标准”。

资料显示，涂亿现有63件授权专利，累计参与起草了11项国家标准、行业标准、团体标准，手握“中国铝加工行业（粉末涂料）优秀供应商”“广东省名牌产品企业”“广东省‘专精特新’企业”“佛山市细分龙头企业”“佛山高新区制造业单打冠军”等荣誉。

刘应健说，涂亿在粉末涂料行业发展将近20年，一直坚持迎着建材市场发展风口，对准建材行业用粉末涂料的痛点和需求点研发各类高性能产品。

金属粉末涂料是涂亿的“销冠”产品，它是在普通粉末涂料的基础上，通过涂亿新一代金属邦定技术加上银铝粉、铜金粉等金属颜料而来。其装饰效果的平整度、金属闪烁程度接近油漆，但其制造技术要求比普通产品的要高得多。

“高要求、高标准意味着高投入。”刘应健举例说，为确保产品稳定性，涂亿专门购入了德国设备，原材料采用德国树脂、德国金属颜料等，满足制造过程对生产工艺控制等的严格要求。

这些投入都有了收获。据介绍，目前兴发七成的金属粉末涂料、坚美五成的金属粉末涂料购自涂亿。而且，涂亿第二代金属效果粉末涂料解决了金属粉末不稳定、回收粉末效果差、闪烁度不够的行业痛点。

耐候金属粉末涂料系列也是涂亿的“得意之作”，表面效果媲美氟碳金属油漆，耐候性能达到户外质保10年到15年的国际标准。这项技术突破还让涂亿获得了欧洲铝建筑户外用粉末涂料QUALICOAT CLASS 1（质保十年）、CLASS 2（质保十五年）认证。

涂亿还手持欧洲铝建筑户外用木纹转印粉末涂料QUALIDECO认证（质保十年），美国建筑标准AAMA2603、AAMA2604质量标准等“通行证”。

再如氟碳粉末涂料，刘应健介绍，铝合金门窗型材、铝幕墙型材目前大量使用的氟碳油漆，具有几十年抗紫外光和抗腐蚀的耐候性，但氟碳油漆含有大量甲苯、丙酮等有害物质，而涂亿氟碳粉末涂料以含氟树脂为主要膜成物，内含F–C键，耐候性满足QUALICOAT CLASS 3、AAMA2605等国际质量标准的要求，被用于北京雁栖湖APAC会议中心、2022年北京冬奥会国家速滑馆等大型建筑项目。

拥抱“漆改粉”拓市场

近年来，包括涂亿在内，我国越来越多粉末涂料企业通过加强产品竞争力，加快向中高端市场进发，但与国外大牌厂商之间尚有距离，涂料行业的竞争格局仍未发生根本转变。

据前瞻产业研究院《中国粉末涂料行业发展前景预测与投资战略规划分析报告》，从2021年中国粉末涂料市场情况来看，外资企业凭借技术优势、品牌优势抢占了一定的市场份额，主要集中在高端粉末涂料领域。与此同时，我国粉末涂料行业市场集中度处于较低水平，目前并未出现垄断性企业。

前方机遇与挑战并存，涂亿有所取舍。刘应健说，基建和房地产行业发展放缓，建筑材料需求量随之减少。涂亿的应对策略，是立足粉末涂料的“老本行”，调整产品结构，拓宽应用范围。

变的是产品应用领域，不变的是对自主研发的坚持。具体来说，涂亿正重点聚焦新能源汽车和汽车轻量化配套产品，以及5G产品、石油管道防腐、农用机械、工程机械等不同领域“漆改粉”对粉末涂料产品的需求进行突破。

例如车厢体粉末涂料系列。近年来，轻量化发展、生产线环保排放等要求加速转化成车厢涂装工艺对“漆改粉”的需求。刘应健介绍，与应用油漆相比，涂亿工具车厢体粉末涂料的遮盖能力、耐刮磨、耐化学性、耐候性、耐腐蚀等性能完全满足汽车车厢产品的涂装质量要求，而且其利用率高达99%，兼具无VOC排放、无废水废渣废气排放等技术优势。

再如中密度纤维板粉末涂料。与应用液体涂料相比，粉末涂料技术可降低人工、能耗、仓储等成本，能处理异形件，涂装效率更快，而且能有效封闭甲醛。放眼全球，以宜家为代表的大型家具公司已经在中纤板家具领域大量使用粉末涂料。刘应健说，对于该领域，涂亿大手笔投入自主研发，目前中密度纤维板粉末涂料产品已具备大规模推广应用的条件。

在涂亿，不变的还有对“头部”客户的执着。从兴发、华建、坚美、凤铝等大牌铝型材厂商，到中石油、中海油、华为、北汽集团、三一重工、宜家家私、欧派厨具等不同领域的佼佼者，涂亿的好客户还将越来越多。

观察眼

选定好客户　闯出一片天

德国汉臣专注生产液压缸，是一家被好客户“逼”出来的全球隐形冠军企业。在其产品目录上，提供特殊解决方案的特种缸占了相当大的比例，其中不少是行业首创。而其最初的驱动力，都来自客户。

好客户就是风口。因为好客户在意它们的客户，这会发挥连锁作用，把企业带进同样的良性发展之路。

优秀的企业都需要具备鲜明的好客户导向。在南海，通观100多家全国制造业隐形冠军企业的发展历程会发现，它们都具有清晰的客户价值观。隐形冠军企业与好客户保持高度紧密合作，并把长期的好客户关系视为重要的竞争优势。

包括涂亿在内，对于很多与“国际级”对手同台竞争的企业来说，与好客户为伍，就是为了提供比国际大牌更好的产品质量，以更优秀的经济性能加上本地化的服务，最终真正实现赶超。

四

工业重器　匠心铸造

宝拓纸机：
专注“纸上练兵” 实力逐鹿全球市场

将一块块瓷砖般大小的纸浆板放进造纸机，随着机器转动，一卷卷大型卫生纸卷即可完成生产。这些纸卷运输方便，放进下一个环节的设备中，经过切割、折叠等相关工艺，即可生产出家用系列的抽纸、卷纸、餐巾纸等产品。

这正是佛山市南海区宝拓造纸设备有限公司(下称“宝拓纸机”)的“用武之地”。作为家庭卫生用纸设备的上游企业，宝拓纸机专注高速生活用纸造纸设备研发制造，用时15年实现了在2000—2022年全球主要卫生纸机供应商领域内市场份额8%，仅次于维美德、福伊特、安德里茨三家均有150年以上历史的国际巨头，排名全球第四。

为何果敢闯进投入更大的造纸上游领域？如何在短时间内升至全球第四、全国第一？以国产替代进口，降低设备整体售价；以过硬技术实力和长期自主创新，敲开国际市场大门，其背后是宝拓纸机一如既往的坚守与开拓。

设备国产化 紧追百年同行

宝拓纸机是宝索企业集团旗下子公司，连续15年专注高速生活用纸造纸设备研发制造，其造纸生产线及其设备获得东顺集团、丽邦集团、中顺集团、泰盛集团、太阳集团等多家大型知名造纸企业青睐。

据造纸行业数据分析领军者Fastmarkets RISI公布的数据，2000—2022年全球交付卫生纸机的合计年产量是3730万吨，在全球主要卫生纸机供应商内，宝拓纸机以8%的市场份额，排名全球第四、中国第一。

这样的成绩放在15年前，是不敢想象的。宝拓纸机成立于2007年，彼时，造纸设备存在两极分化，进口设备车速高、原纸质量好、半成品及成品利润高，但价格相当昂贵，与国产设备形成鲜明对比。

看到这一商机，宝拓纸机决心要闯进这一领域。随后，经过市场考察及近两年的多方沟通，宝索企业集团旗下公司佛山市宝索机械制造有限公司（下称“宝索机械”）与日本佐佐木工程公司达成合作，成立宝拓纸机，制造销售以真空网笼为技术主体的生活用纸造纸设备。

成立伊始，宝拓纸机就面临系列挑战，其中最为突出的就是生产周期长及设备价格高，导致难以形成量产。“当时和日本企业合作，投入了大量的人力、物力。不夸张地说，我们连续亏了8年。后来，日本企业想及时‘止损’，我们便收购了他们的相关技术，坚定往这一赛道加快拓展。”宝拓纸机总经理黎启标说。

由于每套造纸机总重量均在100吨以上，且为重资产投入，其生产周期从接单到交货平均需要近一年。同时，生产出来的造纸机的各部件在存放、运输等方面都有较高的要求，若不按所需日期进行交货，光是存放都需要占用较大的厂房空间，投入大量的维护成本。

为解决上述难题，宝拓纸机通过技术引进、自主研发等方式，采取全面提升设备国产化比例、大幅降低整机售价、提升现场安装指导服务及客户体验等措施，大幅提高了造纸设备的性价比。2015年起，宝拓纸机的市场占有率不断提高；如今，用时不到15年，其市场占有率已紧追维美德、福伊特、安德里茨三家国际巨头。上述三家国际巨头，在行业内已有150年以上的历史。

经过系列研发攻关，目前，宝拓纸机的设备已可实现80%至90%的国产化。同时，与进口设备相比，在同等质量的情况下，宝拓纸机生产的设备售价是国际同行的1/3甚至是1/2。

从零起步　挺进造纸上游

宝索机械是宝拓纸机的兄弟企业，其早在2017年就已成为首批南海制造业隐形冠军企业之一。作为宝索机械的上游企业，宝拓纸机主要通过制造生活用纸造纸设备，完成纸浆板到大型纸卷的生产，而宝索机械制造的设备则可经过裁切、复合等工艺，将大型纸卷变为抽纸、卷纸、餐巾纸等常见的生活用纸产品。

虽然在同一产业的上下游，宝拓纸机、宝索机械所涉及的产线，其技术原理、运作模式等不可完全复制照搬。这意味着，进军上游领域相当于从零起步。

宝拓纸机、宝索机械的产品在价格上就有较大的区别。其中，宝拓纸机的产品起步价在2000万元以上，大多为重型设备，安装需要打地基；宝索机械的产品则相对小型，价格幅度横跨几百万元至几千万元不等。

在技术上，宝拓纸机也攻克了多个难题。宝索机械副总裁彭伟东说，比如，在2015年，宝拓纸机突破了造纸机设备核心部件——扬克烘缸的选材难题。扬克烘缸是烘干纸页的压力容器，在日常运作生产中，通常需要经受住800—1000千帕的蒸汽压力。过去，这一部件多采用铸铁进行制造，但因制作工艺和使用环境上的差异，普遍存在影响设备使用安全及原纸生产质量的情况。经过多次尝试，宝拓纸机使用钢制烘缸代替铸铁烘缸，能有效规避上述风险，且能提高热效率，提升车速和产量。

宝拓纸机还根据不同市场需求，对产品进行优化调整。比如，由于一般的造纸设备具备高车速、高产量的优点，但对于能源充足、人口密度相对较低的欧美地区来说，这样的高速造纸机生产能耗、生产成本均较高。因此，欧美造纸机以新月型设备为代表，能在一定程度上实现较高水平的能源节约。

2017年，针对欧美市场需求，宝拓纸机组建了研发团队，专注于新月型造纸机的本土化制造，全面拓展该技术系列纸机。经过多轮调整，宝拓纸机按照客户的原纸宽幅要求，结合设备设计车速与产量能力最优匹配点，攻克节能降耗、横幅定量等多个技术难关。

目前，宝拓纸机的国际市场销售额约占公司总销售额的20%，产品主要售往东南亚、东欧、非洲等地，未来将进一步提高国际市场的占有率，通过因地制宜的好产品，敲开高端市场的大门。

拓展机型　实现节能减排

如今，凭借过硬的技术实力、较高的性价比，宝拓纸机已拿下不少订单。目前，根据市场需求及平衡供配能力，企业年产量约50台（套）。“在国内、国际市场来看，这样的生产力，基本上是造纸机同行生产量的‘天花板’。”黎启标说。

随着业务版图的逐步扩大，宝拓纸机还有更大的发展计划。目前，该公司正加快推进TAD造纸技术的相关研发工作。

相对于常规造纸，TAD造纸技术颠覆以往造纸工艺技术，纸机结构及工艺流程较为复杂。若使用该技术，能实现相当于传统产品两倍的蓬松度，由此降低原材料的投入，有效实现节能降本。如通过该设备生产800吨的纸卷，只需要使用过去40%的材料。

“这一特性能大大提高单位产品的吸水吸油效果和性能，具有较为广泛的应用场景，未来有较大的市场空间。”彭伟东说。

为加快推动相关研发的开展，宝拓纸机大手笔投入研发，企业研发人员占比高达 80%，目前拥有专利 33 件。同时，该公司主要的研发中心设在宝索企业集团研发大楼内，可充分调动企业集团资源，对核心技术进行攻关。

据宝拓纸机判断，目前国内纸机的装机容量已接近 2000 万吨，实际的消费量约在 1000 万吨。这意味着，常规的纸机机型产能相对过剩，未来更需要高质量、更节能的造纸机产品。

“2022 年，企业将加大向国内大品牌客户推广高质量纸机的力度，以弥补中小企业逐步萎缩的纸机产能空间。”彭伟东说，同时，宝拓纸机将加快推出 5600mm 大宽幅机型，通过技术性能的提升，达到预期节能目标，不断提升产品竞争力。基于在国内积累的市场开拓基础，该公司还瞄准了国际市场，正加快提升国际市场的占有率。

宝拓纸机新月型造纸机

观察眼

多走一步　拓展更大市场

在进军卫生纸造纸机前，宝索机械已经在造纸设备行业深耕多年，并已取得一定的成就。为何不在已有领域上继续深挖，而是向产业链上游拓展？毫无疑问，若能进入一个新领域，相当于拥有一个全新的市场。

但这并非易事。虽处于同一行业的上下游，但技术原理、运作模式并不完全相通，这意味着要从零起步。虽然连续投入了8年才迎来转机，但是宝拓纸机一如既往的坚持，使其最终用不到15年的时间实现了扭亏为盈，并在国际市场上逐步打响国产品牌。

正是凭借果敢投入与长期坚守，宝拓纸机比其他企业多走了一步，拓展了全新的市场。如今，除了加快在卫生纸造纸机产品的研发拓展外，企业还在思考，寻找合适的时机再挺进上游领域，往制浆环节拓展，为企业打开更为广阔的市场空间。

从宝拓纸机身上，记者看到了那股不服输的发展韧劲。即便在同一产业链上，只要试着比别人多走一步，充分激发自身的潜能，终将闯进全新的领域，拓展更大的市场。

德同环保：掘金环保产业 变“废液”为宝

在广东德同环保科技有限公司（以下简称“德同环保”）位于佛山市南海区九江镇的车间里，数台已经生产好的设备有序摆放着，很快，这些设备将会被运送到全国乃至全球的知名线路板厂，用于酸、碱性蚀刻液铜回收和棕化废液提铜。

成立于2017年的德同环保，是一家专注于提供线路板蚀刻液铜回收综合利用解决方案和线路板加工蚀刻废液再生循环提铜装备的企业。据统计，2021年，德同环保线路板加工蚀刻废液再生循环提铜装备市场占有率位居全国第三。

随着国家环保力度的不断增大，德同环保迎来爆发式增长，销售收入从2019年的3400万元增长到2021年的8800万元。“2022年销售收入预计将超过1.2亿元。”德同环保副总经理关家彬说。

新赛道 打造铜回收和蚀刻液闭循环

提到德同环保就不得不提其母公司佛山市承安铜业有限公司（以下简称“承安铜业”），这家企业的主打产品是磷铜阳极这一铜材。目前全球生产这一产品的主要企业不过10家，而承安铜业则占据全球市场1/3份额。磷铜阳极通常被作为电镀阳极使用，如果铜材不好造成线路板电镀不良，那么不少电子产品的功能都会受到影响。

一直以来，PCB（印刷电路板）行业令人关心、头痛的问题就是其在生产过程中产生的蚀刻废液处理问题。据统计，我国PCB线路板制造行业每年可产生600多万吨蚀刻废液，该废液混含有大量的铜离子。若铜离子处理不当外排至自然水体，不但会污染水资源，还会造成铜资源浪费。若将600多万吨废蚀刻液再生利用并对铜资源进行回收，则每年可提炼出约60万吨铜资源并再生大量蚀刻液，可大量减少化学品的使用。

在PCB行业深耕多年的承安铜业非常清楚这个行业对解决环保问题的迫切需求，而这也正是德同环保成立的初衷。“线路板厂在生产过程中需要承安铜业的磷铜产品，而生产过程中产生的大量废蚀刻液，则需要德同环保的设备和技术进行处理，德同环保回收的铜金属，又能回到承安铜业制作磷铜产品，这样就形成了一个闭环。”关家彬说，德同环保通过蚀刻废液处理设备和技术，为线路板厂从源头上降低90%以上的危废蚀刻液排放。另一方面，德同环保所生产的环保设备能将铜从蚀刻废液中提取出来，制作成纯度较高的铜板，而铜板则可以作为原料直接用于承安铜业铜球的生产。

此外，废液还可以继续回收利用，提取蚀刻电路板所需要的再生液，从而将上下游延伸开来，形成闭循环。“即铜回收的闭循环和蚀刻液的循环，下游利用了市场，上游则利用了原材料。”关家彬说。

德同环保生产的设备能将铜从蚀刻废液中提取出来

德同环保成立后业务收入的爆发式增长也印证了这个市场的广阔空间。2019年、2020年和2021年主营业务收入分别为3440万元、4480万元和8810万元，近两年的主营业务收入平均增长率为63.5%。

如今，德同环保的业务已经发展到广东珠三角地区及四川、江苏、江西等国内各省（区、市），并已扩展到中国香港、中国台湾、泰国等地区和国家，设备广泛应用到各线路板厂，如清远金禄、湖北金禄、中山依顿、常州胜伟策、无锡新美亚等知名的线路板厂。

新技术
奠定行业领先地位

废液回收一直是PCB行业的痛点，德同环保如何解决这一痛点并迅速占领市场？在这个过程中，技术突破尤为关键。

关家彬说，德同环保通过收购行业最早从事该领域的一家企业而快速起家，并在两年内完成了量化生产、技术升级、业务大幅拓展的“三级跳”。

在此基础上，德同环保明白，技术创新及研发项目的开展决定了企业未来的市场地位。目前德同环保已经打造了一个300多平方米的现代化工程中心，并配置自动电位滴定仪、高频整流器、酸性蚀刻设备等先进研发设备，现代化的工程中心和先进研发设备的配备可有效保障新产品、新技术的高效输出。

同时，德同环保将自主研发、掌握核心技术、产学研合作和重视科学研究作为企业发展战略。一个细节是，德同环保大部分员工来自化学工程与工艺、环境工程、机械工程、电器工程及其自动化等专业，为线路板加工蚀刻废液再生循环提铜装备的研发、生产奠定了牢固的基础。

值得一提的是，德同环保的科学研究团队曾入选第九批“蓝海人才计划”创新创业团队，并成功开展了“第二代PCB线路板加工蚀刻废液再生循环和提铜装备的研究及产业化”项目。

关家彬说，德同环保每年投放到研发的经费均为销售额的5%以上，其中：2019年的研发经费为299万元，占销售收入的8.7%；2020年的研发经费为300万元，占销售收入的6.7%；2021年的研发经费为448万元，占销售收入的5.1%。

在多重举措的推动下，德同环保的研发技术得到飞跃式发展。截至2022年5月，德同环保拥有有效专利36件，包括1件发明专利、33件实用新型专利和2件外观专利。

2021年年底，德同环保对其主导的技术及产品酸性蚀刻液提铜技术、碱性蚀刻液提铜技术、棕化蚀刻液提铜技术进行了科技成果鉴定，经专家评委一致审核评定，此三项技术及产品与同行相比，整体达到国内领先水平。

“目前德同环保主导的线路板加工蚀刻废液再生循环提铜装备具有多项核心技术。”关家彬说，如环保酸性蚀刻液的电解技术、高效节能连续回收铜技术、高效电解酸性氯化铜技术等，目前均已申请发明专利。

新风口
九成客户有待开发

当前，数字时代已经到来，手机、电脑等数码产品不断更新换代，汽车、家电等产品的智能化需求日益增大，数字时代正在不断推动PCB线路板制造行业的发展，如今全国PCB线路板制造行业共计有3000多家企业。虽然PCB线路板制造行业为我国经济发展作出了贡献，但其环保问题也日益凸显。

“2022年德同环保预计销售额可达1.2亿元，2023年可以达到2亿元。”关家彬说，目前德同环保的客户开发率只有10%，还有九成的客户有待开发。“一方面，这个设备属于重资产，投入资金相对较高。另一方面，技术还在提升中，预计会有越来越多的客户主动要求安装此环保设备。”关家彬表示。

基于重资产这一特点，德同环保还开创了一个新的销售路径。客户无需出资购买环保设备，仅需与德同环保签订合约，德同环保会派技术专员前往客户处进行实地调研，并输出有关产品的个性化方案。其中，维护与运营也全部由德同环保派人进驻负责。从客户的废液里提取出来的铜，德同环保参与分享。

“此举可以打消很多客户的疑虑，同时有助于产品的品牌建设，使德同环保成为蚀刻液再生及金属回收行业高质量的领军企业。”关家彬说，德同环保在高速增长的同时，正在探寻更稳健的增长路径，把服务真正做好。

德同环保目前正在积极推动“上云”“上平台”，通过采集酸、碱性提铜设备中各类传感器数据信息，具体包括位置、各类传感器参数、交易数据信息及其他数据信息等，用互联网进行传输，有效实施各个驻点厂家的设备监控、管理及运营。

关家彬表示，此举可以实现对环保提铜装备售后的远程监控和远程维护，构建德同环保设备、配件供应商、主机代理商、渠道商和终端客户的微生态圈。

面对新的赛道、新的风口，关家彬表示，未来德同环保将继续致力于线路板加工蚀刻废液再生循环和提铜装备的研发、制造、销售及技术服务，在不断研发、创新及开拓市场的同时，预计将推出多种新型高效环保装备，力争成为全国乃至全球线路板加工蚀刻废液再生循环和提铜装备行业的领军企业。

观察眼

紧抓行业痛点　填补市场空白

一个行业存在痛点就意味着背后有巨大的市场机遇。PCB行业的痛点一直是废液回收。“最早时候，这些废液都是直接外运处理，后来因为环保处理要求严格卖不出去，很多企业就租地方来摆放废液，但其实这样很危险。”关家彬说，目前国内大型的同行企业很少，做设备运营和工程一体的就更少了。

据中国电子电路行业协会统计，2020年国内已安装线路板加工蚀刻废液再生循环和提铜装备的线路板制造企业不到10%。与此同时，随着国家对环保工作的要求越来越严格，废液回收已经成为PCB行业不得不解决的行业困境。

不难看出，线路板加工蚀刻废液再生循环和提铜装备行业具有极广阔的发展前景。

德同环保看到也紧抓这一发展机遇。而要在新风口“起飞”，技术与市场缺一不可。对于德同环保来说，市场因为母公司的带动已经摆在眼前，剩下最为关键的就是技术的突破。

在2019年“创客中国”广东省中小企业创新创业大赛暨第三届“创客广东”大赛上，凭借“新一代PCB线路板加工蚀刻废液再生循环和提铜装备”项目，德同环保拿下了该赛事环保组别广东省第一名的成绩。第八届中国创新创业大赛（广东佛山赛区）中，德同环保获得成长组第一名。

凭借在线路板加工蚀刻废液再生循环提铜装备行业的推陈出新，如今德同环保在产品研发、核心技术、质量等方面已确立了一定的市场竞争核心优势，成为国内线路板加工蚀刻废液再生循环提铜装备行业研发制造先进企业之一。

智鑫隆：吃透成型技术 “陶”出领先设备

建筑陶瓷和日用陶瓷有明显的分界线。但在建筑陶瓷重镇佛山，却在陶瓷机械集群中“生”出了一家中国日用陶瓷设备专家，它是智鑫隆科技（广东）有限公司（下称“智鑫隆”），不仅擅长“最长”，更精于“最新”，是国内有名的日用陶瓷机械界“技术高手”。

智鑫隆创立于2013年，抓住国内日用陶瓷制造业快速发展的窗口期，将引进的技术吃透，持续研发创新，成功研制世界首条全自动分开模滚压成型线，成为中国第一家将自动化日用瓷生产线出口海外的厂商，实现了产品的批量出口。

在全球小有名气的日本三大骨瓷品牌中，有两个品牌的生产设备直接采用了智鑫隆的产品，分别为Noritake（则武）、Narumi（鸣海）。在国内，华联、红叶、楠宋、高淳等知名陶瓷企业也与它有长期合作。

来自中国机电一体化技术应用协会的数据显示，在国内日用陶瓷成型领域市场，智鑫隆的主营产品“日用陶瓷全自动热滚压成型线”市场占有率约为17%，位居广东省第一、全国前三。

冲进日用瓷装备赛道

“成型”是日用陶瓷工业的重要工序，陶瓷成型机对企业的产量、质量和生产效率影响甚大。智鑫隆正是通过这一切口，冲进了日用陶瓷装备赛道。

智鑫隆总经理甄活强是科班出身，创立公司前一直在佛山从事陶瓷机械贸易和技术应用工作。日本新荣机工株式会社（SKK）的品牌日用陶瓷机械全球知名，2012年，这家企业调整战略，有意转让这一块的“SKK”商标和全部技术。这个消息传来，甄活强知道机会来了。

彼时，国内日用陶瓷产业正快速发展，我国成为世界最大的建筑陶瓷和日用陶瓷制造地，江西景德镇、广东潮州等地产业已颇具规模。然而，相比建陶的繁荣，国内的日用瓷生产技术与产品价格仍处于较低水平。甄活强判断，买入 SKK 的商品和全部技术后，在应用市场大有可为。

甄活强选择在佛山创业。在他看来，虽然佛山并非日用陶瓷产区，却是中国最大的陶瓷工业基地之一，有着全国最完备的陶瓷机械产业供应链。智鑫隆创办之初，便可与中鹏热能科技有限公司等企业合作。和 SKK 商谈的购买事宜进展顺利，2013 年 1 月，智鑫隆的前身佛山鑫隆机工在南海区丹灶镇正式创立。

最初的 5 年，也就是 SKK 在 2018 年停止进行技术更新前的 5 年，智鑫隆完全可以“躺赢”。SKK 从 1958 年起开始从事窑业机械设备制造，其全自动生产线自 20 世纪 70 年代起被我国多个产区的陶企引进并安装使用。但智鑫隆没有选择“躺平”，“因为在买入技术之前我们就清楚知道，日方的技术更新随时会停止，而我们背靠着全球最大市场，对日用陶瓷机械生产效率的要求只会越来越高。”甄活强说。

正是在这一紧迫感驱使下，智鑫隆加快开展科技创新和技术改良，把买来的技术“吃透”，快速完成了技术沉淀。随后，它研发出了更适合中国企业使用的自动化生产设备，凭借自身技术能力在日用陶瓷装备市场站稳了脚跟。

“最长”与“最新”的背后

华瓷集团，是全国日用陶瓷生产行业连续多年出口排名第一的龙头企业，也是智鑫隆的客户之一。2021 年 9 月，华瓷集团溢百利智能制造生产线正式点火，这条生产线选用了 7 台 SKK 全自动滚压机、1 条 86 米的素烧辊道窑和 1 条 110 米的釉烧辊道窑，是目前全国日用陶瓷领域最长的一条生产线。

“最长”并不易得。因为随着产线加长，风机、注浆机等关键部件的个数要“从一变多”，控温的区域也由此倍增。甄活强介绍，按照当年 SKK 的技术图纸，一条生产线只能放 60—80 个模具，且多只能生产单一品种产品，每分钟最大产量是 8 个。此时，国内的需求早已超越了过往，产线上的模具数量倍增，产线也要相应加长。

然而，生产线越长，便意味着温控等关键指标的整体控制就越难。智鑫隆把很多建筑陶瓷机械的研发经验应用到日用陶瓷机械上来，这其中难度不小。因为二者对应的下游产品有明显不同，前者对应的是标准统一的器型，日用陶瓷机械要生产的器型就多得多，不同器型对应的参数设计各不相同。“虽然我们最新研发的产线

智鑫隆的生产车间内，技术人员正在进行机械性能调试

每分钟已经可做 14 个产品，实现全球领先，但我们在这里交了不少‘功课’。”甄活强说。

智鑫隆的生产车间内，有一片专门摆放废品的区域。甄活强说，那就是最近交的“功课”。“我们每年的研发投入占比都超过 5%。”

截至 2022 年 7 月，这家企业已拥有 22 名专职研发人员。每年的研发经费投入不低于销售额的 5%，以确保每年科技成果转化数量不低于 5 项。2021 年的研发投入更创了新高，达到 771.10 万元，大于过去两年的总和。疫情之下，这家企业对研发创新的重视有增无减。

大力度的研发投入，筑就了智鑫隆的技术“护城河”，让它不仅擅长“最长”，还精于“最新”。

如今，智鑫隆的主营产品实现了进口替代，并走出国门，远销海外。在这里生产制造的 300 多条日用瓷生产线，广泛应用在国内的福建、广西、湖南、山东和广东潮州等瓷区的多家知名企业；日用瓷智能装备远销泰国、印尼、越南等国家。2021 年，智鑫隆的营收首次突破 1 亿元，达到近 1.3 亿元，2022 年预计营收可达 2.4 亿元。

专利量居行业之首

2022年6月17日，南海区丹灶镇3块工业用地在佛山市公共资源交易中心成功摘牌，所有项目均为上市后备企业主导项目。智鑫隆的日用陶瓷机械设备制造项目便是其中之一，按照计划，它将在丹灶打造其上市总部基地。

“我们正在接受上市辅导，今年启动股改。”甄活强说。按照计划，这家企业将用5年时间，在上述工业地块内新建一座智能化数字工厂，打造日用陶瓷全自动热滚压成型线的数字化智能化示范车间，实现智能生产及智能仓储，提高企业生产效率、产品质量与稳定性，实现企业年产能翻倍。

数字化一直是智鑫隆的发展方向之一。截至2022年7月，这家企业已累计投入超200万元用于企业数字化建设，“工具箱”内已放入了ERP系统、MES系统、ECS云服务器等，覆盖了企业管理、设计、财务、生产制造、供应、营销等方面，并实现了业务系统向云端迁移，数字化转型成效显著。

对于未来，甄活强很有信心。他说，疫情冲击下，订单总量骤减，日用陶瓷机械行业正经历新一轮的洗牌，但智鑫隆的技术实力已获得市场认同。在刚刚过去的2021年，这家企业的产值首次突破了1亿元，“因为我们完成了4个整厂的产线订单”。

为了更好地实现上述目标，智鑫隆正进一步加强技术研发和创新的力度。这家企业在日用陶瓷机械领域申请了140多件专利技术，专利技术拥有数量居日用陶瓷成型线智能装备领域之首。在第三方机构前瞻产业研究院发布的相关报告中，全球日用陶瓷行业专利申请数量前十的申请人中，便包括智鑫隆。“目前，我们已获得了103件有效专利，其中有效发明专利13件、实用新型专利85件。”

观察眼

让自己跑得比市场更快一些

日用陶瓷机械行业“厮杀”非常激烈，智鑫隆的生存环境并不轻松。许多小型企业以快速仿制为竞争手段，“价格战”困扰着这个行业，也使行业内产品间高度相似的情况更加严重并加剧了业内的无序竞争。

智鑫隆便曾遭遇过专利权权属纠纷，离职员工擅自盗取了公司的技术图纸投入某同行企业，并申请了多件专利。虽然这场纠纷最终以智鑫隆胜诉结束，但也说明这个行业“厮杀”进入了白热化阶段。

“仿制太多了防不胜防，我们只有不断研发才能保持技术和产品领先。”智鑫隆总经理甄活强说。面对这样激烈的市场竞争，智鑫隆采取的策略，是不断发掘日用陶瓷机械市场的新需求，强化研发创新，推出更多更优质的高端产品，让自己跑得比市场快一些、更快一些，用速度、技术和产品，形成“护城河”，以免陷入中低端的价格战之中。

如今看来，正是这种十年如一日的技术追求，让这家企业在疫情危机中迅速把握住了机遇，在行业洗牌中依然坚挺，更获得了新的发展。

中鹏新能：“窑炉专家”跨界 站上新能源风口

2022年9月初，广东中鹏新能科技有限公司（下称“中鹏新能”）董事长万鹏刚刚参加完巴斯夫杉杉合资一周年庆典暨感恩答谢会，成为全场仅有的两个“优秀服务提供商”之一。

巴斯夫杉杉是国内三元正极材料的主要生产商之一。不仅是巴斯夫杉杉，根据中国电池工业协会统计，中鹏新能的锂电池三元正负极材料辊道窑销售量已居国内前列。全国前十大锂电池三元正极材料生产企业中，5家是中鹏新能的客户；另外，全国前五大锂电池负极材料生产企业中，4家使用其窑炉产品。

从陶瓷窑炉的隐形冠军，到锂电池正负极材料窑炉“大佬”，中鹏新能是如何成功跨界，站上新能源行业发展风口的？

跨国合作
打响锂电材料烧结窑炉头炮

2021年，在油价上涨、政策补贴延续、“双碳”目标驱动等多重利好之下，新能源汽车行业呈现爆发之势。中国汽车工业协会统计数据显示，2021年我国新能源汽车产销同比均增长约1.6倍，市场占有率达到13.4%，高于上年8个百分点。

作为新能源汽车的核心部件，动力电池及其相关制备行业迎来高速发展阶段。中鹏新能作为国内一线品牌的锂电池正负极材料煅烧设备制造商，2021年签单量是2020年的4倍以上。

“十年磨一剑。”万鹏说，中鹏新能是母公司中鹏热能十年前在新能源赛道落下的重要一子。当时，已在陶瓷窑炉领域崭露头角的中鹏热能，在一个项目中偶然与锂电池材料烧结系统领域的领军者日本则武株式会社（下称‘日本则武”）有了交集。

凭借扎实的技术与研发优势，中鹏热能成功吸引了日本则武的目光，双方迅速达成技术合作意向。日本则武在日、韩、美等发达国家锂电池正负极材料烧制设备领域的市场份额高达70%以上，但与此同时，其日本原装窑炉设备高于国内同行一倍以上的价格，使其难以打入中国市场。

在国内寻找“靠谱”的合作伙伴，成为则武打开中国市场、服务全球客户的重要选择，也成为中鹏热能跨行业布局锂电池材料烧制窑炉的契机。

2012年，中鹏热能迅速在内部成立锂电池事业部，与日本则武建立合作伙伴关系，进行适应中国市场需求的设计优化、验证与制造。

历经2年的研发测试，2014年中鹏热能锂电池事业部首次接单，一鸣惊人。“项目做完后，上线效果超出日本则武的预想，客户也非常满意。”万鹏回忆，当时客户有另外一条同规格的锂电池材料的窑炉生产线，但中鹏的窑炉上线运行后，在同等条件下，氮气用量对比旧线大幅度地下降了40%。

综合评估之后，客户选择了与中鹏长期合作，“近期客户搬迁到外省，也是找我们做的窑炉。”万鹏说，此役之后，中鹏与日本则武达成技术授权协议，成为其锂电池材料烧结辊道窑、回转窑以及自动化匣钵搬运处理系统技术在中国的唯一制造商。

回转窑

拓宽"护城河"
敲开头部企业大门

打响头炮之后，中鹏的锂电池材料煅烧窑炉业务正式"开张"。不久后，中鹏再次超预期完成国内一家锂电池负极材料龙头企业的窑炉订单。

两场硬仗，中鹏锂电池材料煅烧窑炉迅速打开市场。2017 年，中鹏热能锂电池事业部成功孵化为广东中鹏新能科技有限公司，当年销售收入破亿，快速站稳了脚跟。

可以说，依托世界领先的锂电池材料烧结技术，中鹏敲开了国内锂电池材料生产企业的大门，闯进新赛道。但在"赛跑"的过程中，中鹏新能不断投入资金、招揽人才进行技术创新，逐渐握紧了发展的主动权。

以其独特的核心技术弹簧离合式辊棒传动系统为例，该技术彻底解决了锂电池材料烧结窑炉多年来一直存在的断棒难题，且该传动结构设计还可以缩小窑炉内匣钵走蛇形的比例，相较于传统的齿轮对滚扭拉式传动结构，能有效提升窑炉生产的稳定性，大幅提升窑炉产能。

又如目前的锂电池材料烧结装备在冷却段普遍使用的是水冷结构，在弯头连接处容易漏水。而中鹏新能发明的双介质新型冷却系统，在解决漏水难题的同时还提高了冷却效率。

据统计，中鹏新能自 2017 年成立以来，申请专利 40 多件，实审中发明专利 9 件，授权实用新型专利 25 件，软件著作权 1 件，并参与了国家标准的编写。

一项项成果拓宽了中鹏新能的"护城河"。中鹏新能的一份简介中提到，"基于我们独特的技术优势及有效的质量控制模式，用高效高产能的装备与国内多数竞争对手拉开距离，这种优势可以为产品带来高于竞争对手 10% 的售价"。

需要说明的是，即便是高于竞争对手 10% 的售价，但对比国际上同等性能、品质的窑炉产品，中鹏新能生产的窑炉，仍然具有超高的性价比——"和日本则武相比，我们的价格不到其 50%。"万鹏说。

媲美国际顶尖窑炉的品质与性能，却不到其一半的价格，让中鹏新能迅速打开锂电池材料生产头部企业的大门。截至目前，全国前十大锂电池三元正极材料生产企业中，半数是中鹏新能的客户；全国前五大锂电池负极材料生产企业中，4 家使用其产品。

顺势增资扩产
蓄力迈向全球市场

2022年8月的最后一天，中鹏新能在南海区丹灶镇再拿下2万平方米工业用地，预计投资5亿元，建设锂电池材料窑炉生产的智能工厂和无尘车间。

这是其锂电池窑炉生产新基地二期项目。2020年，中鹏新能已在丹灶投资建设占地3万平方米、建筑面积3万多平方米的一期生产基地，并于2021年建成投用。

“一条窑炉的出厂时间为5到6个月，安装、调试也要2个月以上，中间有些环节再耽搁一下，一条窑炉从设计、生产到投用，耗时一年以上是正常的。”万鹏说，窑炉庞大的体积与相对漫长的生产、调试周期，使窑炉生产企业产能提升严重依赖空间的扩容。为此，中鹏新能在一期基地周边租赁大量厂房进行生产，但依然不能满足快速增长的市场需求，“去年的订单，今年还在持续消化”。

这样的增长趋势，预计还将持续相当长的一段时间。《新能源汽车产业发展规划（2021—2035年）》提出，到2025年，新能源汽车新车销售量达到汽车新车销售总量的20%左右。“新能源汽车逐渐替代燃油车，这是一个大的趋势。”万鹏说，在新能源汽车的动力电池中，锂电池的技术相对成熟，市场足够庞大。

正是基于这一研判，中鹏新能大手笔增资扩产，待二期项目建成后，中鹏新能将增加约6万平方米的厂房，加上一期的进一步扩容，整体生产空间将增加到11万平方米以上，产能得到极大提升。

未来一段时间内，国外市场将被中鹏新能寄予更多的期望——经过一段时间的高速发展，中国的锂电池市场或许会有一波小调整，增长速度放缓。相反，国外市场经过近两年的疫情冲击后，或将迎来一波反弹。据美国市场研究机构Navigant Research发布的车用锂离子电池研究报告预测，到2024年，全球车用锂离子电池需求预计超过306亿美元，市场前景看好。

对于与国际一线品牌同台竞技，逐鹿全球市场，中鹏新能一点不怵。依托中鹏热能长期累积下来的窑炉出口经验和中鹏新能的产品质量与性价比，再加上“盟友”日本则武的影响力与国际渠道，“在国际市场上，我们会走得更好。”万鹏说。

观察眼

机会总是留给有准备的人

老话说，机会总是留给有准备的人。

中鹏新能布局锂电池产业，肇始于一次机缘巧合的跨界合作，但基础却是其多年来在窑炉生产上技术与经验的沉淀。

1999年，江西景德镇陶瓷学院教师出身、在佛山陶瓷企业一线工作过的万鹏，与大学校友杨培忠合作成立了中鹏热能，进军陶瓷窑炉生产行业。短时间内便拿下了嘉骏、博德、诺贝尔等知名陶瓷品牌的订单。

在陶瓷窑炉制造过程中，依托扎实的技术功底与一线积累，中鹏热能积攒下丰富的热工装备研制经验。这正是与日本则武合作的基础。

“乍一看我们像是跨了界，毕竟做陶瓷和做锂电池好像完全不一样。其实我们的定位没有改变，我们还是做窑炉。”中鹏新能董事长万鹏说。

和陶瓷窑炉相比，锂电池正负极材料的生产对窑炉技术有着更高的要求。多年来在窑炉研发、设计、生产上的技术与经验的沉淀，以及深耕窑炉行业多年的人才储备，帮助中鹏从陶瓷产业成功跨界到锂电池产业，站上新风口，开拓新业态。

万鹏将中鹏新能的良性发展归功于两种坚持：一是不断地创新，接受新挑战，拓宽技术“护城河”；二是低头拉车，抬头看路，把握住与日本则武合作的机会，大胆布局，大手笔投入。

“现在来看，路是走对了。”万鹏说。

原点智能：数控机床“黑马” 剑指全球一流

在基本上被国外强企垄断的高端数控机床赛道，广东原点智能技术有限公司（下称“原点智能”）颇具“黑马”姿态。

原点智能成立于2015年，是行业和市场的后来者，却凭借技术和产品突破，快速成长为国内少数掌握多轴精密激光机床、高档数控系统双研发体系的技术创新型企业。在超硬材料微纳加工细分领域，其自主研发的激光五轴数控机床系列产品在国内市场占有率排名前三。

企业业绩随之快速增长。2020年至2021年，原点智能实现营业收入增长157%。同期，原点智能超硬脆材料微纳加工激光五轴数控机床销售收入增幅达1046%。

对于企业的未来发展，原点智能董事长曾超峰雄心勃勃：“我们的目标，是跻身全球数控行业第一阵营。企业要实现这个目标，就要做市场上难的、有开创性的事情，让产品与国际巨头同台竞技。”

拳头产品年销售收入同比增1046%

多轴联动数控机床是工业母机中的高端产品，精密度高，技术壁垒高，专门用于加工复杂曲面，在航空航天、汽车、精密器械等高端装备制造领域不可或缺。但国产机床水平与世界先进水平仍存在一定差距。

而原点智能在创办之初即目标明确——主攻高端机床。7年来，该公司研发投入已将近2亿元，研发人员目前占比近半，多次参与和承担省、市级核心技术攻关项目。经过多年潜心创新，企业在数控系统、振镜、旋切、多光路设计、光束整形等核心关键技术取得突破，攻克了超硬材料、硬质合金、陶瓷等高性能难加工硬脆材料加工效率低、加工工艺极其复杂等“卡脖子”难题，现已获得授权专利及软件著作权约150件，其中发明专利30件。

2020年10月，该企业研发的五轴联动激光机床接受了由谭建荣、单忠德两位中国工程院院士领衔的委员会的科技成果鉴定。该委员会认为，该项目成果具有自主知识产权，总体技术达到国际先进水平。2021年，原点智能自主研制的激光五轴加工中心产品获得了广东省名优高新技术产品、荣格技术创新奖等殊荣，同时还入选了“广东省首台（套）重大技术装备推广应用指导目录（2021年版）”。

作为企业的拳头产品，原点智能研制的纳秒、皮秒、飞秒精密激光数控机床采用自主研发的高端通用数控系统，并实现了与自主开发的CAM软件、激光工艺的深度融合，可对金刚石、立方氮化硼、碳化硅等超硬材料进行三维复杂轮廓加工，做到微纳加工和大曲率曲线曲面一次成型，产品已实现在超硬刀具、汽车制造等领域推广应用。

更难得的是，该公司实现了激光数控机床关键技术和零部件自主可控。“90%核心零部件国产化，65%的零部件自产或委外加工。而且和进口产品相比，我们的产品更具性价比。”原点智能副总经理、财务总监曾晓梅举例说，该司的Light5X 40V立式激光五轴联动加工中心可实现大曲率曲面复杂轮廓的高精度加工，精度、粗糙度等指标比肩国际先进水平，而产品单价仅为国际竞品的一半左右，现已为苹果供应链提供服务。

营收数据是市场竞争力的有力佐证。原点智能2021年营收同比增长了157%。这一年，该公司聚焦超硬脆材料微纳加工细分领域开发的激光五轴数控机床产品，销售收入同比增长了1046%。

全球揽才助力企业“过关斩将”

这些年，原点智能用激光数控机床“逆袭”，遇到过不少挑战。而该公司一次次“过关斩将”，人才资源是关键。

曾超峰出身于中南大学机械设计制造及其自动化专业，曾在全球领先的切削刀具生产商瑞典山特维克公司任职高管。在原点智能创办伊始，曾超峰就决心加入被国外垄断的激光数控机床系统领域的竞争当中，并为此广为“笼络”资源和人才。

原点智能的核心团队由一批志趣相投，在机床、电子、创投行业打拼多年的精英组成。例如，总工程师张明利曾任青海第一机床厂首席设计师；副总经理、财务总监曾晓梅出身德勤会计师事务所，拥有丰富的IPO上市工作经验。

瞄准在高端数控机床赛道站稳脚跟，跻身全球数控行业第一阵营的发展目标，原点智能核心团队的共识是：自主开发才是硬道理。约在2020年，该公司决定在光路设计技术、数控系统的基础上开发一个软件作为连接桥梁，从而快速得出后置处理的加工路径，进一步提高激光数控机床的产品竞争力。

为此，原点智能在2021年初聘任了英国曼切斯特大学博士、曾任英国ALT公司中国区CTO（首席技术官）的钱代数担任研发总监。他与公司的软件开发工程师、工艺工程师、电气工程师长期泡在车间，就在机床旁一边开发、一边试验。两个月后，原点智能3D加工路径规划CAM软件完成研发，实现了工艺库管理、加工路径、路径3D仿真显示等功能，有效提高了该公司激光数控机床的工作效率。

在曾晓梅的印象中，在给激光数控机床选定床身材料过程中，机床研发部的机械设计师们也功不可没。在2019年，原点智能凭借早期产品五轴联动金属切削机床，成为丰田、本田、日产三大日系主机厂唯一的国产机床一级供应商。

力争三年内成细分领域全国第一

“公司引进人才，一直紧扣发展愿景而为。我们的目标是跻身全球数控行业第一阵营。”曾晓梅介绍，在原点智能目前的产品销售结构中，激光数控机床占比七成。接下来，该公司将着重提高激光数控机床、高档数控系统等产品的研发投入和销售结构占比，以高档数控系统、五轴数控机床、超快激光“三轮驱动”，进一步增强竞争力和话语权。

瞄准目标，技术突破是第一要务。2022年至2026年，原点智能的研发预算超1.2亿元，企业将继续强化与高校、科研院所的合作，打造全球领先的多轴联动精密激光加工机床创新研发平台，重点面向航空航天、半导体、培育钻石、精密模具、精密医疗器械等领域，推进多轴联动激光旋切、大面积激光微纳制造、水导激光／激光水射流技术等产业化落地，提升国产多轴联动精密激光加工机床的国际竞争力。

人才将仍然是企业发展的重要支撑。2022年至2026年，原点智能将在高端机床设计、高档数控系统、超快激光微纳加工等领域广纳人才，引进10到15名海内外博士，面向超快激光五轴数控机床行业组建“产业技能型人才—产业应用型人才—高端研发型人才”人才梯队。

制订标准者定义未来。曾晓梅介绍，目前，国内超快激光五轴数控机床细分行业尚无行业标准，原点智能正在积极联动上下游企业、中国机床工具行业协会，力争在今后 5 年内推动国内首个超快激光机床领域国家标准落地。

原点智能车间里，“致力于跻身全球数控行业第一阵营”的愿景就在显眼处

聚焦扩大产品在超硬材料微纳加工领域的市场份额这一目标，该公司以 3 年为期，在现有激光五轴机床的基础上，力争实现激光五轴机床销售、营业收入和利润大幅增长，并成为该细分领域的全国第一。

“对我们来说，这个目标其实并不远。”曾晓梅说，2022 年，原点智能利润预计同比增长 350%。

观察眼

“钻”一行才能精一行

“中小型多轴联动加工机床的行业第一品牌，为中国智造提供技术支持与母机保障。”“用20年左右的时间，跻身全球数控行业第一阵营。”自2015年原点智能创办以来，其创始人、董事长曾超峰踌躇满志，喊出了不少听上去有点“狂妄”的口号。

现在看来，这些口号既志存高远，又务实有效。在创办后的7年间研发投入近2亿元，获得激光五轴数控机床产品国内市场占有率前三的成绩后，这家企业决心继续“重仓”投入研发创新，对2022年至2026年的研发预算已超过1.2亿元，对企业愿景的初心不改。

原点智能的核心团队自2018年组建以来未变动过，是企业可贵的无形资产，更是企业“追梦”路上不可或缺的支撑力量。曾超峰曾说：“我们这一批人接受过专业、系统的学术训练和职业训练，并且拥有国际化视野和资源，有责任去改变中国智能制造现状。”

俗话说，干一行，爱一行。这个团队用自己的热爱和行动，为这句话再加上一句：“钻”一行，才能精一行。

峰华卓立：从“无模”起步 争创3D打印标杆

在佛山市南海区丹灶新能源工业园，步入广东峰华卓立科技股份有限公司（下称“峰华卓立”）的制造车间，首先映入眼帘的是一台颇具年代感的设备。

峰华卓立董事长屈志介绍，这是“中国3D打印第一人”、清华大学教授颜永年团队在1997年自主研发的PCM-1000试验机。PCM（Patternless Casting Manufacturing，无模铸型制造技术）拥有不需模具、提效率、降成本等综合优势。峰华卓立是我国首家实现铸造砂型3D打印机产业化、批量化生产的企业，PCM系列装备已升级迭代至第五代。

深耕同一细分领域近30年，该企业坚持以自主创新收获市场肯定，产品现已出口到俄罗斯、巴西、日本、白俄罗斯、印度等国家。

技术成果转化进入收获期

与传统铸造工艺相比，背靠PCM技术的3DP（Three-Dimension Printing，立体式喷墨打印法）砂型打印，不需模具。

“3DP无模砂型打印技术能让铸件制造成本降低30%以上，生产周期缩减50%以上，未来将取代部分传统木模与金属模。”屈志介绍。从工商登记信息看，峰华卓立创办于2011年，但该企业初探3D打印领域，最早可追溯到1994年。

在1994年，峰华卓立的前身——佛山市峰华自动成型装备有限公司（下称“峰华公司”）联合创始人、清华大学教授颜永年带领团队率先提出PCM无模铸型制造技术，并开始进行工艺和设备的研究。1997年，该团队在清华大学快速成形中心研发出PCM-1000试验机，并打印了一些铸型。

峰华卓立车间入口处的 PCM-1000 试验机

2002 年，经过佛山市相关职能部门牵线搭桥，颜永年团队与佛山企业携手，就无模铸造技术研究项目开展产学研合作。2004 年，颜永年团队与原广东省佛山水泵厂有限公司等共同出资，成立了峰华公司，开始对无模铸造技术进行产业化运作。

2006 年，峰华公司推出了国内首台（套）基于微滴喷射技术的 PCM-1200 无模铸型快速制造装备。该设备将 CAD 计算机设计与传统砂型铸造工艺相结合，能够快速、柔性、准确地制造内腔和表面较为复杂的铸造型芯。而且，当时该产品价格仅为国外同类产品的 1/5。

“自此，我们打开了技术和产品商用化的大门。”屈志说。至今，峰华卓立基于自主研发，掌握核心技术，将 PCM 无模铸型快速制造装备更迭至第五代，在设备智能化、软件集成、稳定性、打印尺寸、精度、效率等方面已达到世界先进水平。

进入技术成果转化的收获期，企业快速在市场上开疆拓土。在产能和销售方面，峰华卓立年产超大型砂型 3D 打印装备 30 台、各类 3DP 中小型打印装备 100 台以上，2021 年峰华卓立母公司单体销售收入同比翻番，预计 2022 年销售收入将超 1 亿元。

产品随需求升级走向全球

作为高技术新产品，峰华卓立 PCM 无模铸型快速制造装备的技术和市场发展，源于铸造业的升级需求。

铸造是制造业的基础，铸件在航空发动机、火箭发动机、燃气轮机、汽车发动机等各类装备中占有相当大的比例。近年来，传统铸造业以降本增效为目标加速升级，让 PCM 设备迎来发展风口。

PCM 工艺替代传统铸造，能够节省砂模成本，还能在多个方面实现降本增效。以汽车发动机缸体铸件为例，传统铸造工艺技术要求先制作模具，再经历多次修模后才做出铸型；而应用 PCM 工艺不需模具，铸件一次成型，还能显著缩短产品开发试制的周期，节省开发成本，加快产品上市速度。

2007 年至 2011 年，峰华卓立对第一代 PCM 设备进行自动化升级，解决了储砂、自动送砂、自动称量、自动加入固化剂、自动铺砂等技术难题，实现了设备的全自动化运行，能够大幅节约铸件的制作周期和成本。

而且，该系列设备的应用效益快速提升。2008 年 8 月，峰华卓立为东北地区某大型汽车研发企业试制发动机缸体，首个样品制作周期为 15 天。到 2010 年 10 月，峰华卓立为华中某大型发动机厂试制发动机缸体，制作周期缩短到不足 10 天。

得益于在 PCM 领域的先入优势和技术优势，峰华卓立如今的客户包括中国工程物理研究院，以及广西玉柴、上汽、比亚迪、潍柴动力、安德里茨集团等知名企业，涵盖汽车、军工、航空航天、船舶、泵阀、新能源、轨道交通、工程机械、矿山机械、建筑、模具等领域。

更难得的是，该公司产品已出口到俄罗斯、巴西、日本、白俄罗斯、印度等国家和地区，出口订单占比近三成。

切入 3D 打印材料新赛道

最近，峰华卓立新动作不断。

基于在砂型 3D 打印领域积累的多重优势，该企业正通过自主研发继续发力，将技术延伸到金属、陶瓷、复合材料等领域。近三年，该公司金属、陶瓷装备完成知识产权申报，2022 年开始推出成套技术产品及服务。

3D 打印材料是 3D 打印技术发展的物质基础，金属、陶瓷、复合材料是 3D 打印领域的新兴赛道。全球 3D 打印行业研究机构 Wohlers Asscciates, Inc. 发布的行业统计显示，在 3D 打印下游应用行业，汽车工业、消费电子以及航空航天占比最大。金属、陶瓷、复合材料将成为 3D 打印材料的“引爆点”。

关于峰华卓立的 3DP 金属和陶瓷工艺装备，屈志介绍，该企业正着力研发第二代金属/陶瓷/复合材料3D打印机。金属/陶瓷3D打印的打印速度最快将缩短到不到10秒/层，可打印各种金属和陶瓷材料，而且能成型“3D打印砂型+铸造工艺”所不能生产的硬质合金等难熔难变形合金。其产品打印精度更几乎提升了一个数量级，能实现的产品复杂程度也将远超过“3D打印砂型+铸造工艺”。

2022年，峰华卓立还推出了第五代PCM系列装备和3D打印设备数字化平台，同时推进研发第六代装备。为满足日益增加的大批量定制化生产需求，第六代产品将进一步提高打印速度，设备更集成、体积更小，还将变革为数智化柔性生产线。未来，绿色、环保、智能化、集成化、多网络控制将依然是峰华卓立PCM系列装备的升级方向。

从全球范围看，3D打印产业将进入高速增长期。据中研普华产业研究院预测，2020年至2026年，全球3D打印产值将保持20%的年均复合增幅，到2026年市场规模有望达到372亿美元。

峰华卓立发展至今，最让屈志自豪的是企业的核心技术从概念、原理、落地到产业化应用，全程来自自主研发。在他看来，自主研发优势将是企业进一步提高竞争力，在全球市场开疆拓土的“王牌”。

“从砂型PCM-300到PCM-2500系列装备，再到金属、陶瓷、复合材料的3D打印技术和装备，我们的目标是彻底突破各行业关键零部件制造的‘卡脖子’问题，致力于成为全球3D打印技术领导者，创民族品牌，立行业标杆。”屈志说。

观察眼

自主创新要耐得住寂寞

一分耕耘，一分收获，自主创新都是“艰难困苦，玉汝于成”。在高技术新兴领域，不少企业奋力攻坚关键技术创新，有的熬过了“寂寞期”，有的在研发路上折戟。

这些故事的共同点之一是“韧性”。因从产品研发到市场投入，或许需要很长的时间等待，甚至经过长时间等待却等来一个错的结果，企业研发要有充分的心理准备和安排。

峰华卓立就是如此。所幸的是，经历了长期“不计成本”的投入，峰华卓立终于迎来技术转化收获期，扭亏为盈。背后原因是，企业自创始时起就认清，自主研发的目标越是瞄准行业顶尖或“无人区”，就越要“耐得住寂寞”。

具体来说，“寂寞期”的难熬之处在于，在技术突破出现曙光之前，企业要持续不断地投入，不可急功近利。技术人员也不能因为今天努力了，明天还见不到成果，就灰心丧气。

功夫不负有心人。正如2018年颜永年教授在第五届3D世界打印技术产业大会新闻发布会上所说，“当3D打印技术走出实验室，它的发展动力在于应用”。如今，正是3D打印市场的高速增长期，也是峰华卓立大展拳脚之时。

南方风机：
核电通风设备商再迎新风口

深圳东部海域，我国第一座大型商用核电站稳定运行，转动经济社会发展的引擎；海风吹过三千里，全球首条双管双层越江隧道连通黄浦江两岸，令上海交通“大动脉”高效互联……

从隧道工程到核电站，无数人在幕后用“看不见”的产品与服务，撑起一个个超级项目的骨架。位于佛山市南海区的南方风机股份有限公司（下称“南方风机”）就是其中之一。

南方风机专注通风与空气处理系统设计、设备制造集成及服务，业务主要面向核电、地铁、隧道和大型工业民用建筑等领域，是行业内首家获得国家核安全局颁发的“民用核安全设备设计许可证”和“民用核安全设备制造许可证”的企业。凭借较强的集成应用能力，该公司核电通风设备的市场占有率在国内名列前茅。

站在风口上的南方风机，再次扇起腾飞的翅膀。

核电通风“拓荒牛”
全国率先拿下“双证”

核电通风，是一个不为普通大众熟知的行业。自 1988 年成立以来，南方风机始终专注于通风领域。从民用风机起步，到 2000 年中标广州地铁二号线通风工程，正式涉足国家重点大型工程；再到 2006 年签订首个核电项目，踏上核电建设之路，南方风机的攀登之路蹄疾步稳。

南方风机切入核电赛道的时机，正是我国大举推动核电设备国产化的阶段。彼时，国内核电行业开始逐步吸收 CPR1000 核电技术，掀起核电设备国产化的浪潮，计划逐步提高核电厂国产设备比例，全面掌握核电设备的核心技术。

“当时，公司决策层敏锐发现了核电行业的巨大潜能，投入核电通风产业。”在南方风机总经理任刚看来，时至今日核电依然是个较为“神秘”的产业，可想而知公司在17年前面对的未知、质疑与困难。

要想进入核电市场，必须拿到开启市场的“金钥匙”。核安全重于泰山，所有从事受国家核安全局监管的、与核安全设备相关活动的单位必须按照规定流程取得设计许可证和制造许可证。申请单位不但需要具备优秀的技术能力、制造能力，还需要严格按照核安全法律法规要求，建立核质保体系并确保持续稳定运行，通过核安全局相关单位的轮番评审方可获取许可证。取证过程中审查条件苛刻、流程复杂。2009年，南方风机成为通风行业首个获得民用核安全设备设计和制造许可证的单位，一跃成为行业领头羊。

从民用建筑、地铁工程踏入核电领域，并不容易。任刚回忆，为匹配核电的严格要求，南方风机对内倾力投入，组建专业团队，攻克核电技术壁垒。同时，公司一边对标学习，建立核电质保管理体系，一边采购设备，建立核电产品生产线。即使投入巨大，困难重重，公司管理层也没有放弃，调动资源全力攻克难关、攻坚核电。

研发专啃“硬骨头”
推动核电关键设备制造

在核电通风领域，南方风机坚持“安全第一、质量第一”的理念，几乎参与了国内已建或在建的所有核电站项目，累计项目总数近20个，赢得了业主与用户的一致认可。

在核岛通风设备技术创新方面，南方风机自主研发创新的多项新产品超越国内外同类产品的技术水平，达到国际或国内领先水平。

在核电领域，第三代核电EPR（欧洲先进压水堆）技术吸收了过去40年国际上积累的压水堆核电机组运行经验，性能指标远超第二代核电技术。为了推动该技术在核电站项目中的应用，南方风机凭借自身过硬的技术实力，成功完成了先进压水堆核岛通风空调8种关键设备的研制，攻克了DVD分体式核级空气处理机组的技术难关，以国产产品替代进口，填补国内空白。该研发项目获得发明专利5件、实用新型专利7件，8种产品均被认定为广东省高新技术产品，技术成果落地实施后顺利通过了科技部的课题验收。

作为项目实施环节的核岛通风空调系统设计与设备制造集成总承包单位，在项目实施之初，为了验证核级通风设备能否满足核电站事故工况条件，南方风机成立专门课题组，派驻人员到现场与业主单位联合办公，经历超过 8 个月的时间，摸索并建立了国内核电站通风与空气处理系统（HVAC）设备的第一套鉴定文件体系。

标识文件、鉴定大纲、鉴定试验程序、抗震分析报告、抗震试验报告、环境鉴定报告、鉴定总结报告……一系列报告组成的文件体系，从核级设备的基本信息、性能要求、采用的鉴定方法、试验项目、试验要求、验收准则等各方面进行描述，南方风机也成为我国第一家完善核岛通风领域设备鉴定文件体系的制造商。

南方风机专注通风与空气处理系统设计、设备制造集成及服务

“双碳”下的新机遇
行业迎来发展新高峰

正如 17 年前站上核电发展的潮头，近年来，南方风机正酝酿一次新的攀登。

经过多年的发展，南方风机在核岛通风与空气处理系统集成细分市场领域的市场占有率位居全国前列，是国内唯一具有第三代先进压水堆核电站核岛通风空调关键设备总承包经验的厂家。

面向未来，南方风机董事长袁学亮认为，核电通风市场仍然“大有可为”。

核电代表着能源应用的进化趋势。据介绍，核电是一种经济环保的能源，与火电相比，核电不排放二氧化硫、烟尘、氮氧化物和二氧化碳等物质；与水电、风电相比，较少受自然条件的约束，发电规模稳定；与风电、太阳能、生物质能、地热能等相比，核电的发电规模大。

但与这些优势相对应的是，2021 年度，核电发电量仅占全国发电量的 5.02%，因此，在“双碳”目标的要求下，从现有技术条件分析，核电作为一种可供大规模利用的能源形式，具有广阔前景。

2020 年以来，我国核电行业发展再次迎来高峰。根据《中国核能发展报告（2020）》，“十四五”期间及中长期，核电建设有望按照每年 6—8 台的节奏持续稳步推进。预计到 2035 年，我国核电在运和在建装机容量将达到 2 亿千瓦左右，其中在建 5000 万千瓦，若以每台投资 100 亿元至 200 亿元计算，投资规模高达千亿元。

“未来核能应用的市场需求也会越来越大，南方风机要充分发挥自己的优势，抢占市场，不断提升公司的竞争力和市场占有率，不断提升盈利能力。”袁学亮表示。

接下来，南方风机将紧跟行业发展趋势，保持公司研发投入力度，提升公司研发和检测能力，加快产品的升级转型和新产品的研制，进一步完善产品结构，巩固行业领先地位，并持续加强新材料、新工艺等高端产品应用领域的研发创新投入，增强公司可持续发展能力和市场竞争力。

观察眼

掌握核心技术　才能“笑到最后”

不论环境如何变化，掌握核心技术的企业总能“笑到最后”。

2005 年后是我国核电产业蓬勃发展的时期，南方风机凭借敢为人先的精神，成为我国最早切入核电通风领域的企业之一。企业坚持走“技术优先，质量优先”的道路，不仅在多个技术领域实现领先，还带动我国核电通风设备研发制造水平跻身于世界前列。顺势而为，让南方风机在核电领域赚得了“第一桶金”。

但行业的发展并不是一帆风顺的。受 2011 年日本福岛核事故影响，全球多个国家和地区放缓核电项目建设，核电产业发展一度陷入停滞，这对亚洲国家造成的冲击尤其之大，行业走势曾对企业发展造成较大影响。中国在 4 年后的 2015 年开始恢复建造新型核反应堆。

任何一场危机的背后总是蕴藏机遇。启动新型核反应堆建设后，南方风机再度站上“风口”，新一代核电通风工程的技术要求更高，对企业研发实力的考验更大，南方风机沉淀的技术优势得以显现。专业专注，做好产品，是南方风机能够在行业内屹立不倒、脱颖而出的核心竞争力。

按照国际能源署披露的数据报告，在 2010 年到 2020 年期间，中国的核电产能提高了整整 5 倍之多，随着新型高效能核电反应堆的陆续建成和投入使用，中国核电产能得到极大提升。面对巨大的市场空间，南方风机未来可期。

思豪科技：突破技术封锁 拳头产品国际领先

“北方有哈工大，南方有广东思豪。”一句来自内高压技术专家的评价，反映出广东思豪内高压科技有限公司（下称“思豪科技”）的行业地位。过去，在内高压成型装备这一细分领域，来自欧美和日本的企业占领了绝大部分市场份额，并长期实行技术封锁。而这一装备又对航天航空、汽车、船舶、军工等先进制造行业的发展至关重要。

10多年来，一批中国企业为寻求突破而不断努力，来自佛山南海的思豪科技是极少数能够与国企齐头并进的民营企业。目前，思豪科技的拳头产品——智能内高压成型装备，市场占有率进入全国前三，并成功打进丰田、比亚迪、小鹏等知名车企供应链。

“我们走过的桥比别人走过的路还多。”思豪科技创始人、董事长周富强说。率先突破的背后是难以计数的探索试验，如今，这些经验不仅让企业蹚出了一条路子，甚至改变了国内的专业教学，周富强多了“兼职教授”的身份，思豪科技的案例更是被多所高校写进教材。

攻坚金属“吹气球”装备

故事起源于2009年，一名从国外参展归来的客户，给周富强带来了一个难题。

那是一根漂洋过海而来的三通异型铜管，乍看之下很普通，但作为内行人，周富强一眼看出了它的特别之处，它全身上下看不到一丝接缝。当时，国内铜管以焊接成型为主，焊缝的存在是不可避免的。没有焊缝则意味着，这根铜管是一次成型的。

究竟是如何做到的？这根舶来品身上的秘密激起了周富强的兴趣，内高压成型技术也由此进入他的视野。实际上，这项技术在德国、美国、日本等制造业强国已经成熟，是生产金属空心结构件、异型零部件的关键。

内高压成型也叫液力成型，与一般的焊接成型技术不同，其传导压力的介质是水或油，通过特殊的加压工艺达到一次成型的效果，在实现产品轻量化、降低生产成本的同时，还能提高金属的强度和刚度。

作为一项新兴的先进制造技术，内高压成型技术在航天航空、汽车等领域有广阔的应用前景。然而，在2011年，这项技术在国内还处于空白状态，为数不多的进口装备主要分布在大型车企的工厂中，不仅价格昂贵，还有技术封锁，其他领域进口装备变得越来越艰难。

此时，周富强还从事着传统液压机械的生产。他拿着铜管找同行、学者研究探讨，但都是基于理论，实践经验则无处取经。“与其想还不如行动。”周富强决定自己开干。但从零开始攻坚一项先进技术，难度远超他想象。

周富强形容内高压成型如同“吹气球”，首先要精准把握材料性能和热处理工艺，不同材料有不同的延伸系数，一旦加压过度就会导致“气球”爆炸。此外，还要解决特殊模具制作，超高压水密封，以及零部件尺寸精准度、批量稳定技术、异型要求等问题。由于找不到现成厂家供应模具，周富强主动出资培育了一家内高压成型模具厂。

设备有了，如何让设备产生高压？这是内高压成型装备最核心的技术。最终，思豪科技凭借自主开发的“超高压和高压增压系统”，真正进入内高压成型装备厂商行列。

挺进知名车企供应链

经过长达3年的摸索，2011年，思豪科技首台内高压成型设备在佛山一家钢管厂投入使用。

随后，思豪科技又经历了漫长的开发期。其中，有一个异型弯头产品，研发团队整整攻坚了9个月，开了3套模具才最终取得成功。逐步摸透工艺后，不仅成型产品类型越来越多，思豪科技的内高压成型装备质量稳定性也不断提升。

“我们现在可以做到增压100万次无故障，已经达到了国际先进水平。”周富强说。

这家不起眼的装备制造民企，也开始得到巨头青睐。2016年，世界500强日本丽驻株式会社购进思豪科技的设备；2017年，世界500强日企TDK也成为思豪科

思豪科技生产车间

技的客户，同年思豪科技进入本田汽车供应链。在2015年到2021年间，国内多家大型铜管龙头企业、不锈钢企业及卫浴企业开始采购思豪科技的设备。

对于大量消耗铜材的铜管企业来说，铜管轻量化上的一个小小的进步，可以为企业带来降本增效的显著收益。周富强测算，使用内高压设备后，一个直径25mm的铜管件可以节省5克铜，综合计算下来，一年可以为企业节省不少成本。

汽车行业是内高压成型设备最主要的应用领域，但过去，车企以采购德国、日本设备为主。由于门槛过高，这一领域对思豪科技来说一直是块“硬骨头”。直到2020年，疫情冲击全球供应链布局，车企才开始在国内寻找设备供应商。

已经深耕内高压成型设备多年的思豪科技脱颖而出，在2020年向丰田供应了国内第一台内高压成型设备，成为丰田的一级供应商。由于质量过硬，随后思豪科技又向丰田卖出第二台、第三台。

2022年6月，思豪科技对外发布4000吨龙门式重型装备。7月，1台4000吨和1台2000吨龙门式重型装备从思豪科技出厂，被送往小鹏汽车供应链工厂，将用于新能源汽车动力电池金属结构件的生产。

“以前车企用的都是国外设备，基本都不考虑购买国内的。”周富强说，思豪科技成功扭转了车企对国内设备的印象。

填补高校专业教学空白

除了思豪科技的创始人和董事长，近年来，周富强还有另一重身份：兼职教授。

实际上，在国内，不仅内高压成型装备起步晚、发展慢，高校相关专业的教学也有所欠缺。其中，哈尔滨工业大学由于承接国家航空航天技术研究，在内高压成型技术方面的研究遥遥领先，但多以理论为主，实践案例不多。

周富强回忆，2016年前后，思豪科技将内高压成型装备推向市场的时候，哈工大的专家学者一度不认可。直至2017年，两位哈工大教授来到思豪科技实地调研，才相信思豪科技在内高压成型技术应用方面真正走到了前列。

随后，一批国内高校专家学者，纷纷开始关注并认可思豪科技的实践成果。中国科学院金属研究所博士徐勇直言，“思豪科技是我所知道的中国最大规模和最有竞争力的内高压装备企业”。

思豪科技的实践案例更是被写进教材中。华南理工大学、广东工业大学、湘潭大学、桂林电子科技大学、佛山职业技术学院、韶关学院的教材，所使用的内高压成型案例都出自思豪科技。

周富强也获邀前往多所高校担任兼职教授，并指导研究生做内高压成型方向的课题和论文。“这些高校的研究生很多都会来思豪科技，我带他们做课题。”周富强说，仅是桂林电子科技大学就有超过50名研究生在思豪科技完成课题研究。

如今，思豪科技已经成为国内院校机械专业的一个“编外”实验所和研究生实习基地，这对于推广内高压成型技术、培养专业人才有重要意义。

除了积极推动专业教学发展，周富强还想方设法提高外界对内高压成型技术的认知。

“早期在国内讲内高压成型技术，很多人都不了解到底是什么。”为此，思豪科技投入了不少资金，举办了中国第一届内高压成型技术论坛，之后又一连举办了七届论坛，在疫情发生之前，该论坛规模一度达到800人。

“就像模具是工业之母一样，设备也是一个‘孵化器’，我们并不能创造很高的销售额，但是内高压成型设备可以为很多行业赋能，支撑其转型升级。”周富强说。

观察眼

先行者要有培育市场的格局

对于勇闯空白市场的先行者、拓荒人来说，如何培育和激活市场是一个很大的挑战。如果新市场不能成长起来，那么先行者很可能就变成最先倒下的人。

早期思豪科技进军内高压成型装备领域的时候，就面临着市场培育的难题。欧美日企业已经实行技术垄断，内高压成型技术难以在国内广泛应用，行业认知度也比较低，国产装备要做出来不容易，要打开市场更不容易。

思豪科技的突破不仅在于技术本身，还体现在对新技术的推广和市场培育上。行业认知度低，思豪科技就主动组织论坛，并且坚持了7年，聚集了内高压成型行业的人才、资源，逐步打响知名度；专业教学存在空白，思豪科技就积极对接高校，分享实践经验，搭建校企合作的桥梁。

国产内高压成型装备的前进，离不开思豪科技等先行者的努力，市场的成熟也给予了先行企业成长的空间。从零起步，走到细分领域全国前三，思豪科技的一个重要经验就是，作为先行者要有培育市场的格局，不做“等风者”，要做“追风人”，甚至要做“造风者”。

高谱弯曲：摆脱技术封锁 成就“拉弯”高手

只需事先将设计图导入弯曲设备的控制系统，就能将笔直的金属型材加工成预定造型的工件。这是广东高谱弯曲技术有限公司（以下简称“高谱弯曲”）研制设备的生产场景。

高谱弯曲坐落于佛山南海大沥，自2012年成立以来致力于各类金属型材弯曲成型技术及其设备的研发制造。“我们只做一件事，就是把直的金属型材变成弯的。”该公司总经理高波总结道。

这项工艺看似简单，应用场景却很广泛：小到卫浴器具、灯饰，大到新能源汽车、高铁、航空航天等，这些领域均离不开型材弯曲工艺。

凭借自主研发的控制系统与技术，高谱弯曲成功打破国外的技术垄断，其设备被应用于奔驰、宝马、奥迪、特斯拉等全球知名汽车品牌和奇瑞、理想等国内主流品牌的新能源汽车上。目前，高谱生产的数控滚弯机、全数控拉弯机、汽车保险杠拉弯机技术达到国际先进水平，销量及市场份额等综合指标处于国内前三。

“摸着石头过海”的自主研发

提起“型材弯曲”，大多数人会感到陌生。事实上，弯曲是个古老的运用，有金属就有弯曲，章丘铁锅其实也是一种弯曲工艺。弯曲在现代工业上运用得更加广泛。

随着新材料的发展，铝合金在高铁、新能源汽车等得到了广泛运用。高波介绍，以汽车铝合金防撞梁为例，通过高谱弯曲的设备，只需50秒便可加工一件汽车防撞梁，加工精度误差不超过0.5mm，产品合格率高达99.9%，“这种加工精度与产品的一致性，依靠传统设备和工艺是不可能完成的”。

航空航天领域，高端弯曲装备更是一种不可或缺的装备，这个领域过去长期由德国、美国的企业垄断，相关技术更是其核心机密。为打破这一局面，高谱创始人郑晓宏2011年毅然离开工作了10多年的日本公司，开始自主创业搞研发。

“型材弯曲设备的核心是控制系统。如果说机械设备是‘手’和‘脚’，那么控制系统就是‘大脑’。”高波说，过去国内装备在控制系统与硬件方面，较国外装备存在很大的差距，这也是该领域国内企业无法突破的重要因素。

自主研发控制系统的过程，就如同“摸着石头过海，很多时候连石头都不知道在哪里”，郑晓宏在回顾这段过程时，非常感慨地说道。因为没有可参考借鉴的资料，郑晓宏带着两个助手对不同材质、截面的金属型材进行物性分析、应力分析、回弹控制等海量的研究和测量。有时为了找到一个运算逻辑与控制逻辑，或者为了拿到一个准确数据，他们经常连续两三天都在一个200平方米的破旧厂房兼实验室里吃住。就这样摸索了两年，郑晓宏终于研发出第一台初具功能的样机。

“这些年我们在控制系统方面不断进行大量的投入，推进系统的更新迭代。从本质上看，我们不是一个机械设备公司，而是一家数字系统公司。”高波说，每个新产品的出炉、新方案的出台，都是基于前期数据模拟分析，而后借助系统去控制机械实现的结果，“正因为我们的控制系统是自主研发的，所以设备的更新迭代不受制于人，做到核心技术自主可控”。

高波透露，目前高谱弯曲正在开发在线弯、全伺服三维滚绕弯机等系列装备，“一旦上市，这些装备都会是全球首发，技术可领先行业10年”。

高谱弯曲的员工正在调试设备

参与“编织”冬奥会“雪绒星”

2022年北京冬奥会上，名叫“雪绒星”的立体雪花灯光艺术装置备受关注。它使用了建筑学上名为“编织式空间网壳”的技术，先用线元素塑造曲面，再拼接成镂空的三维造型，造型和工艺都很复杂。鲜为人知的是，“雪绒星”结构加工过程用的正是高谱弯曲的滚弯机。

“2021年上半年，清华大学建筑学院的一位老师通过公司的宣传视频找到了我们，希望我们提供一段自由弯曲形状的样品，当我们做出样品以后，他们直接全款买了一台三维滚弯机。”高波说，当时并不知道他们购买机器的用途，直到冬奥会结束看到了相关报道，才知道是用来做“雪绒星”。

“雪绒星是一个正二十面体，每一面都是由多个空间线条组成的，而且各个面都是一样的，这种一模一样的雪绒星还要做多个。这对型材弯曲的工艺和设备的要求就相当高了。”高波解释道，三维造型的结构，无法简单测量，只能通过空间坐标来定义每个点的位置，从而确定三维空间的造型是否准确，其重复加工的难度很大，“目前在市面上还没有看到能这么精确控制三维造型的设备”。

与同类企业相比，高谱弯曲技术领先的奥秘是什么？“我们最核心的部分在于控制系统，它能控制机器把客观不确定性的材料，生产成确定的产品。”高波解释道，受到温度、环境、原材料含量等外界因素影响，没有一支金属型材的物性和屈服强度和另一支是完全一样的，这种材料的不确定性是一定、客观的必然。当然，材料细微差异是国标允许的偏差。但就是这种合格范围内的材料，如果用同一轨迹进行弯曲生产，每支材料出来的成型效果差异会非常大。

而在汽车行业或大批量制造中，产品的稳定性和一致性成了判断设备是否有价值的最关键因素。这也就是高谱设备的独特价值所在。

高波介绍，高谱弯曲的设备可通过实时反馈系统，在弯曲成形的过程中，不断进行数据反馈和自适应来调整力的大小，克服材料差异。“我们的独特算法与控制系统在这一高端装备领域实现了自主可控，摆脱了国外技术封锁。”他说。

用技术“砖”敲开顶级客户大门

成立10年来，高谱弯曲为汽车制造、轨道交通、航天航空、建筑幕墙、门窗灯饰等不同领域的客户提供了专业的数控加工解决方案。其中，汽车制造领域是其重点发力的领域，该领域的收入占据公司收入的60%。

高波介绍，高谱弯曲合作的汽车领域客户为汽车主机厂或为其配套的一级、二级供应商。其中，为奔驰、宝马、奥迪等品牌做配套的全球知名汽车零部件供应商麦格纳，正是高谱弯曲的客户。

“与麦格纳的合作偶然中有着必然。”他说，过去，麦格纳在中国的工厂主要采用德国弯曲装备。2020年初，受疫情影响，国外设备无法交货，但宝马一款新车型上市在即，为了不影响交期，他们只能试着在国内寻找替代供应商，通过在汽车行业打听，找到了高谱弯曲。

作为全球顶级汽车配件商，麦格纳对供应商有着很高的要求。“我们需要提前将技术方案给到麦格纳，然后他们会通过为期数月的技术分析来验证我们装备技术的可行性。不仅如此，麦格纳还提出了十分严格的贸易条款，即设备验收前麦格纳不付一分钱，所有风险由高谱弯曲承担。”高波说，这是国产装备首次有机会进入麦格纳的供应商体系，再有压力也要做成这个项目。

高谱弯曲最终凭借其一流的解决方案、勇于担当的精神征服了麦格纳，并于2021年初完成首套设备的交付。“除了弯曲需要，麦格纳的生产应用场景有自动化生产的需求，这也在无形中倒逼我们进一步提升设备智能化水平。”高波说，高谱弯曲现已和麦格纳达成了长期合作关系，并交付了多台装备，这也树立起高谱在汽车零部件领域的良好口碑。

如今，国内主要新能源汽车品牌汽车弯曲件的制造都在采用高谱提供的装备。就在2022年7月，该公司刚交付了奇瑞新能源4台数控拉弯机，目前已用于奇瑞的量产新车。

观察眼

练好内功方能化危为机

受新冠肺炎疫情反复与经济大环境影响，不少中小企业的生产经营面临一定冲击，对未来发展持审慎乐观态度。

而在高谱弯曲总经理高波看来，有“危机”的同时也充满着“机遇”。因为型材弯曲设备行业较为精细化，加上全球经济影响，国外同行业的一些企业已经无法经营下去了。这无疑为高谱弯曲扩大市场份额提供了一个很好的机会。甚至有国外企业提出要做高谱弯曲设备在欧美市场的代理商。

从高端市场被进口设备垄断，到自主研发的设备打入海外市场，高谱弯曲在疫情下实现逆势增长，很大程度上基于自身长期修炼得来的内功。

这种内功源于企业经年累月的专注与投入。采访中，高波的一句话让人印象深刻：“我们只做一件事，就是把直的金属型材变成弯的。”

简短的一句话背后，是这家企业用十年如一日的心态持续投入研发、不断迭代升级。因为他们深知，只有练好内功、筑牢技术“护城河”，才能在危机中把握机遇，才能活下来且活出精彩。

第二章　榜样力量

华兴玻璃：逆势增长背后的“数字引擎”

2022年7月初，佛山市举行重点项目建设现场观摩会，公布了发挥标杆示范效应的“红榜”项目，佛山华兴（广东华兴玻璃股份有限公司在高明投资的全资子公司）绿色智能轻量化玻璃瓶扩建项目赫然在列。

就在数月前，广东华兴玻璃股份有限公司（下称“华兴玻璃”）一期数字化项目成功上线，推动公司整体数字化水平从工业1.5迈向3.0水平。

即使处在经济下行压力增大、不确定性因素增多的环境中，华兴玻璃依然不遗余力投入研发创新、加快数字化转型。“双轮”驱动下，公司一方面牢牢抓住技术迭代的风口，稳坐亚洲日用玻璃市场占有率、综合竞争力双第一的宝座；另一方面借助数字化和智能化工具，不断提质增效。

2022年上半年，华兴玻璃交出了颇为亮眼的成绩单。公司营收额创下新高，预计2022年营收总额将突破80亿元，较上年增长10%以上，继续保持每年10%—15%的增速。在华兴玻璃总裁办主任、董事长秘书高啟亮看来，日用玻璃产业处于战略机遇期，未来大有可为。

破解“增收不增利”困局

华兴玻璃占国内日用玻璃市场近20%的份额，其生产的玻璃容器，在食品、化妆、药物包装领域应用广泛。

“行业正在往高质量发展、高端制造方向持续提升。”高啟亮说，随着消费升级，人们对食品安全的关注度日益提升，对包装容器的认识也不断提高，在健康消费、健康餐饮习惯的影响下，其他包装容器往玻璃包装容器调整的趋势明显。行业协会统计，欧美国家日用玻璃人均消费量为每年50公斤，我国人均消费量为每年10公斤，增量空间广阔。2020 年疫情发生以来，由于居家消费增长，华兴玻璃在国内的 16 家工厂无一因为市场订单原因而减产。

不过，挑战仍然存在。2021 年，原材料以及运输价格大幅上升，特别是受燃料价格的影响，部分生产区域燃气单价从 3 元一路跃升至 7 元，导致利润水平开始下降。

增收不增利，是当前多数企业面临的共性问题。2022 年二季度，受国际环境复杂演变、国内疫情冲击等因素影响，我国经济下行压力明显加大。在此背景下，日用玻璃行业正加速“洗牌”。来自行业协会的数据显示，全国日用玻璃行业规模以上企业从几年前的 1000 多家，收缩为 2021 年 280 家，2022 年或将只剩 150 家左右。不少企业退出“赛道”，日用玻璃行业集中度明显提升。

形势在变，华兴玻璃如何应对成本上涨的挑战？

近年来，华兴玻璃针对数字化智能化改造的投入只增不减。在高啟亮看来，结合 VPO（工厂最优化管理）的数字化转型投入已帮助企业在降本、增效、提质方面取得实实在在的效果。

对冲风险，华兴玻璃早有准备。

传统制造迈向工业 3.0

撕去日用玻璃行业的标签，华兴玻璃更为人称道的，是大举投入数字化转型的举措。

数字化改造，是华兴玻璃谋求高质量发展的一条重要路径。其核心目标正如华兴玻璃董事长李深华总结的，就是 8 个字：世界先导，为我所用。即在数字化改造上，华兴玻璃要整合代表世界一流、引领时代的技术，为其所用。

2022 年上半年，华兴玻璃实现了一次次“自我突破”。

1 月，佛山市数字化智能化示范车间评审结果出炉，华兴玻璃瓶数字化智能化示范车间获选，荣获佛山市政府 200 万元奖补。

3 月，该公司一期数字化项目成功上线，成效立竿见影：工厂数据自动化采集数量提升 95%，数据透明度提升 98%，生产效率提升 30%，生产灵活度提升 25%，运营成本下降 8%；从产品质量和产量看，不良率下降 20%，综合产量提升 10%。

高啟亮表示，参照工业 4.0 体系，华兴玻璃整体数字化水平已从工业 1.5 水准提升到接近工业 3.0 的水准。

数字化改造不追求一蹴而就，而要扎实地一步步推进。早在 2005 年，华兴玻璃就开始引进并吸收日本山村硝子公司的先进技术。

2010 年，公司上线 ERP 系统。随后，不同的业务模块又依据各自的需求分别上了不同的系统平台。但由于缺乏整体规划，企业内部形成了很多数据孤岛。由此，华兴玻璃下定决心系统规划数字化改造。2018 年，公司选择了在传统制造数智化转型上有丰富经验的西门子作为合作伙伴。

作为规划咨询方，西门子对华兴玻璃的数字化水平进行了一次全面“体检”，通过进行产能规划、快速和柔性的生产计划、高效的产品和过程数据追踪等 15 个维度分析，总结了 268 个痛点，提出了 32 个解决方案。在最近两年的合作中，双方计划共同打造行业首个数字化灯塔工厂。

“一期数字化项目上线只是一个开始。”高启亮表示，针对该项目，2022 年还将继续投入 900 万元，项目共分三期，在集团总部运行后，华兴玻璃将形成可复制的经验，面向全国 16 家工厂铺开推广。

华兴玻璃数字化生产场景

“轻装上阵”降本增效

一组数据呈现出华兴玻璃数字化改造的成效：公司年产值从 2010 年的 28 亿元飞跃至 2021 年的 75 亿元，而用工数量仅仅从 9628 人增长至 1 万人出头。以行列机的智能控制系统为例，转产时间从原来的 1 个小时以上，缩短至 30 分钟内，同时所需人工也从原来的十几人缩减至几人。

除了大举进军数字化改造，华兴玻璃产品升级的脚步也从未停止。

据最新消息，佛山华兴年产 55 万吨绿色智能轻量化玻璃瓶扩建项目一期工程预计 8 月点火运行。新项目背后是新的趋势——玻璃瓶轻量化将成为技术创新的主流方向。

高敞亮表示，随着市场需求的不断变化，玻璃瓶轻量化已成为行业发展新趋势。客户对产品性能、生产技术的环保和节能水平提出更高要求。“玻璃瓶的综合物理性能主要看‘两个力’，一是外部的抗冲击力，二是灌输内容物之后的内压力，按照木桶原理，玻璃瓶的内外抗压能力取决于瓶身上最薄弱的点，因此，轻量化过程中，对瓶身均匀性的要求更高了。”他阐释。

这就要求生产企业更精准地控制原料成分，让玻璃瓶壁厚变得更均匀。据悉，华兴玻璃已在行业内率先实现了国产行列机小口压吹生产。伴随绿色智能轻量化玻璃瓶扩建项目推进，一批经过改良与优化的新设备将投入使用，确保轻量化产品质量稳定可控。

截至 2022 年，华兴玻璃轻量化水平从 2017 年的 60.5%提升至 90%以上，轻量化产品产量占公司总产值的近六成，成为华兴玻璃站稳市场的“招牌”。

一个玻璃瓶从 350 克减重为 175 克，对普通消费者来说，重量的变化似乎并不起眼，但对一家规模企业来说，微小的变化却有“万钧之力”。

“良品轻量化制造工艺，是核心技术的高度体现，使得我们的燃料、原材料使用量同步下降，在产品定价不变的前提下，实现降本增利。对客户来说，运输同体积的玻璃瓶重量大大减轻，同样节约了运输成本。在高质量发展的趋势下，结合绿色环保的理念，无论是节能还是环保都有持续的改善。”高敞亮说。

“轻装上阵”的华兴玻璃，在经济环境的挑战下，显得更加从容。

观察眼

化危为机　关键看“平常功夫”

疫情发生以来，华兴玻璃一直保持着每年两位数的增长。很多传统企业称2022年是“近40年来最难的一年”，华兴玻璃也面临增收不增利的情况。但是，不论面临何种突发因素，华兴玻璃总能给人一种“踏实感”，人们可以相信，华兴玻璃的办法永远比困难多。

办法来源于平常的积累沉淀。这一轮燃气价格上涨，使得华兴玻璃一度失掉数亿元利润。而另一边，公司在长年布局的数字化转型、轻量化生产“阵线”收获回报，实现降本增效，一定程度对冲了产业上游价格波动带来的危机。从这个角度看，华兴玻璃每天都在巩固基本功、持续改善技术上做防范化解危机的准备。

在华兴玻璃董事长李深华看来，企业危机管理本是战略管理的重要组成部分，它如同人的健康管理，要有根本性和基础性的关注，同时进行系统性的把握。这个过程是有开始而没结束的，企业只有与势相适、与时俱进，才能应对外部环境不确定性影响而游刃有余，适应宏观调控变化而顺势而为，接受挑战而胸有成竹。

也就是说，作为微观经济的活动主体，企业当危机形成才急于求解、忙于表面，这已经是一种舍本求末、本末倒置的做法。

数字化和技术创新只是手段，虽然行业不同、术业有专攻，但华兴玻璃的关键理论适用于大多数佛山企业。

星联精密：让智能化设备成为“老师傅”

走进广东星联精密机械有限公司（下称“星联精密”）的生产车间，多台设备整齐有序地成直线摆放，全流程生产工序、运作情况等通过设在机器旁的屏幕即可呈现；现场，一个员工能操控七八台设备，生产数据经过采集、汇总，为日后实现模具制造的数字化设计、生产提供更多支撑。

作为全国制造业隐形冠军，佛山企业星联精密吹瓶模具和注坯模具产品，在全球高端饮料包装市场分别占据20%和15%的市场份额，排名亚洲第一、世界第二。因应自身发展需要，星联精密早在2003年就开启数字化智能化转型，为企业转型升级注入更强劲的发展动力。

数据显示，2020年以来，星联精密在研发创新上的投入占比超9%，并通过数字化赋能，不断实现模具制造全产业链的数字化设计与生产，让智能化设备变成出产稳定、高效的“老师傅”，使生产环节更可控、全流程可追溯，品质长期领跑国内同行。

车间变革
实现非标产品标准化生产

“尽管目前外部发展环境存在不稳定等因素，星联精密近两年还是发展速度较快，复合增长率高达10.7%。尤其在2021年，企业销售额比2020年略微增长的基础上，税后利润能有大幅提升。”在星联精密总经理姜晓平看来，这得益于企业近年来一直大力推进数字化改革。

星联精密成立于1993年，以食品饮料包装PET模具生产为主要发展方向，产品主要用于水饮料、食用油的包装，服务对象是国内外知名饮料品牌及其包装商，可口可乐、百事可乐、农夫山泉、怡宝等都是星联精密的客户。

星联精密是离散型制造业的代表，产品有着小批量、多批次的特点，意味着在一定程度上难以实现流水线生产。过去，由于产品个性化、定制性强，但大部分生产环节未联网且不具备生产加工过程的全数据记录能力，如何保障新、旧生产模具做到一模一样，是摆在模具生产制造企业面前的难题。

“比如，一个测试模具经过检测，发现哪里薄了一点或厚了一点，熟手的师傅拿个锉刀凭感觉去锉一下就调整好了，但这个最终数据无从找回。”星联精密总经理助理卢佳说。

要使模具一模一样，需要稳定和可追溯的数据。为此星联精密投入大量资金进行数字化改造升级，斥资5亿多元兴建PET模具生产研发制造基地，引进了五轴柔性生产线、车铣复合加工中心、车磨复合加工中心等国际顶尖生产制造设备，智能化立体仓库及智能机器人等。

目前，星联精密已建立了从瓶型开发设计、模具性能研发、订单研发，到试验模具及商业模具的检测与测试及瓶坯、瓶子等终端产品的检测与测试的全流程研发体系，能有效提升模具产品质量、提高制造精度、缩短研发制造周期，扩大生产规模。

星联精密的智能化、柔性化、数字化车铣复合设备

更值得一提的是，星联精密检测中心实验室为行业首家获得CNAS认可的检测

实验室，是知名饮料品牌认可的第三方实验室，可为行业饮料品牌及包装商提供第三方检测服务。

星联精密通过数智化转型，实现了非标产品的标准化研发，在一定程度上节省了客户维护保养费用；通过工艺改进，提高了模具自润滑性、耐腐蚀性，通过增加镶钢键设计加强对模具的保护，使模具寿命从开合模200万次提升至800万次，叠加大修翻新、二次翻新技术，模具可正常使用2000万次，寿命长达15年，产品品质领跑国内同行。

数据赋能
将人力集中投入研发等领域

如果说，工人用手指轻点可触控屏幕，即可快速记录、上传生产工序的全流程数据，车间整洁有序，只是数字化、智能化改造的1.0版本，那么星联精密如今正大步迈入数字化建设的2.0阶段，加速搭建模具设计、生产的数据库。

“生产环节的数字化、智能化，将技术工人从传统岗位上解放出来，相比前几年企业人员数量有较大幅度的减少，如今员工数量已基本维持稳定，但人员结构发生了改变。”姜晓平说，目前星联精研发人员约有120人，占企业全体员工的近30%，并通过技能培训、专项研发等，可参与开发并提供更多的研发服务。

随着人员结构的优化调整、资金的注入，星联精密产品数据库的搭建也驶入了快车道。经过反复调整，企业已通过前期大量的数据积累，实现多种模具的自动化设计，目前30%—40%的设计由自动化完成；同时，产品数据库能高效监控生产过程并自动收集生产检测数据，使检测数据形成闭环并反馈到生产。

在此基础上，星联精密希望加快通过大数据实现自动化的速度，让研发人员专注“搞开发”，“画图纸”完全交给机器。“未来，企业希望能实现‘傻瓜式’生产，不需要受制于经验老到的师傅，即便是多年以后，也能通过输入几个数据，实现过去模具版本的标准化生产。”卢佳说。

至今，星联精密在数字化转型上已累计投入1.57亿元。同时，自成立以来，星联精密一直专注自主研发，拥有授权发明专利11件、实用新型专利138件、外观专利73件、软件著作权1件，其中3件专利先后荣获第十八、第十九届中国专利优秀奖，第七届广东省专利奖。

随着数字化转型走向深入，星联精密还加快打造虚拟展厅，计划将制造车间“搬到”屏幕上。尤其在外部环境不稳定因素不断增多的当下，这样的设想能在最大限度上减少人员的流动、资金的投入，又能更快捷、高效地实现生产全流程环节的数据追溯与动态调整。

前瞻眼光
近20年坚持推动数字化转型

实际上，数字化改造是近两三年出现的概念，但对于星联精密而言，这场数字化的长跑已从2003年开始。

2003年，星联精密启动大数据建设、数字化改造工作，改变了模具传统行业的生产模式，走出了从工序化到流程化、标准化，再由此迈向模块的智能化、柔性化、数字化，再到系统的智能化、柔性化、数字化的道路。如今，星联精密基本实现了数字化运营。2016年，星联精密成为全省模具行业唯一的“2016年广东省智能制造示范试点项目高新企业”，同时也是佛山市政府评定的二级数字工厂。

正是得益于前瞻的战略眼光，即便在外部环境不稳定、技术人员流动受阻等因素影响下，星联精密仍能高效实现售后服务运作模式的改变。区别于以往售后服务通常在下游客户工厂操作，如今，星联精密尝试把这项业务转向在本公司解决，通过远程连线、数字化信息的采集上传等，减少企业人员在客户现场提供服务的状况。

数字化是星联精密在行业内站稳脚跟，实现长远发展的重要一环，但要成为隐形冠军企业，还离不开长期的专注与对研发投入的重视。成立近30年，星联精密一直专注于食品饮料包装行业，追求主业，坚持做强、做精的理念，为制造业走“专精特新”路线树立典范，是工信部认定的国家级专精特新“小巨人”企业，公司一款产品被认定为国家级单项冠军产品，同时企业也是工信部认定的绿色工厂。

同时，因坚持研发导向和标准引领，星联精密十分重视标准建设，截至目前企业共参与11项国家标准制定、1项国际标准制定，且在主营产品领域参与的国家标准编制过程中，均是第一指导单位。

展望未来，为适应饮料市场不断变化的消费需求，每年星联精密还会根据客户需求研发超过3000个新项目，同时，通过搜集全球各个国家的各类瓶型，以数据库的形式，为饮料生产企业提供研发新参考。

观察眼

果敢投入长期坚守　让“不可能”变为现实

数字化改造对于不少传统制造业而言，是一笔不小的投入。星联精密从2003年开始，一坚持就是近20年。从最原始的车间变革，到如今加快技术升级迭代，星联精密不断根据自身发展需要，实现不同版本、更深层次的数字化革命，让企业长时间领跑行业，对不断变化的市场环境也能应付自如。

作为一线传统制造业，有这样的发展触觉和行业敏感本身就十分难得，而一直坚持了20年更为难得。纵然在推进数字化的进程中，要投入大量的人力、物力，但随着时间的推移，一些过去行业觉得难以实现的场景，正在星联精密的生产车间内变为现实。

同时，星联精密也得益于数字化改造，实现更高速的发展，不仅使产品品质更高、生产更高效，也能将更多的劳动力从重复的工作中解放出来，投入到更高层次的研发中。

比别人早走一步，多走一步，根据自身发展需求不断调整，并长期坚持下来，以后回过头来看，曾经那些对新事物如何发展的疑惑，都会在这一过程中得到解答，企业会逐步找到更适合自身长远发展的道路。

星联精密智慧绿色工厂

佛山天朋：以数字化变革铸就全球领先企业

走进佛山天朋温控器有限公司（下称“佛山天朋”）的生产车间，一排排精密的自动生产设备整齐划一，生产线上可见三三两两的工人，一旁的机械手在有条不紊地抓取细小零件进行组装，很快，一个完整的温控器就组装完成了。

这些自动化设备都是佛山天朋自主研发安装的，目前已经更新到了第四代。从2019年开始，佛山天朋开始了从自动化工厂向数字化工厂的全面转型，历时3年，其数字化工厂初见雏形。

作为突跳式温控器销量全球第一的企业，近几年来，佛山天朋的全球市场占有率仍在不断上升，从2019年的18%提升到2021年的约为22%。面对当前市场的众多不确定性，佛山天朋“苦练内功”，用数字化来塑造公司的核心优势，目标是打造一个数字化、产品零缺陷的全面流动的精益工厂，成为“温控器行业的中国第一品牌”。

进击之路
三年建数字化车间

突跳式温控器是广泛应用在微波炉、饮水机、洗碗机、冰箱、空调等各种小家电和白电中的一种自动控制元件。它的核心感温元件双金属碟片根据环境温度的变化，推动电器接通或断开电路，从而控制设备的运行，以达到理想的控制温度和过热保护效果。温控器虽结构简单、体积小巧，但它的质量直接影响到整机的功能、安全和寿命，是非常关键的一个元件。

成立于1996年的佛山天朋，一直以来都致力于突跳式温控器的研发与生产，目前年产销量已达1.5亿只，市场占有率全球第一，成为全球各小家电品牌商和制造商的主要合作供应商，客户群已遍布美、德、意、法等国家，国内主要客户有美的、格力、格兰仕、德豪润达等，国外则有飞利浦、伊莱克斯、惠而浦、SEB、LG等品牌家电商。

最近几年，国内外经济环境发生着剧烈的变化。一方面，小家电市场从快速增长过渡到存量竞争阶段，消费需求进入了稳定替代阶段；另一方面，受疫情、原材料快速上涨影响，近年来特别是2022年家电行业整体下滑，这必然带来对上游零部件相关需求下滑、产能过剩的局面。在此背景下，已经经历了20多年赛跑的佛山天朋，会如何谋求突变？

数字化转型无疑是必经之路。“从2019年到2022年的三年数字化工厂规划，佛山天朋一直在进行数字化转型，对标灯塔工厂，目标是建设一个全面流动的数字化工厂，让数据来驱动人、机、料、单全部流动起来。”佛山天朋事业部总经理杨文辉说，公司正在积极申报佛山市的三级数字化示范工厂。

事实上，在2018年之前，佛山天朋虽然进行了信息化改造，但并没有真正意义上的数字化，ERP应用没有完全发挥功能，对排程、生产制造、仓储、物流等环节没有支持。

真正的变革始于2019年年初。在智能制造时代的大背景下，加上政府的各种政策支持，佛山天朋开始了数字化转型之路，在研发数字化建设上采用了PLM和CAPP系统，在制造数字化建设上建立了端到端的SRM（供应商关系管理）、WMS、APS（高级计划与排程）、MES操作系统。其中APS是订单流转过程的“大脑”，MES是过程订单执行的“手”和“脚”。

经过一年多的推进，佛山天朋的数字化工厂终于实现了T+3计划排程，即实现最快3天交货。2022年4月，佛山天朋开始了机联网项目和自动送料ARM机器人项目。该项目上线后，可以打通从计划到机台、工位的上下游系统，做到一键呼料、从物料直接送到机台、从机台送到成品仓，实现了从订单至交付全流程数据实时互通。

自主研发
支撑数字化高速进阶

数字化企业的打造离不开研发的持续投入。近10年来，佛山天朋的研发投入不低于销售额收入的4%，2021年更是达到6%，最近3年每年投入超500万元在自动生产线和数字化改造上。

佛山天朋的生产线

不仅加大资金上的投入，佛山天朋还通过建设技术研发团队打造核心竞争力。从2010年开始，佛山天朋就成立非标自动化设计研发团队，目前共有研发和工程技术人员45人，他们当中80%都是工科本科学历。从一台半自动生产线起步，到现在拥有25条自动生产线，该研发团队将公司的产品和工艺技术内嵌在设备里，并不断迭代，目前已经自主开发出第四代自动化线。

强大的研发团队，支撑着佛山天朋数字化的高速进阶。与大多数企业数字化依靠第三方“外援”不同的是，佛山天朋的设备80%都由企业的工程团队进行设计、组装、调试和升级，包括机械设备自动控制程序、设备的数据采集和机联网等，都由内部技术团队自主完成。

众所周知，在企业建设数字化工厂过程中，软件之间的打通和适应企业实际的定制化服务，往往是最难的。“由于是自主研发团队来实现‘工软＋机＋网’，我们可以更好地与产品、工艺深度融合。”杨文辉说，这也成为佛山天朋核心竞争力之一，为佛山天朋成为“温控器行业的中国第一品牌”奠定了基础。

随着数字化工厂的建设，佛山天朋的自动生产线效率不断提高，目前是人工生产线的将近5倍，企业的人员也进一步精简。“过去3年，我们的年销售额从1.27亿元增长到1.56亿元，但人员却不断减少。”杨文辉说。

内外兼修
打造零缺陷产品

面对市场的不确定性，佛山天朋已经制定了5年发展战略，希望通过内外兼修来保持企业的地位和优势。其中对内就是依靠技术创新，苦练数字化的“内功”，通过精益化来提高产品的质量和良品率，在保持产品质量的基础上，实现敏捷交付。

“在产品质量都处于同一个水平前提下，企业更需要在服务能力上取胜。”杨文辉说，目前客户对高精度、热响应灵敏、寿命长的产品需求越来越高。例如佛山天朋的温控器产品作为一个安全器件，结构看似简单，但是关键安装工艺误差需要控制在±0.02mm之内，而且从第1只，到第100万只，到第1亿只，都要保持过程能力的一致性，这就是精密制造的“硬功夫”。

为此，佛山天朋在生产线上增加了自动反馈控制装置，把检测设备内嵌其中，及时反馈，目前产品不良率从之前的1000ppm下降到400ppm，即100万个产品里面只有400个不良品。

杨文辉说，佛山天朋要打造零缺陷产品，就需要把问题一个个列出来，发现一个解决一个，经过3年时间，逐渐减少问题，并最终实现产品的零缺陷。

除了修炼“内功”，目前佛山天朋也准备要“走出去”。“我们准备今年9月去海外参展，首站会到德国。”杨文辉说，目前佛山天朋的外销占比约15%，海外的市场空间还很大，在国内市场收缩的趋势下，企业需要主动走出去。杨文辉说，希望通过系列举措，佛山天朋能实现温控行业全球品牌前三的战略目标。

观察眼

脚踏实地把产品做到极致

温控器行业的全球市场容量并不大，约7亿只，其中85%都来自中国的厂家，佛山天朗的销量就超过1.5亿只，稳占全球市场占有率第一的位置。

虽然市场占有率已经达到全球第一，但是佛山天朗与美国艾默生等企业仍然有差距，为此，佛山天朗的一个重要战略目标就是要在2025年实现产品在温控行业全球品质排名前三。

但在疫情、相关行业下滑等多重影响下，佛山天朗是“节衣缩食”，还是主动出击？越是面对危机，越要抢抓机遇，佛山天朗深谙此道。

纵观佛山天朗的发展历程，无论是推进数字化工厂、敏捷交付，还是用3年时间推进产品零缺陷，都是希望不断精益求精，把产品做到极致，通过服务来提升企业的核心竞争力。

小米企业创始人雷军曾形容过“极致”：把自己逼疯，把别人憋死。事实上，温控器并不是一个高科技产品，市场产品质量差距并不会很大，在这种情况下，企业该如何做到与众不同？最好的办法就是让自己的产品成为最好的超级产品。这并不是在技术上有超级过人之处，而是在每一个细节，不断创新，不断迭代。比如，佛山天朗的设备80%都由企业的工程团队进行设计、组装、调试和升级，这就是牢牢把握住产品创新迭代的关键。

在走向温控行业全球品牌排名前三的道路上，佛山天朗没有捷径，唯有脚踏实地，把产品做到极致。

东方精工：瓦楞设备龙头加“数”前进

走进位于佛山市南海区狮山镇的广东东方精工科技股份有限公司（下称“东方精工”）生产车间，一台台精密数控机床正在有序运转，对高端瓦楞纸板印刷机的核心零部件进行加工。偌大的车间内，操作员仅寥寥数名。

这是东方精工进行数字化升级的“试验场”，正在申报佛山数字化智能化示范工厂。

当前，佛山正掀起制造业数字化智能化转型的浪潮。截至2022年8月，佛山33%的规上企业实现了数字化升级。2021年，佛山认定22家数字化智能化示范工厂，其中大部分是大规模标准化制造企业。作为离散型制造企业的典型代表，东方精工的数字化转型，经历了不同寻常的探索之路。

离散型制造企业的数字化试验

自2020年开展数字化转型探索以来，东方精工在最初阶段也遇到了一些障碍。

不同于美的这种通过打造“黑灯工厂”实现高度自动化的连续型制造企业，东方精工属于离散型制造企业，瓦楞纸板印刷机每年仅生产100多台，而瓦楞纸板生产线每年出货也只有20多套。

这种定制化和柔性化生产的企业，如何加码数字化呢？

“我们先明确了数字化的目的，不是为了数字化而数字化，而是为了真正提高生产效益。对于数字化路径，我们做出了不同的选择。瓦楞生产包装装备的生产特性，决定了我们要走出一条不同于传统的数字化之路。”东方精工副总裁谢威炜说。

走进东方精工的生产车间，只见机器有序运转，为数不多的几个工人在不同的区间操作着数控机床。相比美的已经完全无人化的“黑灯工厂”，这里还能看见工人的身影。东方精工将这里打造成数字化转型的一个“试验场”。

东方精工的数字化不是要做到生产环节的全自动化，而是通过端到端的数字化拉通，最终实现全过程的透明化，提升下单、生产、包装、仓储、物流、销售等全流程的透明度。

这种路径选择既由其行业特性所决定，也有着特殊的时代背景。在疫情冲击之下，部分关键岗位对员工技能和经验过度依赖、管理模式相对传统等问题凸显，成为制约企业生产的主要障碍。

“我们数字化的重要成果，不是工人的数量变少了，而是关键岗位技术工人的可替代性更高了，因为我们每个环节都有精确的量化标准，这就摆脱了关键环节对人的依赖。”谢威炜说。

除了打造离散型制造企业数字化转型的样本，东方精工也在谋划打通全产业链的“进阶战法”。

东方精工生产车间

成为“一站式”集成商

通过向产业链上游进行收购，具备“一站式”集成供应能力，为东方精工赋能产业链下游企业奠定了基础。

东方精工首先将目光瞄准产业链上游企业——意大利的佛斯伯集团（下称“佛斯伯”），并于2014年收购佛斯伯40%股份。佛斯伯创建于1978年，拥有瓦楞纸板生产线设计、制造和安装的完整产品组合，在高速宽幅瓦楞纸板生产线领域占据全球第二的行业地位。

以收购佛斯伯为起点，东方精工打出了一系列并购组合拳。

2019年，东方精工通过佛斯伯收购了西班牙老牌企业Tiruna集团70%股权。Tiruna是生产高端瓦楞辊和压力辊的顶尖制造企业。此次收购的完成，标志着东方精工在全产业链布局上又迈出了关键一步。

秉承应用一代、研发一代、储备一代的理念，东方精工通过佛斯伯收购了意大利Agnati集团60%股份，该企业的超薄瓦线印刷技术作为一种革命性的技术，具有面向未来的超前性。由此东方精工的瓦线组合进一步拓展，技术领先性得以保障。

随着2016年收购高端瓦楞纸箱印刷包装产线供应商意大利EDF集团，2020年收购高端瓦线制造商Agnati集团，东方精工实现了全产业链延伸，基本完成了对瓦楞印刷包装设备产业链上各产品的全方位布局。

这意味着，东方精工已“配齐”客户端实现“工业4.0”需要用到的智能自动化产品，下游的纸箱厂可以在东方精工完成整厂智能自动化的“一站式”采购，包括智能自动化生产、仓储、物流设备等。

随着数字化转型成为大势所趋，东方精工着力推进智能瓦楞纸印刷包装装备业务向数字化、智能化发展，致力于成为业内“智慧工厂”整体解决方案供应商，开启企业的“二次创业”。

推进产业链智能化

从卖产品到卖“产品+服务”，“智慧”的机器为东方精工提供“智慧”的工厂整体解决方案奠定了良好的技术基础。

在东方精工出售给下游的印刷机主体机器上，每台都有几百个传感器，实现远程“数字孪生”，将设备运行实时数据信息反馈回来，如出现异常则会“亮红灯”，东方精工根据预知性判断，提前告知客户进行保养和维护，最大化减少设备损耗。

“所有企业都值得用数字化再做一遍。我们作为产业链的‘链主’企业，通过端到端的数字化拉通，为下游客户提供数字化整体解决方案，进而赋能整个产业链。”谢威炜说。

2020 年 7 月，东方精工与山鹰国际控股股份公司控股子公司云印技术（深圳）有限公司签署战略合作协议，合力打造智能工厂样板，共同推动印刷包装产业数字化转型升级。

为进一步推动全产业链的数字化、智能化革命，东方精工于 2020 年 10 月设立子公司“东方合智数据科技有限责任公司”（下称“东方合智”），通过物联网、云计算、大数据、5G 及人工智能等新一代信息技术，为瓦楞纸包装企业量身打造基于工业互联网的智慧工厂。

以东方合智作为数字化战略落地的承载实体，东方精工充分结合国际先进技术理念和本土实际需求，致力为下游企业提供智能制造数字化整体解决方案。

谢威炜表示，智慧工厂整体解决方案的概念很好，但下游企业在实操时真正应用却比较难，因为一下子投入巨额费用来做这个事，企业还是有顾虑的。所以东方合智除了提供“打包”式整体方案，还针对不同企业需求，设置了软件、设备等模块化选择方案，客户可以选择印刷机、瓦线、MES 系统等不同的软硬件“排列组合”。

此外，智能物流也是东方精工推动智能制造转型的关键组成部分。早在 2014 年，东方精工就通过收购国内工业机器人行业十大品牌商之一嘉腾机器人的 20%股权，进入智能物流领域。

经过多年资源整合和研发配套，东方精工在智能生产、智能仓储、智能物流等一体化整体解决方案领域已积累了丰富的经验。随着智能工厂的成熟和落地，各企业对产线后续物流自动化设备的需求增加，东方精工在智能物流领域提前布局的优势逐渐显现。

近年来，东方精工生产的智能自动化瓦楞纸箱包装设备，相较于传统设备，可以让国内的纸箱厂节约 60%左右的人力成本。

“在数字化的过程中，我们希望通过示范效应赋能下游企业发展，最终带动整个行业的跃迁。”谢威炜说。

观察眼

用数字化把产业链再做一遍

在向数字化转型这件事上，东方精工是认真的。

针对自身离散型制造企业的特点，东方精工将生产过程的透明化而非全自动化作为数字化转型的目标，开辟出另一条数字化转型升级之路，不仅提升了企业自身的数字化战斗力，还为离散型制造行业企业的数字化转型贡献了新样本。

东方精工不仅追求企业自身的数字化，更致力于推进整个产业链的智慧化。

“推进产业链数字化、赋能下游企业，我们做这个事其实有一种使命感在里头，是一种自发的行为。”谢威炜说。

作为“二次创业”的主打产品，东方精工为下游客户提供的“智慧工厂”整体解决方案可以实现业务端、供应链端、生产端、输出端、存储端全流程打通，实现整个过程的数字化。

谢威炜表示，通过软硬件的配套组合，东方精工给企业提供的数字化方案，从以前的“毛坯房”升级到了“精装房”，现在是一站式的“交钥匙”工程。采用东方精工整体数字化解决方案的企业，在成本、技术上会与竞争对手有明显差异。

通过输出全流程数字化解决方案，东方精工实际上是“用数字化把产业链再做一遍”，这无疑有效地提升了整个产业链的数字化、智能化水平。

优凯科技：
小凝珠大潜力　多项核心指标两年翻倍

对广东优凯科技有限公司（下称“优凯科技”）来说，2022年8月9日是个大日子。这一天，有着“轻工业荣誉勋章”美誉的“中国轻工业联合会科学技术进步奖”进行新一年度的颁奖，优凯科技作为参与单位之一完成的项目课题，拿到了二等奖。

“这是对我们创新力的再一次肯定。”优凯科技董事长黄平说。优凯科技是一家年轻的企业，成立仅6年，却是名副其实的“高精尖”，凭自主创新冲破了海外的技术壁垒，掌握了三腔洗衣凝珠封装的关键技术。如今，它不仅是联合利华、上海家化、上海白猫等知名品牌客户的供货商，还与丹麦诺维信、美国杜邦、瑞士奇华顿等国外知名客户达成了战略合作。

不满足于代工，这家企业在2021年从零开始做品牌，成效已经初步显现：虽遭遇疫情影响，发货受限，但其自主研发和生产的“偶爱你”牌凝珠销售额依然实现了230%的增长，2022年6月的单月销量甚至超过上年的“双11”，该品牌的三腔浓缩酵素洗衣凝珠目前市场占有率已超过60%。

专利授权量两年翻两倍

优凯科技的参与得奖课题，全称是“洗涤剂用纤维素酶技术体系及其在洗衣凝珠中关键技术创制与应用”。“我们正在研发清洁功能更强的产品，正在申请相关的专利。”对于开展研究的动因，黄平解释说。

国内洗衣凝珠行业内的竞争非常激烈。企业要保持创新优势，必须持续做强自身的技术储备。目前，优凯科技获得的国内外专利授权已达到76件，商标授权134件，比2019年底增加了两倍多。

回顾优凯科技的发展历程，不难理解这家企业对创新的执着。

走进位于南海里水新材料国际创新产业园的厂区，总能看到优凯科技生产线上的忙碌景象：浓缩的洗衣液、柔顺剂和消毒液通过三腔独立封装设备，“凝结”成为一颗颗晶莹剔透的珠子。

三腔洗衣凝珠是优凯科技的核心产品，其中包含了三种目前国际上最先进的技术：生物酶技术、水溶膜封装技术和生物基表活技术。在过去，无论是封装设备技术还是凝珠配方技术，都不掌握在中国企业手中。为了切入这个领域，优凯科技找到国内机械制造企业，共同自主研发出了国内第一条三腔凝珠封装线和相应配方技术。

优凯科技的三腔洗衣凝珠生产线

经济学家、北京大学国家发展研究院教授周其仁有个观点，难的事情容易做成。这个道理套用在优凯科技身上恰到好处。

对“硬骨头”技术的执着，给优凯科技带来了丰厚的回报：早在2020年，国内常规超市中超过50%的三腔洗衣凝珠产品均由优凯科技生产。如今，不仅联合利华、白猫、上海家化、恒安等行业内传统老品牌主动与它合作，小米、天猫、京东等互联网企业的自有品牌都由优凯科技代工，Babycare、巴拉巴拉等母婴品牌也成为它的长期合作伙伴。

自主品牌实现230%增长

相比两年前，黄平更忙碌了。他说，自己最近一直在跑市场，在上海、杭州、北京等地连轴转地拜访客户，他要把上半年受疫情影响耽误的时间抢回来。“对我们来说，首要任务还是拓展市场，如果产品不能尽快在消费者中打开知名度，那企业会很快死掉。”

这种紧迫感与优凯科技身处转型关键期有关：不满足于代工，优凯科技在2021年起从零开始做自主品牌。在“偶爱你”之外，它还与中石化合作打造了“花见月”品牌凝珠。“几乎每家中石化加油站的易捷便利店内都可以买到我们的产品。”黄平说，仅仅两年时间，优凯科技自有品牌产量的占比已经上升到15%。

但品牌市场的打法和代工完全不同。优凯科技过去做的是To B（面向企业用户）业务，只要产品在行业内口碑足够好，订单会主动找上门，但现在要开拓的To C（面向消费者）市场是直接面向消费者，该如何获客、如何做好用户体验营销？这对制造出身的优凯科技来说，是新问题。

“洗衣凝珠的主战场一直在线上。”黄平说，为了尽快打开品牌知名度，优凯科技专门组建了电商团队，在京东、阿里巴巴、天猫、淘宝等开设品牌旗舰店，同时，瞄准年轻消费者群体，在抖音、小红书、微信等开通账号，以直播带货的方式在各电商平台上狂刷存在感。黄平本人更是常常被“抓到”直播间里，为自家产品吆喝。

“企业要活下来，一定要有爆款，通过一系列的爆款打造一种社会认知，这就是品牌。”这是正和岛高级副总裁、金牌“岛师”杨云于2022年7月在佛山分享的爆款打造心得。

优凯科技正在培育爆款、打造“网红产品”。“打开各大线上平台，‘秋’系列产品的综合评价非常高，而‘冬’系列产品不仅在小红书上成了爆款，在拼多多也是卖爆了。”黄平说，2022年以来，经过短短3个月的经营，“偶爱你”品牌在多个平台上的账号粉丝量已突破100万人，这提振了优凯科技的信心，虽然受新冠疫情影响，发货受限，但“偶爱你”品牌凝珠的销售额依然实现了230%的增长，2022年6月的单月销量甚至超过上年的“双11”。

迈向新一代洗衣龙头企业

快速打开的市场，对优凯科技的生产销量和品控提出了更高的要求。作为回应，优凯做了三件事：建设数字化工厂、强化降本增效、培养优秀人才。黄平说，这是在练内功。

2022年10月中旬，优凯科技位于里水镇内的新工厂投入使用。新工厂占地超过20亩，定位是数字化工厂。黄平说，目前老工厂采用的是数字化的管理系统，生产系统也实现了自动化，但还不足以形成一个大系统，因此接下来还要努力提升数字化水平。

事实上，这是这家企业开展的第三次大规模数字化提升了。2019年，优凯科技投入1500万元，建设了3条三腔全自动生产线。在此基础上，2020年，它又新增了7条自动化生产线。得益于上述的努力，优凯科技有效对冲了疫情影响，2021年营收超过了6亿元，是2020年的3倍。洗衣凝珠年销量也从2020年的3亿颗提升到10亿颗，实现了全国销量和销售额的领先。

在保证品质提升的前提下，这家企业正从各个环节想方设法地降本增效。配方优化便是采取的措施之一。“我们给研发工程师充分授权，让他们用‘好料’，在全球范围内不断发掘最好的洗涤剂原料，不断地在配方上做改进。”黄平说。

优秀人才团队的培养也正有条不紊地开展中。优凯科技在2021年启动了大学生的批量招聘和培养，“很多都是从211、985大学里招的，去年招的管培生现在已能独当一面。”黄平说，目前，这家企业生产管理和研发人员总量在100人左右，占到了企业总人数的43%。

在他看来，企业要开展科技创新、实现长久经营，最终的着力点都要落在优秀人才团队的培养上。

为了吸引和留住优秀人才，优凯科技拿出了11%的股权用于员工激励。“2021年5月我们刚刚完成了1亿元融资，这笔融资不仅用在新工厂建设和加强品牌培育上，还用在招聘人才和加大研发投入上。”黄平说，优凯科技正开展IPO上市辅导，“我们要练好内功，对标蓝月亮，努力成为新一代的洗衣龙头企业。”

观察眼

从知难而进中窥见“初心”

仅用了6年的时间，就做到了细分行业全国销量和销售额领先，优凯科技董事长黄平表示，优凯科技最核心的竞争力是优秀的品质和不断精进的专业能力。

近两三年，洗衣凝珠的国内市场实现了加速发展，2022年“618”电商节期间，京东便取得了开场10分钟内洗衣凝珠成交额同比增长488%的成绩。越来越多的资本进入这一领域，众多中小企业如雨后春笋般出现。但囿于国内市场成熟度较低，加之洗衣凝珠以线上为主要战场，低端化、同质化问题也越来越困扰这个行业。

在这样的市场环境下，优凯科技选择了一条最难的路——开创自主品牌，进行自主研发。不满足于为国内外知名品牌客户代工，它从两年前起走上了品牌化之路。同时，对聚焦生物酶、水溶膜封装和生物基表活这3项国际上最先进技术，它不断加大研发投入，刷新自我，逼迫自己向高端迈进。

黄平说，洗衣凝珠主要分单腔和多腔两大类。相较于目前生产效率更高的单腔，多腔的技术门槛高，对企业的综合能力要求多，生产效率低，是“硬骨头”，但未来的市场广阔，优凯科技正朝着这个方向强化自身的研发和创新。

不难看到，正是这种“产品为王，技术为核”的“初心”，让优凯科技保持了企业活力，于不断的自我刷新中闯出了一片新天地。

华特气体：
“虎口夺食”划出新增长曲线

“我们的锗烷通过了认证，‘打’进了三星 5 纳米芯片生产线。”2022 年 8 月，广东华特气体股份有限公司总经理傅铸红再次说起这个好消息时，还是难掩激动。

南海企业广东华特气体股份有限公司（以下简称“华特气体”）是中国特种气体国产化的先行者、国内特种气体头部企业。目前，该公司电子特气产品已在国内 8 寸、12 寸集成电路制造厂商中实现超过 80% 的客户覆盖率，解决了中芯国际、长江存储等国内半导体厂商气体材料的进口制约，同时进入了英特尔、美光科技等全球领先半导体企业的供应链体系。2022 年 7 月 22 日，上交所和中证指数有限公司发布“科创材料指数”预告，华特气体成为四家入选的半导体公司之一。

对于打破国外垄断，这家隐形冠军企业步履不停。2022 年以来，华特气体的锗烷、高纯度乙烯、高纯度丙烯等产品在电子特气特别是高端半导体材料领域取得应用突破，继续从跨国公司口中“夺食”，在国内外市场划出了企业新的增长曲线。

坚持聚焦“芯片血液”
打破国外垄断

华特气体锗烷产品争取三星认证的进展，一直备受投资者关注。

电子特气是主要用于电子信息领域的一类特种气体，下游行业包括集成电路、液晶面板等。在半导体材料行业，电子特气被称作“芯片血液”，几乎渗透到集成电路生产的每个环节，能帮助合成化合物，助力手机、计算机等“大脑”芯片的勾勒等，商业价值高。但长期以来，由于国内外气体企业的技术代差，全球电子特气市场被几家巨头企业垄断。

锗烷面临相似的竞争态势。傅铸红介绍，锗烷产品作为硅-锗（Si-Ge）膜的前驱气体参与制造，全球90%以上的锗烷市场长期由美国Voltaix公司垄断，产品价格为每公斤数万元。

这趟国产化替代之旅，华特气体走得并不容易。从启动对于锗烷产品的研发，到2019年产品通过海力士认证，再到通过三星认证并获得批量供应资格，华特气体已经用了11年时间。在拿到三星5纳米芯片生产线的“通行证”以前，该公司经历了三星三次试气，耗时近3年。

同样在电子特气领域，华特气体的高纯度乙烯、高纯度丙烯近期也取得了技术和市场突破。其中，该公司经过三年潜心研究，把乙烯产品的纯度从99.999%提高到99.9995%，以0.0005%纯度的优势打破了美国进口产品的长期垄断，开始应用于储存芯片和逻辑芯片的制造工艺。

电子特气是华特气体发力进口替代的重点赛道，也是高景气赛道。据国际半导体产业协会相关统计数据，2019年，全球晶圆制造材料市场规模为328亿美元，其中电子特气为43亿美元，占比13%，是仅次于硅片的第二大耗材。

截至2022年8月，华特气体已实现40多个气体品类的进口替代。在电子特气方面，该公司已进入英特尔、美光科技、德州仪器、海力士等全球领先的半导体企业的供应体系，同时是国内唯一同时通过荷兰阿斯麦、日本GIGAPHOTON认证的气体公司。

继续勇闯“无人区”
提高市场份额

作为中国特种气体国产化的先行者，华特气体在2017年凭借中国电子特种气体领域市场占有率第一的优势，被南海认定为隐形冠军企业，并凭借多年如一日的坚持，持续在被跨国企业垄断的电子特气市场攻城略地。

对于高纯六氟乙烷、高纯三氟甲烷、高纯八氟丙烷、高纯二氧化碳、高纯一氧化碳、高纯一氧化氮、氩/氟/氖混合气、氪/氖混合气、氩/氖混合气、氪/氟/氖混合气等产品，华特气体是国内首家打破进口制约的气体公司。其中华特气体六氟乙烷和5种光刻气在国内市场占有率达60%，占细分市场的龙头。

截至2022年8月，该公司的电子特气产品已在国内8寸、12寸集成电路制造厂商中实现超过80%的客户覆盖率，其客户名单涵盖了中芯国际、华虹宏力、长江存储、台积电、京东方等一线知名企业。

彪炳战绩的背后，既有一次又一次勇闯国内产品“无人区”的经历，还有为达到品质要求而付出的不懈努力。

傅铸红说，应用于半导体行业的电子特气是真正的高精尖产品，其品质决定着芯片制程精度。气体纯度不够或配比不精准，哪怕 0.1 克甚至更低的质量变化，都会导致芯片成品性能失之毫厘，谬以千里。因此即便在国内，电子特气产品要真正打开市场，也必须具备国际一流品质。

“一流品质来自一流管理。为了达到台积电的要求，我们请来了曾在台积电担任厂长的专家帮忙。”傅铸红进一步举例说，多年前，华特气体在“外援”帮助下优化品质管理，其中不少变化的细致程度，是公司上下都未曾设想过的。

细到何种地步？“例如，哪怕再小的流程变动，都必须充分阐明依据，上报至分管高管并且获得批准。”傅铸红说，当时，为强力推进品质改革，他担任总经理同时兼任公司品质管理经理。

可喜的是，经过四年坚持，华特气体在 2013 年通过第四次审厂，进入了台积电用气供应链。至 2022 年 8 月，公司采用汽车行业 IATF16949 的质量管理手法，精益求精，严控出货标准，电子特气产品在多家大厂的用气份额持续提高。

在华特气体的氟碳气体车间里，工作人员正在操作设备

紧抓用气国产化机遇
助力中国“造芯”

我国气体企业对国内半导体制造仍然“供血不足”，几大跨国巨头占据了国内市场大部分份额。而且从产品种类上看，据中国工业气体工业协会2021年的相关统计，目前集成电路生产用的电子特气，我国企业仅能生产约20%的品种。

傅铸红说，电子特气国产化的提升空间，恰是华特气体的新增长点。

目前，华特气体主营业务分为三个板块，分别是普通工业气体、特种气体，以及与特种气体相关的设备与管路工程。“2022年上半年，食品工业等受疫情影响，公司的工业气体收入有所下降，”傅铸红说，“但是我们的主体业务，也就是电子特气业务增速较快，一降一升，总体实现了增长。”

同期，华特气体部分电子特气产品的利润更是增长明显。2022年3月以来，受乌克兰局势影响，氖气、氪气等电子特气稀缺。价格上涨，国内集成电路厂商对于电子特气供应链安全愈加重视，提高了国产化供应比例。

“电子特气的国产化正在加速，而且还将继续加速。”傅铸红说，2022年上半年，华特气体凭借储存和技术优势，为保障中芯国际等厂商的氖气供应作出了贡献，还借此在东南亚拓展了一批新客户。受此带动，公司光刻气产品在国内市场的占有率高达60%以上。

至于海外市场，傅铸红坦言，全球的电子半导体气体市场规模大、增长快，而华特气体公司的份额还有很大的突破空间。接下来，公司将在中国香港、泰国两个境外销售点的基础上，推动生产环节走出国门，让产品走向更广阔的全球市场。

对此，华特气体2021年年度报告写道：公司会一直坚持自主技术创新，大力推动特种气体国有化的进程，解决极大规模集成电路生产用气的供应问题，打造气体行业的民族品牌。

展望华特气体在2022年下半年乃至2023年的业绩，傅铸红持乐观态度。“例如锗烷产品的产能提升，将有效提高我们的市场份额。”傅铸红说，“目前，我们向海力士和三星供应的产品约500公斤，明年预计有翻倍的增长。”

观察眼

走好创新之路　才能赢得世界尊重

“隐形冠军之父”赫尔曼·西蒙认为，隐形冠军战略有两大支柱，其中之一是专注，即形成应用、产品、专有技术的深度。

一家隐形冠军企业长期坚持深耕细分领域，在国际市场抢占“话语权”，必须具有突破技术障碍和技术壁垒的独门绝技。对于华特气体来说，炼成绝技的诀窍是创新。

锗烷产品进入三星5纳米芯片生产线，乙烯纯度从99.999％提高到99.9995％，以0.0005％纯度的优势打破了美国进口产品的长期垄断……华特气体在获得南海制造业“隐形冠军”认定后，继续通过一次次创新突破，证明自己的实力。

这些突破，对攻克我国在电子特气领域的“卡脖子”问题具有重要意义。硅片、电子特气、光刻胶等耗材影响着芯片制造的良品率和性能，甚至决定着一国芯片产业的高度。华特气体的一项项突破，有效提升了我国造芯的“供血”水平。

这些突破，还成为企业在全球范围赢得尊重的重要底气。华特企业坚持通过潜心研发打破国外企业垄断，成为国内唯一同时通过荷兰阿斯麦、日本GIGAPHOTON认证的气体公司，打入英特尔、美光科技、德州仪器、海力士、三星等企业供应体系都是力证。

可见，企业只有走好创新之路，才能真正开发出填补行业空白的技术和产品，才能真正让国外企业改变对“中国制造”的刻板印象，赢得全球客户和同行企业的尊重。

林氏木业：从单品爆款迈向整屋定制

佛山千灯湖畔，站在林氏木业全新的高层办公区，城市中轴线尽收眼底。从工业区走入快节奏的写字楼，林氏木业“互联网范”越来越足。

这似乎更符合人们对这家家居零售龙头企业的想象——林氏木业以家具电商起家，连年蝉联天猫“双11”“618”大促活动成交额第一的宝座，不断刷新由自己创下的“破亿速度”。2022年的“618”天猫家装家居行业榜单显示，林氏家居一举夺得家装家具、家居新零售双冠。

家居行业的赛道是拥挤的。与销售成绩相对应的是，林氏木业每月上新SKU（最小库存保有单位）超过200，产品迭代速度远超同行。在线下，林氏木业跑出了开设新零售体验店的加速度，全球已铺设800余家线下店。

2022年“618”，林氏木业保持20%以上的线上流量增长。不过，在林氏木业品牌公关总监陆阳看来，单纯的增速已不再是公司关注的重点，企业将更注重长远良性发展。2022年以来，家居行业发展继续承压，林氏木业正谋划新增长点——立足成品家具，进入整屋定制市场。

蝉联TOP1背后
更注重长远良性发展

电商大促的“战线”，被拉得越来越长。2022年，天猫、京东等头部平台自5月底就开放了“618”预售通道，到硝烟散去，店家已经历数场车轮战。不过相比往年，平台销售战报的发布低调了许多，包括天猫在内的多家平台并未发布具体成交额，增速同比放缓则已成定局。

这背后是整个经济形势的变化。以家具行业为例，大宗原材料涨价以及疫情带来的消费缩减，为企业备货带来一定负担。“市场信心比较疲软，一些消费者的消费欲望也没有那么强，整个行业普遍存在经营压力。”陆阳说。

据了解，林氏木业从 2022 年 2 月开始备战天猫“618”，共准备 600 多款产品，以期击中年轻消费者的多元化需求。“林氏木业今年‘618’同样‘重兵布局’。”陆阳说。

在内容上，林氏木业布局短视频，增加了直播时长，从早到晚不间断，通过轮番推送“618”宣传 TVC（商业视频广告）、联手抖音 KOL（关键意见领袖）开展专场直播等方式，加强和消费者的互动，为门店引流。

林氏木业专门为直播业务搭建直播间以及孵化直播团队

在产品上，林氏木业推出的符合年轻人个性化需求的小件衣帽架、智能挂钩、智能床等，基于居家办公需求的小件单人沙发、单人办公桌等，都成了店铺爆款。

此外，提升履约配送效率、为消费者提供大件家具“送装一体”服务，也是 2022 年林氏木业突围的重要抓手。

截至天猫“618”收官，林氏木业的成交额定格在 11.1 亿元，连续多年蝉联天猫家装家具榜 TOP1、全网住宅家具类目行业 TOP1。“这证明我们的产品开发思路、消费交互方式是正确的。”陆阳说。

不过，销售额并不是林氏木业关注的重点。

同样身处变局，林氏木业正在为长远良性发展做铺垫。“我们不会盲目冲击销售额，而是回归产品开发逻辑和服务本身，覆盖消费者居家生活的更多场景，继续强化质量把控、货期周转管理，这个是一个很核心的点。”陆阳说。

开拓新增长点
新零售门店切入细分场景

挖掘新消费场景没有尽头。

2022 年 7 月初，林氏木业旗下婴童品牌 LINSY KIDS 首家线下店在云南昆明开业。

8 月底，公司还将迎来首批 3 家林氏睡眠线下店，大举进军睡眠赛道。

“婴童、床垫床具等产品早前已经在各线上平台推出。各类实木床、软体床是我们的主力销售类目，近年我们加大对床垫产品的开发，这是基于林氏木业的品牌影响力以及稳定的消费客群，按产品开发规律所做的细分延伸。”陆阳表示。

在陆阳看来，细分业务的出现，进一步丰富了林氏木业的新零售业态。比如，以往林氏木业成品门店“大而全”，各品类应有尽有，但相应店铺占地面积大、成本高。而专注单一品类的睡眠店，“可能只需要 200 平方米，一方面保障持续经营以及更好的盈利水平，另一方面用独立专业的场景，精准吸引消费客群，提升体验感，增强林氏木业的竞争力。”陆阳说。

作为一家从互联网起家，携带极强电商基因的企业，林氏木业同样在新零售的道路上愈行愈远。

当前，林氏木业在线下布局的新零售门店，全球总量超 800 家。很多客流都是由线上引流到线下，消费者在新零售门店内也可以享受到与线上同等的优惠。

林氏木业坚持“双线”融合的新零售模式，缘于家具销售的一个痛点。很多消费者批量购买家具时既希望享受到线上的优惠价格，但是又对购买到的家具不放心，想到线下的门店看看、坐坐、闻闻。

林氏木业凭着“五同”（即同产品、同质量、同价格、同活动、同服务）策略，将线上线下打通，通过高效的数字化运营，在保证合作伙伴利益的情况下，压缩运营成本，让消费者不用承担线下运营成本溢价，与同行拉开差距。

抓住年轻潮流
单品“打包”开启整屋定制

无论是电商还是新零售，林氏木业都希望以更年轻的方式，抓住新一代年轻消费者的心。

至2022年8月，林氏木业社交媒体账号和全网粉丝数量超2000万。细数林氏木业历年“双11”“618”卖得最好的产品，不难发现，年轻人是其最大的受众群体。一度登上销量榜第一的北欧简约沙发、现代小户型沙发床，无不体现着当下年轻消费者的审美取向和功能需求。

林氏木业会根据市场反馈的消费趋势预判企业受众的个性化需求，在对用户需求进行总结后，将用户人群命名为“精置青年”。

“精置青年”指的是，为追求更精致的居住空间、生活方式而精打细算、精心布置的年轻人，年龄在25岁至35岁之间，居住在一至五线城市，他们不仅关注家具产品的质价比，还对家具产品的颜值有着多元化、个性化的要求。这类消费者，倾向于家装省时省力“一站式配齐”。

近年来，整屋定制的概念持续走热。2020年，林氏木业开始探路定制家居。这是因为林氏木业发现，2022年上半年尤其是3月开始，年轻圈层再度掀起整屋定制的风潮。

不同于简单的柜体定制，林氏木业探索的整屋定制，是借助在柜子、桌子、床等成品布局的优势，提供“成品家具＋定制家具＋家居用品”的整体解决方案。切入整屋定制，林氏木业基础扎实：每个月，林氏木业都会推出200+全新的SKU（最小库存保有单位），全年在售超过1万个商品SKU，当前公司开发的成品家具，几乎覆盖了家庭使用的所有场景。

“把成品家具的优势，融入定制业务。”陆阳说，这既能满足消费者对家具功能、颜值、款式的个性化需求，又能实现“一站式”高效解决，免去自己搭配的烦恼。

据统计，林氏木业的员工平均年龄在26岁左右，本就是一支非常年轻、时尚的团队，林氏木业希望凭借年轻的基因，为年轻消费者打造一个多元化的生活方式，正如其品牌定位——成为年轻人第一次购买家具的首选品牌。

观察眼

“爆款矩阵”支撑品牌长青

在互联网时代，渠道碎片化、产品同质化问题愈发严重，企业要活下来、活得好，一定要做好爆款。把品牌的未来交给新一代年轻消费者，林氏木业用一个个爆款产品，引领潮流。

从2015年开始，随着销售额逐年攀升，林氏木业开始自建数据库，将多年来积累的市场数据采集起来，进行大数据分析，帮助企业快速判断市场潮流风向，以数据反哺产品研发。

而为了保证产品能够快速响应市场需求，通过高频迭代吸引年轻人购买，林氏木业的产品上新堪称“火箭速度”——从发现市场需求到产品出样，周期最快仅需30天，及时满足消费者的最新需求。

以做投资的心态来做产品研发，林氏木业依托多年来积累的消费数据，通过建立分析模型，分析新产品的受众、成本、用料、功能等，快速进行新产品的研发与生产。

发展初期，爆款是企业在市场站稳脚跟、打响品牌的重要支点，爆款可以带来品牌定位，助力品牌传播和运营。

正和岛高级副总裁杨云曾表示，做品牌，爆款是其中一个重要因素。企业应通过一系列爆款构建全新的社会认知，从而逐渐形成品牌。

林氏木业的战法与这一观点不谋而合。经过多年沉淀，林氏木业已构建了自己的“爆款矩阵”，支撑品牌长青。当下激烈的竞争环境中，很多家具企业在研发的时候会关注行业内正在流行生产什么产品，或者竞争对手又推出了什么新产品，而林氏木业一直以来最关注的都是消费者的现实需求，这正是保持极高爆款率的秘诀之一。

维尚家具：从卖家具到卖数字标签

“2022年上半年，我们的生产线已基本满订，企业正驶向发展快车道。”佛山维尚家具制造有限公司（下称“维尚家具”）总经理黎干说。

作为国内全屋定制的开创者，维尚家具在行业实现了多个率先：通过数字赋能，实现定制家具的大规模标准化生产，材料利用率高达93%以上；从人指挥机器发展到机器指挥人，再逐步向机器指挥机器迈进；从卖家具走向卖数字标签，为海外工厂转型升级，提供高品质的数字化服务……

如今，在做大做强、保持市场占有率国内第三的基础上，维尚家具还在加快向海外输出全屋家具定制产业模式，并向海外合作客户输出定制家具生产所需原材料、设备，为海外客户提供泛家居各类配套供应。

在外部环境不稳定性因素不断增多的当下，不少企业面临国内外市场缩减的困境。那么，维尚家具如何在稳住基本盘的同时，实现海外市场的长足发展？精益生产、降本增效、开源节流，是这家数字化标杆企业给出的答案。

三条赛道
重构定制家具领跑行业

不管你是否曾经接触过装修，都一定不会对“维意定制”感到陌生。走进大大小小的商场，总能在显眼处看到“维意定制”的门面，集中展示当下流行的全屋定制元素。

“维意定制”是维尚家具旗下品牌，也是维尚家具拓展全屋定制赛道的重要载体。“全屋定制是我们最重要的一条赛道，目前已占据公司业务量的八成。”黎干说。

这家从佛山成长起来的企业，凭借长期在数字化等领域的投入与自我革新，实现在全国家具制造业细分市场占有率排名第三。更为重要的是，通过数字化处理订单和大数据调度生产，维尚家具突破了行业难题，实现了个性化定制家具产品的规模化生产。

除了率先运用数字化重构定制家具行业，成为行业翘楚之一，2018年，维尚家具加入了佛山泛家居行业工业互联网标识解析二级节点体系，其依托佛山工业互联网标识二级节点搭建，可实现企业内部、企业间生产要素信息的互联互通，支持企业开展产品追溯、产品全生命周期管理、远程故障诊断和维护等创新应用。

整装是维尚家具的第二条赛道。4年前，维尚家具开始踏入整装领域，并将其作为企业重要的战略发展方向进行深化。

海外板块则是维尚家具的第三条赛道，主要通过对海外工厂的数字化赋能，将维尚家具的生产模式复制到海外。

泰国是维尚家具海外板块的重要根据地。早在2017年，维尚家具就与一家在泰国当地排名前三的传统家具企业达成合作，采用"维尚模式＋泰国制造"的合作方式，主要通过对泰国企业的制造车间、生产系统进行改造，将维尚家具自身的技术向海外企业转移，但虚拟制造板块仍放在佛山。在这一模式下，海外工厂在接单后，需要将生产需求发回佛山，从而生成一个电子指令，收到公司发回的指令后，才能开展生产应用。目前，维尚家具按照"一个条码一美元"的方式收取服务费，在泰国市场的业务量约为8000万元。

通过对海外企业生产线的改造和车间的变革，维尚家具主要为海外企业提供信息化服务，进而推动海外定制家具产业的大规模生产，并带动原材料出口，由此打开更广阔的市场。

数字赋能
从自我革新到输出方法论

要实现在全屋定制、整装、海外板块三条赛道的同步开跑，数字化是支撑庞大业务开展的重要法宝。

如今，在维尚家具，来自全国各地的客户订单上传至云端的订单管理系统后，即可根据相关设定自动进行数字化处理，随后有条不紊地进行设计、生产、交付，再运往客户家中进行安装……不仅全流程实现数字化、智能化管理，消费者也可以通过手机端实时看到自己家的装修进度。

近年来，维尚家具投入了4亿至5亿元进行数字化智能化改造。以订单管理系统为核心，维尚家具使用的数字化系统包括了云设计平台、智能生产、车间管理等几大模块，超过90%为自主研发。企业内部技改、自动化和IT相关科研技术人才近100人。

得益于数字化改造，维尚家具实现了高效的精益生产，有效解决了个性化定制和大规模生产的矛盾，使材料的利用率达到93%，库存物料的生产能力达1万个以上，交货周期控制在10个工作日左右。

同时，维尚家具累计为超过600万个家庭提供家居设计方案，积累了30万个客户的海量数据资源；可用6个生命周期概括客户的需求，由此形成了行业内不可比拟的发展优势。

实际上，维尚家具的前身是圆方软件，自创立起就自带互联网基因。早在2006年前后，维尚家具开始投入数字化改造，逐步实现了定制家具生产全流程的数字化。

维尚家具的生产车间

经过多年的探索，维尚家具不仅实现从前端设计、生产制造，再到末端物流配送的业务全覆盖，还利用大数据管理手段，建立起企业的信息闭环，同时积极通过智能制造改造，对生产全过程进行优化，提高生产效率，由此成为全国家具行业唯一一家、也是佛山区唯一一家入选“2016年智能制造试点示范项目”的企业。

除了自身加快数字化改造进程外，维尚家具还开始尝试输出数字化方法论，为行业上下游企业提供转型升级的解决方案。在黎干看来，这能给企业带来更大的发展空间。“上游企业改造好了，对我们来说不仅能更大程度上地使供应与企业所需更匹配，更重要的是能使材料更可控、利用更高效，节约更多生产成本。”他说。

降本增效
板材管理利用率再提升约5%

近年来，随着外部环境不稳定性因素增多，国内大宗物料等原材料价格不断上涨，导致生产综合成本相对上升。这对不少企业来说是一个不小的挑战。

为此，维尚家具将目光瞄准了余料的管理利用，以实现生产过程中更高的取材率。数据显示，仅在板材利用这一领域，2022年以来，维尚家具通过系列优化调整，使板材利用率再提高约5%，一年就能让该项材料支出节省约2700万元。

同时，维尚家具还进一步将刀刃向内，对工厂整体管理、车间管控等方面进行优化，帮助企业从源头上降低更多成本。

“围绕开源节流，维尚家具2022年调整了约4个月，实现了余料管理、利用的再优化。尽管企业智能化、数字化程度较高，并已形成一套管理模式，但在进一步提高材料使用率、提升管理效率等方面，还需要通过人对算法进行不断优化，以实现更高的利用率。”黎干打了一个比方，虽然生产设备已像智能导航一样可以快速生成“最佳线路”，但熟路的老师傅知道怎么走更快、红绿灯更少。这就是人工不定期对系统进行优化、干预的必要性。

在高位上自我加压，进一步深化降本增效，是维尚家具应对当下外部环境不稳定因素，不断修炼内功的具体体现。此举不仅有助于企业更好地适应现实发展需要，更能帮助企业在未来长远发展阶段与订单暴增期，实现更高的材料利用率，降低生产成本，赢得更多的发展先机。

数字化是维尚家具实现降本增效的有力抓手，更逐步成为企业商业模式创新和突破的核心力量。比如，2021年，维尚家具就推出了“硬软一体BIM（建筑信息模型）整装新模式”，将原本应用于工装的BIM科技大规模应用在家装领域，通过AI（人工智能）优化模拟，提前规避传统家装返工、延误等问题，同时可精准统计各类家装材料用量，减少资源浪费，从根本上降低装修成本。

放眼国内，当不少家具企业对数字化的理解还停留在设备更新上时，维尚家具不仅借力数字化引领行业风潮、重塑传统产业新模式，更依托数字化实现效率提升、降低生产成本。以数字化打开发展新窗口，维尚家具探索的发展路径，能为传统家具制造业转型升级带来一定的启示。

观察眼

无论何时都要练好内功

众所周知，企业的生存发展，在很大程度上受到外部环境的制约和影响。面对外部环境多变的当下，不少企业直呼“压力越来越大，经营越来越难”，但总有企业会在逆境中找办法。

2022年上半年，针对原材料上涨的现状，维尚家具前后调整了约4个月，紧盯余料如何实现高效管理利用的问题。功夫不负有心人，仅板材这一项支出就能通过人工干预算法的再优化，帮助企业一年再节省约2700万元。

但对于维尚家具而言，这本来就不是一件容易的事，因为经过多年的积累、多轮算法调整，该企业的材料利用率已高达93%。

高位求进，是维尚家具不甘于现状，从源头谋取再发展的试炼。正如黎干所说的，回归制造业，更应通过精益求精、开源节流，实现产品质量、劳动效率、生产效率的提高，从而为企业应对当下困惑与瓶颈、实现可持续发展争取更大的空间。而放在长远来看，当外部环境逐步向好时，练好的内功也能帮助企业迎来更好的效益。

文灿集团：向新能源汽车赛道全面挺进

2022年，南海隐形冠军企业文灿集团股份有限公司（下称“文灿集团”），正在凭借“中国压铸行业铝合金类汽车零部件产品出口量名列前茅”的优势，展开新能源汽车高压压铸件制造和全球化发展的新想象。

“全球已有17个生产基地实现技术、业务的协同和延伸，产品线全面拥抱新能源，新能源汽车客户销售收入增加，公司在同行中的排名继续上升。”文灿集团董事长唐杰雄说。

自1998年初创以来，文灿集团完成了从为家用电器生产零部件，到转型做汽车零部件的压铸加工，到电动汽车厂商特斯拉的供应商，再到并购法国百炼集团推进生产基地全球布局的成长升级，朝着“成为全球领先的汽车铝合金精密铸件产品服务商”的新目标一路快跑。

率先布局一体化压铸
赢新能源汽车发展红利

2022年以来，文灿集团持续加快大型一体化车身结构件研制，并就此与新能源“造车新势力”加强合作。

3月，文灿集团对调研机构表示，除已经获得项目定点的客户，企业现有5—6家在沟通大型一体化车身结构件产品研发业务的国内外客户，这些客户项目预计在2023—2025年开始量产。

4月，文灿集团公告称，企业完成了超大型一体化铝合金后地板产品的试制，该产品系国内某“造车新势力”客户2021年新车部件，由压铸行业最大吨位（9000吨）压铸机压铸而成。

5月，文灿集团与压铸机行业龙头力劲集团、大型铝合金车轮制造企业立中集团分别签订战略合作协议，继续向力劲集团采购9台2800—7000吨压铸机，与立中集团延续在高性能铝合金材料上的开发合作。“这标志着，文灿将进一步完善6000吨以上一体化大型铸件领域的布局。”唐杰雄说。

一体化压铸可实现汽车车身一体化，通过将原本设计中需要组装的多个独立的零件进行重新设计，并使用超大型压铸机一次压铸成形，能有效帮助新能源汽车制造降本减重。该技术最早由特斯拉于2019年提出，2020年9月落地应用于Model Y后地板量产中，实现40%的降本和10%的减重。

在整个新能源汽车行业，这项新技术在行业高景气的背景下走上风口。据工信部数据，2022年上半年我国新能源汽车产销规模创新高，产销分别完成了266.1万辆和260万辆，同比均增长1.2倍。据中信证券研报测算，2030年全球范围内一体铸造的渗透率有望达到30%，一体压铸行业空间在2400亿元以上，10年年均复合增速可达80%。

由于一体化压铸前期投入较大、工艺壁垒较高，大部分主机厂会选择外放给专业的铝压铸供应商来完成。文灿集团在多年前率先布局新能源汽车领域，就此迎来又一股发展东风。

“剔除2020年收购的法国百炼集团的收入，文灿集团在2020年、2021年的营业收入分别约16亿元、19亿元，同比增长4.08%、20.08%。”唐杰雄说，其间，文灿集团在同行中的排名有所上升，主要系公司新能源汽车客户销售收入增加所致。

2022年7月中旬，文灿集团披露的2022年半年度业绩预告显示，公司预计上半年实现归母净利润为1.25亿—1.45亿元，同比增长70.56%—97.85%。唐杰雄表示，除了客户“缺芯”缓解、公司销售订单得到恢复等因素以外，上半年公司新能源汽车客户和新能源汽车产品收入占比提高，也带动公司毛利增长。汽车智能化的发展扩大了轻量化需求边际，新能源汽车是行业和企业的长期发展方向。

产业链上下游协同创新
参与新能源车厂新车研发

2017年，文灿集团凭借“中国压铸行业铝合金类汽车零部件产品出口量名列前茅”的优势入选南海区首批隐形冠军企业。

资料显示，自1998年成立以来，文灿集团从生产小家电电压铸件的工厂起步，逐步成长为集汽车铝合金精密压铸件研发、生产、销售于一体的高端制造企业。公司率先开展新能源汽车国际前沿的技术和产品“高强度铝合金车体结构压铸件”的研发，是我国率先实现该类产品大规模量产的企业之一。

一体化压铸产品是车身结构件的进一步集成和发展，对压铸的产品材料和制造设备、工艺、设计都提出了更高要求。就此，文灿集团坚持研发创新和技术引领，在国内外寻找合作伙伴，建立上下游协同的创新体系。

文灿集团与力劲集团、立中集团的合作正是佐证。在超大型压铸设备方面，文灿集团在2021年就携手力劲集团，发挥双方在产业链上下游的优势，共同推进超大型一体化铸造产品发展。到2022年4月，文灿集团2021年与力劲集团签约采购的首批9台2800—9000吨压铸单元全部完成试产，均具备量产条件。6月，文灿集团第二套9000吨压铸机在天津生产基地完成试产。

文灿集团与立中集团的合作，侧重新能源汽车的大型一体化车身结构件、一体化铸造电池盒箱体等产品的材料开发和工艺应用领域。双方将共同开发适用于大型一体化铝铸件的免热处理材料。

再如压铸模具方面，唐杰雄介绍，在2021年，文灿集团进一步统筹公司的整体技术研发和模具制造工作，把文灿模具升级成为文灿集团铸造研究院，负责压铸产品的材料研发、模具设计、工艺设计开发等。目前，文灿模具在与下游整车厂的合作中，直接参与新车型或新产品的研发与优化，从而获得市场先机。

值得一提的是，以文灿集团董事长唐杰雄为第一完成人的“大尺寸薄壁复杂新能源汽车铝合金结构件制备技术研发与产业化”项目，在2021年11月获得科技进步三等奖。文灿模具现可制造9000吨压铸机的产品模具，该公司还凭借在新能源汽车轻量化结构件领域的优势，参评南海区第三批隐形冠军企业。

逆势推进全球化布局
在客户身边投资建厂收获回报

在唐杰雄看来，全球化布点优势，也在成为文灿集团的核心竞争力。

在2020年收购百炼集团，是文灿集团提速海外布局的重要节点。百炼集团总部设在法国，是一家铝合金重力铸造汽车零部件的跨国公司，也是一家隐形冠军企业，有多款铝合金压铸件在欧洲汽车零部件市场占有率名列前茅。

该次收购被认为是“逆风而为”。当时，全球汽车销量持续下滑，文灿集团看

文灿集团生产车间

中的是铝合金压铸件在新能源汽车领域的应用前景。看到铝合金压铸件开始被特斯拉、蔚来、小鹏等新能源汽车厂商广泛应用，文灿集团目标指向通过并购，在制造工艺和业务结构上与百炼集团实现有效互补，并利用百炼集团已有的12个跨国基地，快速推进全球化布局，有效降低在服务国际客户时的成本。

自此，文灿集团持续与百炼集团进行技术研发、业务协同、财务管理、生产基地升级及人力资源管理等多方面的整合与协同，大踏步推进全球布点。完整的工艺能力、车身结构件的先发优势、全球布局的生产基地，让文灿集团能为全球客户提供多样化产品解决方案。公司主要客户包括大众、奔驰、特斯拉、蔚来、小鹏、广汽新能源、理想、比亚迪、吉利、长城汽车等国内外知名整车厂商，以及采埃孚（ZF）、博世（BOSCH）、大陆（Continental）等全球知名一级汽车零部件供应商。企业在全球布局了17个生产基地，总占地面积83万平方米（其中中国大陆51万平方米、海外32万平方米）。

唐杰雄说，尽管在2021年，因整车厂商“缺芯”、原材料铝价持续上涨等，文灿集团一度“增收不增利”，但2022年以来，企业业绩和利润加快好转。

高压压铸、一体化压铸制造的全球化也在加速。据透露，文灿集团已拿到北美客户的高压压铸产品订单，并在法国百炼集团的墨西哥工厂导入了高压铸造产线。2023年，该公司还将择机在法国百炼集团匈牙利工厂导入超大型一体化高压铸造产线。

观察眼

快人一步才能实现弯道超车

创始于 1998 年的文灿集团，自从 2004 年敲开日本知名 ZEXEL 汽车空调压缩机制造公司的大门，成为其压铸件供应商，便一路坚持创新引领，成为了全球高端整车厂的压铸件供应商，并实现了连续多年的销售增长。

至 2022 年，“快人一步”还是这家隐形冠军企业的制胜一招。2020 年以来，当我国乃至全球传统燃油汽车销售乏力时，文灿集团聚焦新能源汽配领域，再一次凭借前瞻性布局，率先切入汽车电动化浪潮带来的铝合金压铸领域新赛道——一体化压铸技术和产品，并且借此收获了整体业绩和毛利增长。对于全球化布局，文灿集团也“快人一步”。并购跨国公司百炼集团后，文灿集团用两年时间，在全球范围布局了 17 个生产基地。

国内最早对“隐形冠军”现象进行研究的学者、暨南大学管理学院博士邓地观察到，从依赖成本优势的 1.0 阶段，到依赖进口替代的 2.0 阶段，再到近年的 3.0 阶段，我国隐形冠军企业已表现出与德国隐形冠军企业相同的特征，比如说深耕真正的利基市场，在创新和研发方面有长期打算以及有全球化视野。

我们期待，坚持“快人一步”的文灿集团继续有效拥抱产业新蓝海，不断扩大规模，加速从“全国冠军”走向“全球冠军”。

中南机械：
打造深海石油钻井利器

2022年7月29日，由中海油服打造的8000米静音型自动化石油钻机“LR8001”在山东烟台港装船启运，在经过一趟漂洋过海的旅程后，它将落地非洲乌干达，服务当地首个大型油田开发建设项目。

跟随“LR8001”一同出海的还有被誉为石油钻井技术“皇冠上的明珠”的“璇玑”系统。作为我国自主研发的旋转导向和随钻测井系统，“璇玑”系统在应用于东南亚和中东等国家和地区后，首次推广至非洲，将极大地加速乌干达油田开发进程。

不管发往哪里，“璇玑”系统的“出生证”上大概率都写着同一个地方——佛山南海。坐落在佛山市南海区狮山镇的中海万泰技术公司（下称“中海万泰”），是“璇玑”系统的主要生产地。手握这一代表石油钻井领域最高技术的中海万泰，其背后不仅有中海油服，还有南海隐形冠军企业中南机械有限公司（下称“中南机械”）。

在2020年，中南机械携手中海油服成立中海万泰，依托中南机械的精密零部件加工能力，“璇玑”系统得以实现规模化生产。在服务“雪龙号”科考船、国产大飞机等“大国重器”后，中南机械也再度将南海制造传奇书写进海底世界。

打破垄断
破解海上“贪吃蛇”量产难题

2022年4月，中海油服宣布一则消息：全国首条旋转导向钻井与随钻测井“璇玑”系统智能化生产线在佛山建成投产，“璇玑”系统迈入大规模产业化新阶段。

此则消息一发，迅速引发业界关注。名字充满中国风的“璇玑”系统也开始被媒体解密，有媒体形象地将其称为“贪吃蛇”，因为它可以精准控制钻头在地下数千米“闻着”油味钻，将地下油气“吃干榨尽”，还可以在0.7米的薄油层中横向或斜向稳定穿行1000米以上，并实时分析地层资料。

简单来说，如果没有旋转导向和随钻测井系统，按照传统方法，在海上开采石油时要先测算一个半径约10千米的范围进行钻井，而一旦定位不准就要移动钻井位，移动一次费用高达上千万元。旋转导向和随钻测井系统可以精准定位，大幅降低了油气田开发成本，是高效开发海洋油气资源的利器。

因此，旋转导向和随钻测井系统也被视为当今世界钻井技术发展的最高水平。然而，此技术自问世后，就一直被美国的三家油田技术公司垄断，并且只租不卖，中国的石油企业每年要为此支付巨额费用。

直到2014年，中海油服成功研发出“璇玑”钻井、测井系统并实现海上作业，终于打破了国际油田服务公司的垄断。中海油服也成为国内首家、全球第四家完全掌握该项技术的公司，中国也成为继美国之后，第二个拥有此项技术的国家。

但是，从实现技术突破到规模化量产，还有很长一段路要走。一套“璇玑”系统包含数千种零部件，其对精密加工的要求也极高。要推动“璇玑”系统实现商业化应用，就必须先实现规模化生产。

那么，谁能承接这一重任呢？2017年，为了破解“璇玑”系统在制造工艺、产品质量、生产效率、制造成本等方面的诸多难题，中海油服面向全国招标，寻找能够助力“璇玑”系统量产的合作伙伴。来自佛山南海的中南机械脱颖而出。最终，在2019年，中南机械成功突破“璇玑”系统所有零部件的加工制造难题，推动“璇玑”系统实现量产。

上天入海
20年打造超万种零部件

至此，可能很多人会疑惑，为什么会是中南机械？

“我们做过的精密零部件超过1万种。”中南机械创始人、中海万泰总经理许冠说。这句话充分彰显了中南机械的精密加工能力。实际上，中南机械的成长史，就是一部精密零部件的国产替代浓缩史。

20世纪90年代初期，珠三角经济腾飞，但电力供应却跟不上，各地纷纷建起使用柴油发电机的发电厂，由于发电机都是国外进口的，发电厂每年还要花费十几亿美元替换损坏的关键零部件。

许冠此时还在研究所工作，其研究方向正好是零部件的国产化。他看到了市场的潜力，在1990年就带着十几人的团队来到南海，开始关键零部件国产化的攻坚。在反复试验和改进后，零部件在使用寿命和能耗上均达到了进口产品水平，团队最终成功实现了柴油机关键零部件的国产化。

迈出第一步后，中南机械在精密零部件国产化替代的道路上越走越快。2006年，中南机械又在国内率先实现了瓦锡兰船用柴油机燃油共轨单元的国产化，并且这一共轨单元还被应用在“雪龙号”极地考察船上，与后来应用在国产大飞机上的精密零部件共同成就中南机械“上天入海”的美名。

超万种零部件的研发制造经验，锻造了中南机械过硬的精密加工实力。这也成为中南机械取得“璇玑”系统订单的重要原因。不过，还有一个鲜为人知又至关重要的原因是，早在2005年，中南机械就参与了旋转导向和随钻测井系统零部件的加工制造，其服务的正是拥有该项技术的三大国际油田技术公司之一。并且，这个项目一做就是10余年。

也就是说，中南机械不仅拥有雄厚的精密零部件加工制造实力，而且积累了丰富的旋转导向和随钻测井系统零部件的加工制造经验。这也是中南机械战胜众多竞争对手，成为中海油服合作方的直接原因。

中海万泰生产车间

联手央企
推动更多钻探装备“南海造”

即便是经验丰富的中南机械，在攻克“璇玑”系统零部件生产技术上也花了整整两年时间。“零部件的结构虽然差不多，但是设备不同、要求不同，要花很多工夫做调整。”许冠说。

按照与中海油服的约定，2018年，中南机械承包了中海油服在北京燕郊的工厂，做“璇玑”系统零部件的研发制造。这一年3月，中南机械副总经理胡建武带着18名员工扎进了燕郊的工厂，而远在千里之外的中南机械还在源源不断地招聘人才往北京输送。

前往北京的团队里不乏在中南机械工作了20多年的资深技师，工龄最短的也有12年。在这些技师们的努力下，原有的精密加工设备被重新编程，以更好地适应特殊加工的要求；一些设备还被修复和调整，使其生产能力和精度达到标准。

同时，中南机械还千方百计降低生产造价。“璇玑”系统使用的金属材料为高强度的镍基高温合金、钛合金，加工难度大，对机床要求高，机床刀具磨损大，仅刀具磨损成本占总成本比例就超过10%。为此，中南机械经过不断的摸索，采用国产和性价比较高的日韩刀具替换价格高昂的欧美刀具，将刀具磨损成本占比降低到8%以下。

依托子公司佛威机器，中南机械还根据零部件的生产特点，打造了一批新设备，大大提高了生产能力。

“第一年我们做出了1800多种零部件，实现了标准化制造，有了产业化的基础。”胡建武说。2019年“璇玑”系统在中海油服北方生产基地开始生产。同时，中海油服和中南机械也开始洽谈建立合资企业。

2020年11月，中海油服和中南机械共同联合佛山市南海盈天投资有限公司、佛山市产业发展投资基金有限公司成立了中海万泰，落地南海狮山，距离中南机械20余千米。截至目前，“璇玑”系统数千个零部件已经全部实现在中海万泰生产。

未来，中海万泰不仅承担加工制造的环节，中海油服还将把项目放到中海万泰进行研究、开发和中试。中海万泰在建的二期工程中，还包括一个研究院。“这里的目标是要招进60名博士。”许冠说，接下来，双方也将推动更多石油装备企业落地佛山，打造强大的高端海洋石油钻探装备产业集群。

观察眼

高度专注 筑牢企业护城河

在“隐形冠军之父”赫尔曼·西蒙看来，隐形冠军企业的第一要义就是专注，隐形冠军企业往往目标非常明确，高度专注于某一特定产品或领域，强调深度。

中南机械正是高度专注于一个细分领域，长期坚持做精做深的企业典范。20多年来，中南机械研发制造了上万种零部件，这其中有很大一部分零部件需求量并不大，也不能带来营收和利润的大幅增长。但是中南机械坚持做，并且不断往更加精密的领域“钻”。

正如许冠所说，在这个领域，经验比聪明更重要。精密零部件加工不是颠覆式创新，而是日复一日打磨出的“内功”。对于中南机械来说，20多年积累的加工经验就是企业坚固的护城河。

没有人能越过时间的考验实现这种“内功”上的跃升，这也是专注做精做深的意义所在。而最终，量变会引发质变，中南机械从柴油机零部件代工到携手中海油服打造“璇玑”系统就是有力印证。

蒙娜丽莎：对标“灯塔工厂”修炼数智功夫

作为建陶行业的数字化转型先锋，蒙娜丽莎集团股份有限公司（下称“蒙娜丽莎”）正开展一项新的探索。

2021 年，这家企业启动了一个体量庞大的数字化项目，计划投资金额和覆盖规模前所未有，“我们计划用 5 年时间，投入 3 到 5 个亿，对标‘灯塔工厂’，完成企业整体数字化转型。”蒙娜丽莎董事张旗康说。

蒙娜丽莎是佛山建筑陶瓷行业龙头，陶瓷板年产销量居全国前列。近年来，它在行业中率先以智能制造掀起效率革命，成为建陶行业数智化转型标杆，更建设了行业首个智能制造大数据中心。2022 年 7 月 21 日，“2022 年佛山市工业互联网标杆示范项目”公示，蒙娜丽莎 2021 年建成投产的特高板数智化示范车间榜上有名。

“灯塔工厂”是数字化制造和全球化 4.0 的示范者，代表全球制造业领域智能制造和数字化最高水平。截至 2022 年 7 月，全球已获得认证的“灯塔工厂”共有 103 家，其中未见有建陶企业身影。张旗康说，蒙娜丽莎计划通过此次前所未有的投入力度，用 5 年时间达到数字化、智能化一级示范工厂最高水平，推动蒙娜丽莎和建陶行业更长远的发展。

逆势投资
“想成为这 10% 成功者中的一员”

对蒙娜丽莎来说，坚持这一转型并非易事。2022 年 4 月，张旗康曾在一场企业交流活动上谈到，蒙娜丽莎正面临上市以来前所未有的一个困境，过去的 2021 年，蒙娜丽莎创下了上市以来营收增长速度之最（实现营收 69.8 亿元，同比增长 43.65%），但净利润的增幅却大幅下滑。“就如何能够通过内部变革提升蒙娜丽莎市场竞争力的问题，我们内部开展了较为激烈的争论。”

当下，国内陶瓷销售市场低迷，蒙娜丽莎自是无法独善其身，它在 2022 年 7 月 15 日发布了 2022 年上半年度业绩预告，利润下滑较为严重。与此同时，仍在上涨并持续在高位运行的能源及部分原材料价格，也进一步压缩了这家企业的利润空间。

然而，这并未影响蒙娜丽莎的发展决心。“推进数字化的背后，是推动企业效率的全面提升。”张旗康说，蒙娜丽莎创办已有 30 年，一直以来其主要竞争力就来自技术创新，外部环境越是严峻，企业内部变革便越是重要。

在外界眼中，蒙娜丽莎对自动化、数字化的探路开展得很早，且卓有成效。例如，围绕烟气环保治理，先后投资 3.5 亿元，对佛山西樵总部、清远源潭基地、广西藤县基地、江西高安基地开展了系统的排污口改造，进一步提升烟尘废气深化治理水平，以严苛的内控标准，实现了超低排放。

但它并不满足于此。2021 年，在谋划开展整体数字化转型之初，企业决策层密集走访、参观了不少企业，其中包括华为、富士康、美的、联塑、华兴玻璃以及金蝶总部这些珠三角乃至全国有名的制造业和生产性服务业先进代表。“参观完了，我们回来后开了一系列座谈会，反复论证。”

为什么？张旗康说，走了一圈，他们更加深刻地了解到，即便放眼全国、全球，企业能真正实现整体数字化转型的成功概率并不高，“大概在 10%，蒙娜丽莎想成为这 10% 成功者中的一员。要达成这个目标，无论是资金预算的体量，还是企业整体组织架构的搭建力度，都必须是前所未有的。”2021 年 5 月，这家企业的整体数字化转型项目正式启动，首期启动资金达到 1 亿元。

强强联手
从“进销存”管理切入工业互联网

为了提高整体数字化转型的成功率，蒙娜丽莎与美云智数、金蝶等多家国内工业互联网行业中的优秀服务商强强联手。

以美云智数为例。美云智数已服务过 300 多家工业企业，并作为重要力量参与了国内两家“灯塔工厂”的建设。这一次，它将帮助蒙娜丽莎完成供应链模块的具体设计和实施。

营销系统是蒙娜丽莎和美云智数选择的一个突破口，“我们要从‘进销存’入手进行一次革新。”张旗康说。“进销存”对应的是进货、销售和存货。在这项工作中，蒙娜丽莎的逻辑是：通过建设数字化平台，打通产业上下游，深度连接供应商和经销商，将所有原材料、终端销售信息等全部连接到数字平台上，从而进一步实现降本提效。

过程中遇到的难题不少，但因为推进的决心坚定，这些难题正一个个得到破解。

以打通供应商和经销商的“进销存”信息接入端口一事为例。出于信息安全、同业竞争等考虑，不少供应商或经销商对打通系统这件事情是有顾虑的，与此同时，供应商和经销商使用的软件系统和硬件，大多数和蒙娜丽莎也不一致，要想把系统全部打通，然后接入到蒙娜丽莎的数字平台，难度非常大。

蒙娜丽莎从两方面着手解决问题。一方面，围绕上述问题加大资金投入，为供应商、经销商购置可匹配上述需求的软件和硬件设备，开展线上、线下的培训，针对他们的疑虑做好解释。另一方面，蒙娜丽莎为支持这项工作的经销商持续提供优惠政策，吸引更多经销商参与其中。

“我们已经开始了这方面的建设，通过部分区域经销商试点，逐步在全国推广，完善现在整个系统的互联互通。”张旗康说，这项变革带来的好处正被越来越多的供应商、经销商所认可。

例如，过去困扰大中小经销商的应急订单问题正得到解决。由于量少，接订后到总部排产等待时间长是县（区）一级经销商常常遇到的问题，蒙娜丽莎总部可通过数字平台实时查询到其附近经销商的库存，完成快速调货，既解决了接单者的烦恼，又帮助其他经销商处置了积压库存，有效降低了经营成本。

效率提升
“1+1 ＞ 2”效应开始显现

随着新一轮数字化实践的推进，蒙娜丽莎正焕发新的生命力，近年来持续在生产、销售、财务和物流管理等各个环节上相继布局的一个个数字化项目被串联起来了，“1+1 ＞ 2”的效应开始显现。

以供应链管理为例。在数字化平台的推进过程中，供应链协同 SRM 系统作为其中一个重要模块被建立起来。这个模块包含了采购分析、采购执行、供应商管理、绩效管理等内容。在启动整体转型之前，蒙娜丽莎的“工具箱”中早已包含相应的工具和方法，只是它们之间在过去是相互独立的。通过该模块的建设，蒙娜丽莎实现了对采购各个环节的全方位管控，原有的质量管理工具、方法有了新的生命力。

“过去，原材料采购的整个质检流程要走 7 天，如果质检不合格，那就 7 天后从仓库‘铲’运出去退回给供应商，但现在不同了。”张旗康说，通过借助先进检测设备和各种数据模型，确认原材料是否合格只需要 3 分钟。相似的例子还有很多。通过数字化转型，蒙娜丽莎正带动整个行业上下游实现效率提升。

如今，供应链管理之外，在生产流程内，蒙娜丽莎的数字化转型还覆盖了研发、设计、生产、质检、销售和市场全链条。在企业内部管理中，这家企业的数字化运应用到了组织架构、人力资源、财务管理等方面。

蒙娜丽莎特高板数智化示范车间内，机器人正在技术工人操控下快速运作

张旗康说，对于未来，蒙娜丽莎的最大发展诉求仍是立足主营业务，做强、做大、做优，“接下来，我们将继续夯实数字化的基础，推动企业效率的全面提升。”

观察眼

企业身处逆境 更需长远眼光

经济学家、北京大学国家发展研究院教授周其仁曾在一次公开演讲中分享他对不确定性的几点思考。他谈到，企业最重要的是日常工夫，在你手里的时候把它准备充足，发生不确定性冲击的时候，你至少比行业内其他公司做得好。

周其仁的这番话，用于理解蒙娜丽莎在数字化转型中的坚持恰到好处。这种逆势投资行为的背后，彰显的是企业长远的发展目光。

逆势投资的举动，对蒙娜丽莎来说并非首次。新冠肺炎疫情发生后的第一年，这家企业不仅是全国最早复工复产的陶瓷企业之一，其广西生产基地更在疫情下继续逆势扩张，再建了 3 条特种性能岩板生产线。

“蒙娜丽莎的最大发展诉求仍是立足主营业务，做强做大做优。”张旗康说。正是因为立足长远，这家企业才能从漫长的发展周期中看到眼前的危机只是“短痛”，已取得的成绩只是阶段性成果，继而排除万难，坚定转型决心。

危机也是机会，正如稻盛和夫所说的：“企业就是应该通过萧条这样一种逆境来谋取更大的发展。”若能在此时抓住低成本的扩张机遇，事实上就是构筑起企业长久发展的“护城河”，在新一次机会来临之时，率先突围。

华昌集团：打造行业产出效益最高基地

在广东华昌集团有限公司（下称“华昌集团”）狮山工厂的车间里，一批工业用铝型材在生产线上经过挤压、深加工等多道工序后，被运送至厂房的各个位置，很快，这些成品铝型材将被应用到汽车、轨道交通、光伏型材等领域。

“虽然今年房地产有一定程度的降温，但是华昌上半年仍然有15%到20%的销售增长。”华昌集团总经理潘树华说，近年来，华昌集团不断调整工业铝型材的占比，坚持“鸡蛋不放在一个篮子里”的原则，目前集团工业铝型材的占比已经达到45%。

面向未来，华昌集团将继续加大工业铝型材的占比，并在广东四会建设新的数字化车间，项目建成达产后，预计年产25万吨高端工业型材，产品广泛应用于新能源、通信设备、精密仪器、轨道交通等领域。

调整生产结构
工业铝型材占比升至45%

一直以来，建筑铝型材占据了华昌集团等铝型材企业生产的主要产品范畴，但受消费结构影响，建筑行业的需求逐渐趋于稳定，工业铝型材的需求日益增加，如何调整发展战略成了企业发展的一个关键。

“我们早在15年前就开始研发工业铝型材，当时也是看准工业铝型材未来的发展潜力。”潘树华说。

但华昌集团进军工业铝型材之路并不容易。“当时都是做一吨，亏一吨。”潘树华说，因为工业铝型材的要求相对较高，10年前的成品率只有70%左右，这意味着有30%的产品是需要回炉的。对于此前规模化生产的建筑铝型材企业来说，这样的成品率无法产生规模效应。

尽管如此，华昌集团仍然看好工业铝型材的发展前景，即便其暂时不能作为盈利的主要板块，也从来没有放弃研发和生产。

转折点出现在2014年。华昌集团参与到中国首条拥有完全自主知识产权的中低速磁浮铁路导电轨的生产工艺研发中。应用到磁悬浮列车的导电轨是一种高强度、高导电性能的材料，彼时国内在此方面的经验较少，基本依赖进口。

“当时铝合金导电轨型材的导电率要达到58%以上，同时又要符合高强度的要求，但实际上硬度高是会影响纯度从而影响导电率的。”潘树华说，这对于当时的华昌集团来说，是前所未有的挑战。

就在这样两难的背景下，华昌集团调动研发人员和高校合作团队，最终花了一个多月的时间，成功突破了当时业内该铝材导电率的最高水平，并申请到发明专利，填补了国内关于导电轨铝材应用的空白，并将其研发应用到长沙磁悬浮列车的项目上。

“这个项目对于我们来说，最大的收获在于证明了我们是可以进入工业铝型材领域的，我们有这样的研发水平和技术。”潘树华说，轨道交通导电轨的应用加速了工业用高端铝合金材料国产化的进程，在整个行业内也起到了很好的示范效应。

如今，华昌集团工业铝型材的成品率可以达到85%以上，工业铝型材的发展和需求也迎来爆发期。潘树华说，公司前几年工业铝型材销售占比只有15%左右，2021年销售占比大概是30%，2022年一下子就涨到了45%，这也是华昌集团十多年来坚持进军工业铝型材领域的成果。

数字化驱动
打造行业产出效益最高基地

在进入轨道交通领域后，目前华昌集团的工业铝型材已经被广泛应用于包括汽车轻量化、清洁能源、光伏发电等在内的领域，工业铝型材成为行业内一个全新的赛道。

但华昌集团面临的另一个难题是，狮山工厂的设计初衷是生产建筑铝型材，其生产工艺和设备与生产工业铝型材的有所不同，要继续进军工业铝型材领域，华昌集团必须破解这一难题。

2021年3月，广东华昌新型铝材有限公司在广东四会正式动工建设，项目达产后，预计年产25万吨高端工业型材，产品广泛应用于新能源、通信设备、精密仪器、轨道交通等新领域。

“这个工厂是专门生产工业铝型材的，不仅仅是挤压工艺，还有深加工等。”潘树华说，工业铝型材和建筑铝型材的生产设备、管理操控和工艺都不一样，目前新工厂按照数字化工厂要求，参考国外高端工业铝型材工厂设计，相对来说会更专业。

事实上，华昌集团在10年前就已经创造行业内第一个自动立体仓库，其最大库存量达到了5000多吨，出入库效率提高了33%，节省人工50%，用地面积仅有同样容量的人工仓库的1/5，同时大大减轻了工人劳动强度。

在自动化立体成品仓库取得成功后，华昌又投入1500多万元建造了行业首个自动化立体模具库。

“现在就剩下物流还没有进行数字化改造，可以说，除了不涉及产品结构的地方，狮山工厂几乎全部都进行了数字化改造。”潘树华说，车间开始设计时没有考虑数字化车间，导致目前生产流程很大一部分时间都浪费在物流、仓储等环节。

潘树华希望，在不断进行车间的自动化改造后，狮山工厂可以成为行业每吨、每亩产出效益最高的基地。

华昌集团生产车间

“三个一”战略
销售额从60亿增加至100亿

经过30年的发展，华昌集团已成为一家集研发设计、生产、销售、技术服务于一体的全铝供应商，开发了500多个系列3万多个品种的各类型材，其中有10多个工业型材及建筑型材填补了国内空白，获得“中国建筑铝材十强”“中国房地产开发企业500强首选供应商”等荣誉。

目前华昌集团在全国铝型材行业自营出口类稳居第一名，产品主要出口到全球60多个国家和地区，包括东南亚、巴西、非洲、澳大利亚、欧洲等市场，2021年海外销售额约为1.5亿美元。

这也与华昌集团的产品和服务有很重要的关系。众所周知，产品要做到全球出口，需通过不同国家的检测认证。为达到出口要求，华昌集团已先后通过ISO9001、ISO14000、安全生产标准化等认证，主要产品通过欧盟QUALICOAT、QUALANOD、CNAS、中国节能产品、欧盟CE等认证。

这些成绩的的实现归功于华昌集团一套严格的质量管理体系。2013年，华昌集团就正式导入卓越绩效管理，质量管理上升到了新的高度。“我们希望在保证产品稳定性的情况下，客户买得便宜和安心。”潘树华说，华昌集团的产品都有可追溯性，每一个产品都可以追溯到流程，这样才能保证每件产品出去是安全的。

值得关注的是，2022年7月27日，广东省市场监督管理局公示了第七届省政府质量奖及提名奖获奖建议名单，其中，广东华昌集团有限公司拟获第七届省政府质量奖。

在此之前，华昌集团曾获得南海区政府质量奖组织奖和佛山市政府质量奖，这是佛山市政府设立的最高质量荣誉奖。

“我们能入围第七届省政府质量奖建议名单，其中一个原因也是我们带动整条产业链的发展。”潘树华说，华昌集团是给予客户最优质的铝解决方案的供应商，基于这个精神和发展模式，华昌集团不仅做产品的输出，还设立了华昌商学院，与国内外客户一起探讨行业共性问题等。

同时，华昌集团早在2006年就成立了技术中心，在此基础上，2014年成立了华昌创新中心。公司拥有研发团队200多人，还与中南大学、华南理工大学等国内院校及高水平科研单位建立产学研合作关系。

对于未来，潘树华表示，目前华昌集团的战略目标是实现“三个一”：即未来一到两年，销售额从目前60亿元增加到100亿元；巩固海外铝型材行业自营出口类第一名的地位；进入工业铝型材第一梯队。

潘树华希望，通过“三个一”的战略目标，华昌集团将迈向“创全球品牌、造百年华昌”目标。

观察眼

久久为功　厚积薄发

事非经过不知难。从做一吨亏一吨，到成为集团的盈利增长点，华昌集团在工业铝型材上的坚持与努力并不容易。

建筑行业呈爆发式增长时期，对于已经是规模化生产的铝型材企业来说，不断扩充工程业务市场份额，是“最省事”而且可以“赚快钱”的事情。

但是华昌集团没有走这一步路，而是仍然每年在利润还不高甚至有些不赚钱的工业铝型材领域投入研发，并等待市场爆发的时机。

厚积薄发，正是有了十多年的积累和不计较“亏损”的坚持，华昌集团才能在房地产市场降温时，有拿得出手的技术，并快速转换赛道，使之成为企业新的增长点。

尽管如此，目前华昌集团的工业铝型材产品大多还是以中端产品为主，要迈入高端产品，华昌集团仍有很长的路要走，但只要方向正确，就不怕路途遥远。

第三章　权威视点

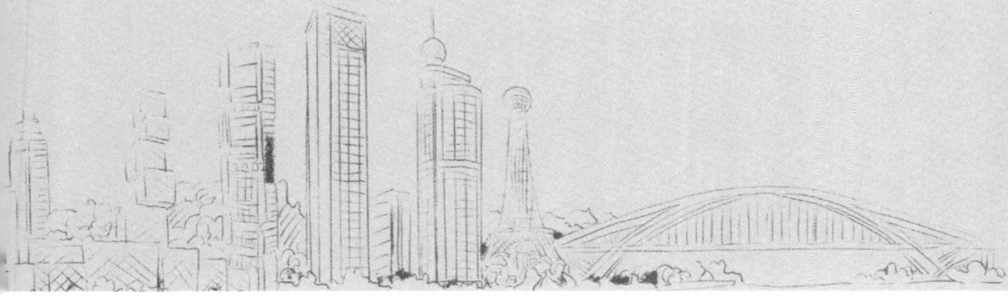

持续培育隐形冠军　打造区域经济长期竞争力

○许召元　国务院发展研究中心产业经济研究部副部长、研究员

隐形冠军是专业化、高端化发展中小企业的典型代表，是我国实现产业转型升级、实现高质量发展的重要支柱。我们不仅要有大企业，还要有各个细分领域里做得很好的隐形冠军。

2011年以来，我国工业和信息化部开始大力推动中小企业向“专精特新”方向发展。2016年以来，国家进一步推动制造业单项冠军企业发展，目前我国已培育8997家专精特新“小巨人”企业、848家制造业单项冠军企业、5万多家“专精特新”企业。佛山市南海区连续多年开展隐形冠军相关培育和挖掘工作，采取专门举措支持企业发展，对引领地方产业高质量发展发挥了重要作用。

支持“专精特新”企业发展，打造隐形冠军企业是提升我国产业链水平和稳定性，提高区域经济竞争力的重要路径。

近年来，受国际产业竞争格局和疫情影响，我国不少企业面临的市场不确定性不断加大，一些成本敏感型产业出现产业链不强、不稳、不安全的现象。在全球产业链位置的争夺中，区域竞争力越强、不可替代性越强的环节，越不容易发生产业对外转移，越有利于实现本地化发展。隐形冠军一般拥有独特技术或高质量生产工艺等核心竞争力，处在全国乃至全球产业链中的关键环节，在其所在的细分领域有着很强的国际竞争力。

凭借着这种竞争力，隐形冠军能为劳动者、资本、社会提供良好的回报，有效提升地方产业的经济效益水平，在带动制造业发展、为更多产业提供更高收入、促进共同富裕中发挥重要作用。

相比其他国家，我国在培育隐形冠军方面具有三个突出优势。

一是超大规模的市场优势。更大的需求市场，意味着更大的产品更新迭代和质量提升空间。很多制造业的技术创新和完善都离不开“干中学”效应，都需要在市场应用中不断提升产品的设计、制造和售后服务。我国庞大的市场规模，有利于企

业不断积累、优化技术路线，有利于企业分摊研发成本，有利于企业形成独特的工艺和技术等竞争优势。

二是对内对外开放带来的竞争优势。改革开放以来，我国积极融入全球经济体系，尤其是制造业的开放程度最高，这给企业更快地学习行业知识，提高企业能力提供了重要的环境。可以说，多数企业从诞生起就处在激烈的竞争环境中，处在各类企业互相竞争、互相学习、共同发展的环境下，这也为培育隐形冠军提供了肥沃的土壤。

三是大量高素质人才的优势。虽然近年来不少企业面临人才结构性短缺问题，但与其他国家相比，我国劳动力数量多、素质高、责任心强等优势仍然非常明显，这构成了我国中小企业持续提升竞争力的人才优势。

隐形冠军企业大多专注于产业链的某一细分领域，产业本身的发展潜力和增长速度可能相对有限。在当前我国经济发展进入新阶段，增长速度放缓的大环境下，企业更要坚守本业，专注擅长的领域，不断提高效益，防止走盲目多元化扩张的道路，在发展上要更注重与资本市场的融合，实现企业持续发展和关注本领域之间的平衡。

当前正处于我国推动产业快速发展、转型升级的窗口期，地方政府既要为战略性新兴产业提供发展空间，培育新增长点，更要积极支持传统产业发展，特别是对传统产业中的“专精特新”“单项冠军”和隐形冠军等企业持续予以支持，打造区域经济的长期竞争力。虽然“专精特新”类企业往往规模有限，发展速度也不快，但要看到它们往往市场生命力最强、效益最好，是支撑地方经济高质量发展、抵御经济周期的关键力量。

全球化是走向隐形冠军的必由之路

○李新春　中山大学管理学院前院长、博士生导师

“隐形冠军”是德国学者赫尔曼·西蒙在20世纪90年代提出的概念。2016年，我国工信部启动专精特新“小巨人”培育计划。至今，已选出了三批专精特新“小巨人”企业。

2017年开始，南海提出发掘和培育隐形冠军，这件事情是很有意义的，与工信部提出的专精特新“小巨人”培育计划是相关联的。我认为，重点不仅在于寻找隐形冠军，更在于引导大量的中小企业走向专业化、精细化、特色化和新颖化发展之路。这将在很大程度上改变我国中小企业长期以来的小而散、缺乏竞争力的局面。

改革开放以后，南海区的民营经济发展非常快，旺盛的创新创业精神是推动其高速发展的重要力量。现在南海有大量的民营企业，它们大多还以产业集群的形式组织起来。我们可以看到一组数字，2021年南海有13个产值超200亿元的产业集群，其民营经济发展甚至走在全国一些地级市的前面。

但也要注意到南海经济结构里的几个特点：一是企业的规模相对还比较小；二是传统产业占主导地位，目前13个产值超200亿元的产业集群中，有10个都是传统产业。不是说传统产业不好，而是传统产业面临着转型升级的压力以及生存发展和竞争力不足的严峻挑战。

因此，对于新时期的南海民营经济来说，培育“专精特新”、隐形冠军企业是非常重要的发展方向，这是南海大量中小企业以及产业集群转型升级、重塑新的竞争力和竞争优势的关键战略举措。

面对当前的挑战，我认为企业最重要的是要练好“内功”。实际上，南海第三批隐形冠军寻访计划提出的五项指标就基本上是指向企业的“内功”的。比如创新优势，企业在研发创新上的投入，最终会成为企业强大的能力支撑。再比如品质优势，没有品质是永远不可能引领市场的，品质是企业需要长期坚持练的“内功”。

面向未来，对于实施“专精特新”发展战略的企业来说，如果做不到全球市场

和国内市场的双循环，仅仅局限于国内市场或本地市场，其规模化发展就会受到很大的限制，如果要想成为一个引领市场的、有全球竞争力的企业，国际化是一条必由之路。

改革开放以来，不少中小企业通过委托加工或国际贸易而发展壮大，但这一简单依靠代工的成本优势的战略在国际竞争中难以为继。随着中国经济的发展，成本结构发生了比较大的变化，我们的企业需要在国际化过程中不断学习和创新，融入国际市场，向较高附加值的制造服务业转型升级。国际化和“专精特新”战略相互促进，才能实现企业的价值转型和国际市场扩张。

一些代工企业期望通过搬迁到成本更低的国家或地区来生存，但这只是权宜之计。国际化主要的目标不是追求更低的成本，更重要的是，吸收国外先进的技术、资金以及优秀的人才资源来提升我们的创新和新产品开发能力，加强我们利用全球资源做大做强的能力。全球的人才、技术和市场才是核心，如果企业不回到这个核心点上，其实谈不上国际化，只不过在一味追求更低的制造人力成本，或者是转移到代工成本更低的地方。这样的国际化路径迟早会遇到更大的挑战。

南海的企业，尤其是培育的“专精特新”、隐形冠军企业，需要有更高的战略眼光，也要有更长远的全球化战略，谋求的应该是创新能力和全球的资源、市场整合，而这个整合可以使企业在所聚焦的细分市场或细分领域能长久地坚持下去，并通过创新和学习不断地获得更高的市场地位和更多的竞争优势。只有这样，才能形成良性循环。通过专注、创新和国内国际市场相融合的发展战略，中小企业才能走上“专精特新”的发展道路，才有希望在未来成长为引领全球市场和技术的隐形冠军。

拓展隐形冠军矩阵　以良性竞争激发企业创新力

○邓地　暨南大学跨文化管理研究中心主任

放眼全国，南海不仅是率先开始隐形冠军企业寻访且持续时间最久的地区之一，也是隐形冠军企业密度最高的地方之一，平均每10平方公里土地上就有1家隐形冠军企业。尽管受到疫情持续影响，南海的隐形冠军企业寻访活动却越做越好、越挖越深，镇街和行业覆盖面都更加宽广。在宏观经济面临严峻挑战的背景下，众多企业持续保持正增长，部分企业甚至达到两位数的增长，这深刻反映出南海经济发展的韧性和活力。

地区高质量发展的背后是企业和产业的高质量发展。在南海，我们开始看到一种可以称为“隐形冠军集群”的现象，就是这个区域里若干的强势产业中，其产业链的各个环节上都出现了具有全球竞争力的领先企业，而且同一个产业链条上的领先企业常常不止一家。同一区域、同一细分市场内部隐形冠军企业之间的良性互动和充分竞争，最大化激发了企业的创新能力，让企业在彼此砥砺中获得更好的成长性。这种高水平的短兵相接式的竞争会给行业和区域都带来“正外部性”效应。因此，南海持续开展隐形冠军企业挖掘和培育的过程，是一个不断增强良性竞争激发企业创新力的过程。

以南海的传统优势产业陶瓷行业为例。众多头部陶瓷企业集聚在这块土地上，企业如果输给本地的同行可能就无法在行业中立足，所以只能拼命跑得更快，比如以更快的速度进行产业升级和出海布局。这种奋勇争先的劲头不仅推动了企业自身的跃升，也在无形中带动了南海整个经济的发展。事实上赫尔曼·西蒙也发现德国的隐形冠军企业群体中有类似的现象：两家甚至多家在某个细分市场处于世界级领导者地位的企业，在一个名不见经传的小地方扎堆。这就是产业集群内部良性互动带来的结果。

在一个“高手云集”的产业集群中，一家企业要能够冲出重围、脱颖而出，我认为是因为这些企业有以下这些特质和优势。

首先，它们较早就开始国际化布局。对这些具有远见的企业来说，早期进行国际化布局，不仅是开拓新市场、开辟新增长点的需求，更是通过大跨度布局分散风险的需要。在中国经济高速增长的阶段，大多企业都在采摘“低垂的果实”，深耕国内市场；而一部分企业却要踮起脚去摘“更高处的果实”，致力于开拓边际成本更高的国际市场。超前全球化布局的优势在当下这种非常时刻就显现出来了，这也是隐形冠军企业重要的突围战法。

隐形冠军企业的另一个特质，我概括为敢于率先“拥抱新常态”。不管是消费升级，还是从燃油车到新能源车的迭代，这些变化都是持续发生的，不是突然而至的。隐形冠军企业的敏锐在于，它们能率先拥抱新产业机会，转换新赛道，升级新产品，敢于进行供给侧结构性改革，因此能够获得更为出色的增长。

更高的反应灵敏度，是隐形冠军企业的第三大特点。相对欧美、日本的同行来讲，我国的隐形冠军企业是更年轻的企业，因此具有更好的灵活性和更高的灵敏度。当大的历史机遇或挑战出现的时候，我国的隐形冠军企业可以毫不犹豫地拥抱新趋势，迅速作出调整。而发达国家的老牌隐形冠军企业相对来讲反应会慢一些、滞后一些。

当然，隐形冠军企业的茁壮成长，离不开肥沃的土壤和良好的生态系统。政府打造健康清新的营商环境，并在政策上进行适当引导，对于促进隐形冠军企业的持续发展具有重要意义。有了良好的生态系统，自然会有隐形冠军企业生长出来；有了吸引制造业、吸引人才的环境，自然就会有更多优秀的企业和人才愿意扎根当地。在此基础上采取一些更明确的引导措施，比如打造“专精特新”产业园区，吸引更多的隐形冠军来南海“扎堆”，也是很不错的想法。